Autores asesores del programa

The Colonial Williamsburg Foundation
Williamsburg, Virginia

Dr. Linda Bennett
Associate Professor, Department of Learning, Teaching, & Curriculum
College of Education
University of Missouri
Columbia, Missouri

Dr. Jim Cummins
Professor of Curriculum, Teaching, and Learning
Ontario Institute for Studies in Education
University of Toronto
Toronto, Ontario

Dr. James B. Kracht
Byrne Chair for Student Success
Executive Associate Dean
College of Education and Human Development
Texas A&M University
College Station, Texas

Dr. Alfred Tatum
Associate Professor, Director of the UIC Reading Clinic
Literacy, Language, and Culture Program
University of Illinois at Chicago
Chicago, Illinois

Dr. William E. White
Vice President for Productions, Publications, and Learning Ventures
The Colonial Williamsburg Foundation
Williamsburg, Virginia

Asesores y revisores

ASESOR DEL PROGRAMA

Dr. Grant Wiggins
Coauthor, *Understanding by Design*

REVISORES ACADÉMICOS

Bob Sandman
Adjunct Assistant Professor of Business and Economics
Wilmington College–Cincinnati Branches
Blue Ash, OH

Jeanette Menendez
Reading Coach
Doral Academy Elementary
Miami, FL

Kathy T. Glass
Author, *Lesson Design for Differentiated Instruction*
President, Glass Educational Consulting
Woodside, CA

Roberta Logan
African Studies Specialist
Retired, Boston Public Schools/ Mission Hill School
Boston, MA

MAESTROS REVISORES DEL PROGRAMA

Glenda Alford-Atkins
Eglin Elementary School
Eglin AFB, FL

Andrea Baerwald
Boise, ID

Ernest Andrew Brewer
Assistant Professor
Florida Atlantic University
Jupiter, FL

Riley D. Browning
Gilbert Middle School
Gilbert, WV

Charity L. Carr
Stroudsburg Area School District
Stroudsburg, PA

Jane M. Davis
Marion County Public Schools
Ocala, FL

Stacy Ann Figueroa, M.B.A.
Wyndham Lakes Elementary
Orlando, FL

LaBrenica Harris
John Herbert Phillips Academy
Birmingham, AL

Marianne Mack
Union Ridge Elementary
Ridgefield, WA

Emily L. Manigault
Richland School District #2
Columbia, SC

Marybeth A. McGuire
Warwick School Department
Warwick, RI

Laura Pahr
Holmes Elementary
Chicago, IL

Jennifer Palmer
Shady Hills Elementary
Spring Hill, FL

Diana E. Rizo
Miami-Dade County Public Schools/Miami Dade College
Miami, FL

Kyle Roach
Amherst Elementary, Knox County Schools
Knoxville, TN

Eretta Rose
MacMillan Elementary School
Montgomery, AL

Nancy Thornblad
Millard Public Schools
Omaha, NE

Jennifer Transue
Siegfried Elementary
Northampton, PA

Megan Zavernik
Howard-Suamico School District
Green Bay, WI

Dennise G. Zobel
Pittsford Schools–Allen Creek
Rochester, NY

Manual de Estudios Sociales

PEARSON
mi Mundo
Estudios Sociales™

Las regiones de nuestro país

PEARSON

Boston, Massachusetts
Chandler, Arizona
Glenview, Illinois
New York, New York

ISBN-13: 978-0-328-63936-6
ISBN-10: 0-328-63936-2
8 17

La geografía de los Estados Unidos

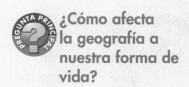

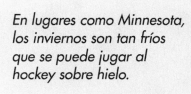
¿Cómo afecta la geografía a nuestra forma de vida?

En lugares como Minnesota, los inviernos son tan fríos que se puede jugar al hockey sobre hielo.

Los estadounidenses y su historia

PREGUNTA PRINCIPAL

¿Cómo hemos cambiado y cómo hemos seguido igual a lo largo de nuestra historia?

Estas puntas de lanza tienen miles de años.

El gobierno de los Estados Unidos

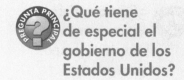
PREGUNTA PRINCIPAL ¿Qué tiene de especial el gobierno de los Estados Unidos?

La Declaración de Independencia

La economía de nuestra nación

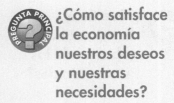

¿Cómo satisface la economía nuestros deseos y nuestras necesidades?

Escoger qué comprar es una decisión de economía.

Las regiones: El Noreste

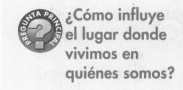

¿Cómo influye
el lugar donde
vivimos en
quiénes somos?

El cangrejo azul es un
recurso en el Noreste.

Las regiones: El Sureste

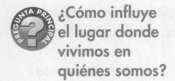

¿Cómo influye el lugar donde vivimos en quiénes somos?

La confección de colchas de retazos es parte de la cultura del Sureste.

Las regiones: El Medio Oeste

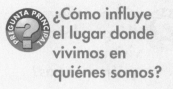

PREGUNTA PRINCIPAL
¿Cómo influye el lugar donde vivimos en quiénes somos?

Los primeros tractores de vapor ayudaron a transformar el Medio Oeste.

Las regiones: El Suroeste

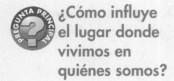

¿Cómo influye el lugar donde vivimos en quiénes somos?

En el Suroeste se celebran tradiciones españolas y mexicanas.

Las regiones: El Oeste

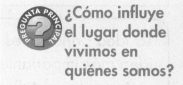

¿Cómo influye el lugar donde vivimos en quiénes somos?

Algunos indígenas americanos del Oeste hacen postes totémicos.

Idea principal y detalles

La idea principal es la idea más importante de un tema. Los detalles apoyan la idea principal.

Categorizar

Cuando categorizamos, vemos cómo se relacionan las personas o las cosas según sus características.

Comparar y contrastar

Comparar y contrastar es buscar semejanzas y diferencias en las cosas.

Secuencia

Una secuencia se refiere al orden de los sucesos en un texto. También usamos una secuencia cuando enumeramos los pasos de un proceso.

Generalizar

Generalizar es hacer un enunciado o una regla general que se aplica a muchos ejemplos.

Las pilas nunca duran mucho.

Hechos y opiniones

Se puede comprobar si un hecho es verdadero o falso. Una opinión no se puede comprobar.

Hecho

¡Increíble! Tocaste la tuba 45 segundos... ¡sin parar!

Opinión

¡Pero pienso que sonó HORRIBLE!

Destrezas de lectura

Resumir

Resumimos, es decir, volvemos a contar, para comprobar que comprendimos lo que leímos. Un resumen suele ser corto. Podemos hacer un resumen de lo que leímos en unas pocas oraciones.

Explore los EE. UU.

INICIO   HISTORIA   ATRACCIONES   CIUDADES Y PUEBLOS

Cada año, mucha gente viaja por los Estados Unidos y visita las playas, los parques de diversiones y las ciudades.

Sacar conclusiones

Cuando sacamos conclusiones, pensamos en los hechos y detalles y luego decidimos algo acerca de ellos.

Claves para la buena escritura

El proceso de la escritura

Los buenos escritores siguen cinco pasos cuando escriben.

Prepararse	Escoge un tema, reúne detalles sobre él y planifica cómo usarlos.
Borrador	Anota todas tus ideas y no te preocupes por que quede perfecto.
Revisar	Revisa tu escrito y busca las características de la buena escritura. Cambia las partes que no estén claras o completas.
Corregir	Corrige la ortografía, el uso de las mayúsculas, la puntuación y la gramática. Prepara el escrito final.
Presentar	Presenta tu escrito a tus compañeros.

Características de la escritura

Los buenos escritores tienen en cuenta seis cualidades de su trabajo para que quede lo mejor posible.

Ideas	Presenta un mensaje claro que incluya ideas y detalles específicos.
Organización	Incluye una introducción, un nudo y un descenlace que sean fáciles de seguir.
Voz	Usa un tono natural en tu escrito.
Lenguaje	Escoge sustantivos y verbos fuertes, y adjetivos descriptivos.
Oraciones	Varía la estructura y el comienzo de las oraciones para que tu escrito sea fácil de leer.
Normas	Sigue las reglas de ortografía, el uso de las mayúsculas, la puntuación y la gramática.

Conéctate en línea a myworldsocialstudies.com para practicar las siguientes destrezas. Estas destrezas serán importantes a lo largo de tu vida. Después de completar cada tutoría de destrezas en línea, márcalas en esta página de tu *Cuaderno de trabajo*.

⊙ Destrezas clave de lectura

- ☐ Idea principal y detalles
- ☐ Causa y efecto
- ☐ Categorizar
- ☐ Hechos y opiniones
- ☐ Sacar conclusiones
- ☐ Generalizar
- ☐ Comparar y contrastar
- ☐ Secuencia
- ☐ Resumir

Destrezas de colaboración y creatividad

- ☐ Resolver problemas
- ☐ Trabajar en equipo
- ☐ Resolver conflictos
- ☐ Generar nuevas ideas

Destrezas de gráficas

- ☐ Interpretar gráficas
- ☐ Crear tablas
- ☐ Interpretar líneas cronológicas

Destrezas de mapas

- ☐ Usar longitud y latitud
- ☐ Interpretar mapas físicos
- ☐ Interpretar datos económicos en mapas
- ☐ Interpretar datos culturales en mapas

Destrezas de razonamiento crítico

- ☐ Comparar puntos de vista
- ☐ Usar fuentes primarias y secundarias
- ☐ Identificar parcialidad
- ☐ Tomar decisiones
- ☐ Predecir consecuencias

Destrezas de medios y tecnología

- ☐ Hacer una investigación
- ☐ Uso seguro de Internet
- ☐ Analizar imágenes
- ☐ Evaluar el contenido de los medios de comunicación
- ☐ Hacer una presentación eficaz

Destrezas de geografía

Los cinco temas de geografía

La geografía es el estudio de la Tierra. Este estudio se puede dividir en cinco temas: ubicación, lugar, interacción humanos-medio ambiente, movimiento y región. Los temas te ayudan a comprender mejor por qué cada lugar de la Tierra se diferencia de todos los demás, como muestra el ejemplo de los Grandes Lagos.

Ubicación: ¿Dónde se encuentran los Grandes Lagos?

Los Grandes Lagos están ubicados en los Estados Unidos y el Canadá. Los cinco lagos son el lago Erie, el lago Hurón, el lago Michigan, el lago Ontario y el lago Superior.

Lugar: ¿En qué se diferencia este lugar de otros?

Los Grandes Lagos tienen 35,000 islas. Entre las islas del lago Superior, que es el más grande de los cinco lagos, están la isla Royale y las islas Apóstol.

Manual de mapas y globos terráqueos

Interacción humanos-medio ambiente

Interacción con los humanos: ¿Cómo las personas han cambiado un lugar?

Los canales son vías fluviales construidas por el hombre. Los canales que rodean los Grandes Lagos los conectan con otros lagos y con ríos de la zona. En Illinois, por ejemplo, un canal conecta el lago Michigan con el río Illinois.

Movimiento

Región

Movimiento: ¿De qué manera el movimiento ha cambiado un lugar?

Como los Grandes Lagos están conectados con el océano Atlántico mediante el río San Lorenzo, los envíos marítimos forman una industria importante aquí.

Región: ¿Qué tiene de especial la región donde están los Grandes Lagos?

Hay muchas áreas naturales donde las aves pueden anidar o buscar refugio.

Leer globos terráqueos

Esta es una imagen de la Tierra. En ella se ven algunos de los accidentes geográficos más grandes, llamados continentes. También se ven las masas de agua más grandes, llamadas océanos.

Océano Atlántico

América del Norte

Océano Pacífico

América del Sur

1. **Nombra** los dos continentes que se ven en esta foto de la Tierra.

....

2. **Nombra** los dos océanos que se muestran.

....

A la derecha hay un **globo terráqueo,** un modelo redondo de la Tierra. Algunos globos terráqueos son tan pequeños que caben en la mano. En ellos se ve la verdadera forma y ubicación de los continentes y océanos de la Tierra.

En el globo terráqueo suele haber dos líneas que dividen la Tierra en dos mitades. Esas dos líneas se llaman primer meridiano y ecuador. En este globo terráqueo se puede ver el ecuador.

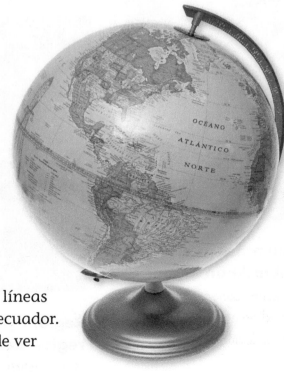

Hemisferios de la Tierra

El ecuador y el primer meridiano dividen la Tierra en mitades llamadas **hemisferios**. El **primer meridiano** es una línea que va del Polo Norte al Polo Sur y que atraviesa Europa y África. Esa línea divide la Tierra en hemisferio occidental y hemisferio oriental, como se muestra abajo.

Vocabulario

globo terráqueo
hemisferio
primer meridiano
ecuador

El **ecuador** es una línea que rodea la Tierra por el centro, entre el Polo Norte y el Polo Sur. Divide la Tierra en hemisferio norte y hemisferio sur.

Como la Tierra está dividida de dos maneras, tiene cuatro hemisferios.

Hemisferio Occidental	Hemisferio Oriental	Hemisferio Norte	Hemisferio Sur

3. **Nombra** los dos hemisferios donde está ubicada América del Norte.

....

....

4. **Identifica** si Asia está al norte o al sur del ecuador.

....

Los mapas muestran direcciones

Los mapas muestran puntos cardinales reales. Una **rosa de los vientos** es un símbolo que indica las direcciones en un mapa. Las cuatro direcciones principales son los **puntos cardinales:** norte, sur, este y oeste. El norte apunta hacia el Polo Norte y se indica con una *N.* El sur apunta hacia el Polo Sur y se indica con una *S.*

Mira la rosa de los vientos en el mapa de abajo. Además de indicar los puntos cardinales, indica otros puntos que están entre medio. Son los **puntos cardinales intermedios.** Ellos son el noreste, sureste, suroeste y noroeste.

El siguiente mapa muestra cómo se usa la tierra en el Suroeste. Se llama mapa temático o de propósito particular y tiene una rosa de los vientos para indicar los puntos cardinales.

Suroeste, uso de la tierra

5. **Nombra** el recurso que está en el extremo noreste de Oklahoma.

6. **Nombra** la masa de agua que está al sureste de Texas.

Los mapas muestran distancias

Un mapa es un dibujo muy pequeño de un lugar grande. Sin embargo, con la escala de un mapa, puedes hallar distancias en millas o kilómetros de un punto de la Tierra a otro. La **escala** del mapa muestra la relación entre la distancia que se ve en el mapa y la distancia en la Tierra. Una manera de usar la escala es poner el borde de un papel debajo de la escala y copiarla. Luego, pones tu copia sobre el mapa y mides la distancia entre dos puntos.

El siguiente mapa muestra el recorrido del huracán Katrina. Puedes usar la escala para seguir las millas que recorrió la tormenta.

Vocabulario

rosa de los vientos
punto cardinal
punto cardinal
  intermedio
escala

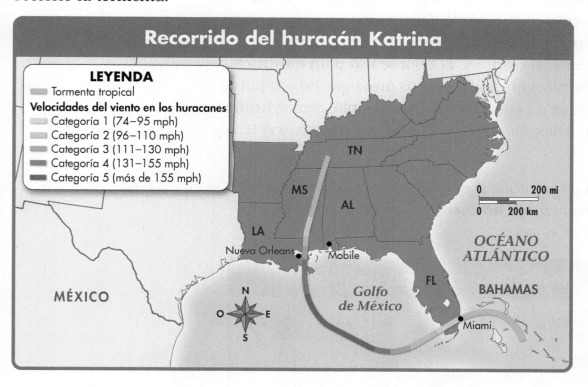

7. **Identifica** la masa de agua donde el huracán Katrina se convirtió en un huracán de Categoría 5.

....

8. **Identifica** la cantidad aproximada de millas al norte de Nueva Orleans que recorrió el huracán Katrina antes de convertirse en una tormenta tropical.

....

....

Mapas políticos

Un mapa es un dibujo plano de toda la Tierra o de parte de ella. El mapa muestra un lugar visto desde arriba.

Los distintos tipos de mapas muestran distintos tipos de información. Un mapa que muestra los límites de condados, estados o naciones, además de capitales, se llama **mapa político.** Este mapa suele mostrar grandes accidentes geográficos o masas de agua para ayudar a ubicar lugares.

Todos los mapas tienen título. El título dice de qué trata el mapa. En los mapas se usan símbolos para mostrar información. Un **símbolo** es un dibujito, línea o color que representa alguna cosa. La referencia o **leyenda** del mapa dice qué representa cada símbolo. En el mapa político de abajo, una estrella representa la capital del estado. Las líneas muestran los límites o fronteras estatales. El color se usa para mostrar el área que conforma el Medio Oeste. Las áreas que no son parte del Medio Oeste están en otro color. Por ejemplo, Pennsylvania aparece con un color más claro para mostrar que no es el tema del mapa.

9. **Encierra** en un círculo el símbolo que representa la capital en la leyenda. Luego **encierra** en un círculo la capital de Nebraska en el mapa.

Medio Oeste, mapa político

LEYENDA
Región del Medio Oeste
★ Capital

0   200 mi
0   200 km

Mapas físicos

Un **mapa físico** muestra accidentes geográficos, como montañas, llanuras y desiertos. También muestra masas de agua, como océanos, lagos y ríos. Los mapas físicos suelen mostrar los límites entre estados y países para ayudar a ubicar los accidentes geográficos. Un buen lugar para buscar mapas políticos y físicos es un atlas. Un **atlas** es una colección o libro de mapas.

El mapa físico del Noreste que se muestra abajo incluye rótulos para islas, es decir, tierras completamente rodeadas de agua. También tiene rótulos para bahías y cabos. Una bahía es una masa de agua rodeada en parte por tierra. Un cabo es un área de tierra que sobresale de la costa y se mete en un océano, mar o lago. Este mapa físico no solo identifica las montañas del Noreste sino que también te dice la altura de esas montañas.

10. Encierra en un círculo la montaña más alta del Noreste. **Marca con una X** la bahía que está al sureste de Washington, D.C.

Vocabulario

mapa político
símbolo
leyenda
mapa físico
atlas

El Noreste, mapa físico

Mapas de altitud

Un mapa de **altitud** muestra la altura a la que está el territorio. La altitud es la altura sobre el nivel del mar. Un lugar que está al nivel del mar está a la misma altura que la superficie del agua del océano.

En los mapas de altitud se usan colores para mostrar la altitud. Para leer ese tipo de mapa, primero hay que mirar la leyenda. Observa que hay números cerca de cada color. Los números muestran el rango de altitud que representa cada color. En este mapa de Pennsylvania, el verde oscuro representa la altitud más baja. El rango del verde oscuro va de 0 a 500 pies sobre el nivel del mar.

11. Identifica el rango de altitud de la meseta de Allegheny.

....

....

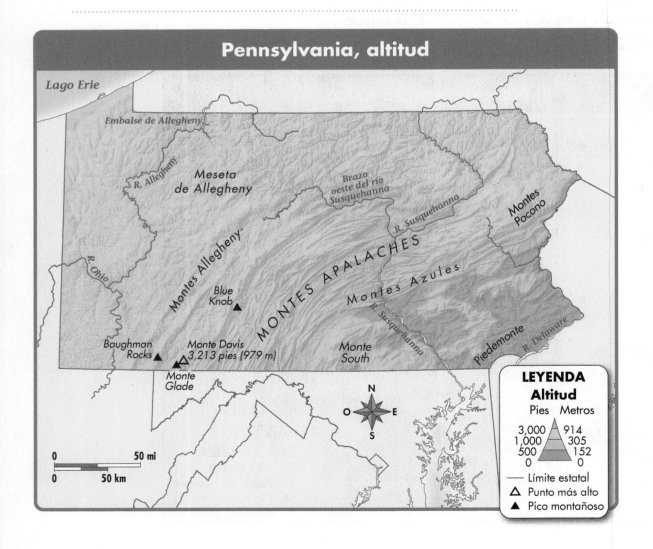

Pennsylvania, altitud

LEYENDA
Altitud

Pies   Metros

3,000   914
1,000   305
500   152
0   0

— Límite estatal
△ Punto más alto
▲ Pico montañoso

Usar una cuadrícula

Un mapa de una ciudad muestra las calles. También puede mostrar puntos de interés y características naturales. Para ubicar lugares más fácilmente, este mapa de una ciudad tiene una **cuadrícula.** Una cuadrícula es un sistema de líneas que se cruzan y forman un patrón de cuadrados. Las líneas están rotuladas con letras y números. Estos cuadrados dan una ubicación a cada lugar del mapa.

Para encontrar una ubicación específica, el mapa tiene un índice. Un índice es una lista de lugares ordenados alfabéticamente. El índice indica la letra y el número del cuadrado donde está ubicado el lugar.

12. Agrega en el índice la combinación de número y letra que corresponde a Forest Park.

Vocabulario

altitud

cuadrícula

Índice

Índice	
Forest Park	
Lilburn	A4
Parque Stone Mountain	B4

Usar la latitud y la longitud para indicar una ubicación exacta

Hace mucho tiempo, los cartógrafos crearon un sistema para ubicar lugares exactos de la Tierra. En ese sistema se usan dos conjuntos de líneas que forman una cuadrícula alrededor del globo terráqueo. Esas líneas están numeradas en unidades llamadas **grados.**

Un conjunto de líneas va del Polo Norte al Polo Sur. Esas son las líneas de **longitud.** El primer meridiano está rotulado como 0 grados (0°) de longitud. Las líneas de longitud están rotuladas desde 0° hasta 180°. Las líneas que están al este del primer meridiano se rotulan con una *E*. Las líneas que están al oeste se rotulan con una *O*.

13. **Identifica** aproximadamente a cuántos grados al este del primer meridiano está el centro de África.

....

A medio camino entre los polos, el ecuador rodea el globo terráqueo. Esa línea es el grado 0 (0°) de **latitud.** Las líneas que están al norte del ecuador se rotulan con una *N*. Las que están al sur del ecuador se rotulan con una *S*. Esas líneas se hacen más y más pequeñas hasta terminar en puntos, en los polos. El Polo Norte está a 90 °N. El Polo Sur está a 90 °S.

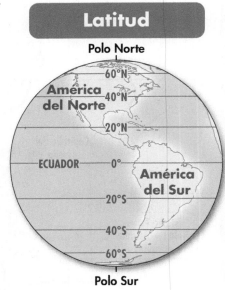

14. **Nombra** la línea de latitud que está más cerca del extremo sur de América del Sur.

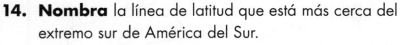
....
....
....
....

Los mapas muestran sucesos

Los mapas también pueden mostrar sucesos. Pueden mostrar sucesos actuales, como mapas de batallas entre distintos países, o puede tratarse de un mapa del tiempo que muestra el recorrido de una tormenta muy fuerte. Otro ejemplo es un mapa de actividades especiales en una feria o festival.

Los mapas también pueden mostrar sucesos del pasado, o históricos. Puedes usar las líneas de longitud y latitud del siguiente mapa de exploradores de las Américas para ubicar y comparar sucesos que ocurrieron hace mucho tiempo.

Vocabulario

grado
longitud
latitud

15. **Encierra** en un círculo la isla explorada a 80 °O.

16. **Identifica** al explorador que viajó por encima de los 50 °N.

xploradores de las Américas

LEYENDA
- Cristóbal Colón, 1492–1493
- Juan Caboto, 1497–1498
- Hernando de Soto, 1539–1542
- Francisco Vásquez de Coronado, 1540–1542
- Samuel de Champlain, 1603
- Robert de La Salle, 1679–1682
- Límites actuales

50° N
R. San Lorenzo
Grandes Lagos
R. Mississippi
AMÉRICA DEL NORTE
OCÉANO PACÍFICO
OCÉANO ATLÁNTICO
120° O
0   400 mi
0   400 km
Europa
Golfo de México
BAHAMAS
30° N
CUBA
110° O   100° O   90° O   80° O   70° O
20°
Mar Caribe

La geografía de los Estados Unidos

¿Cómo afecta la geografía a nuestra forma de vida?

Describe cómo la tierra o las condiciones del tiempo del lugar donde vives afectan tus actividades diarias.

....

....

....

....

La escalada en roca se practica en muchas partes del país.

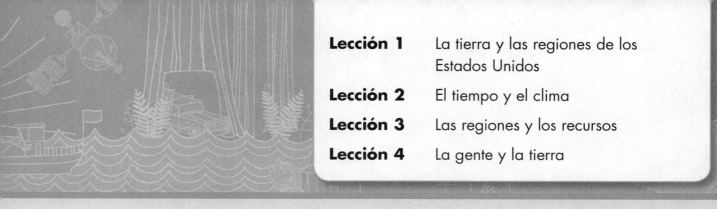

Marjory Stoneman Douglas

Protectora de los Everglades

mi Historia: Video

¡Algunas personas realmente cambian el mundo! Marjory Stoneman Douglas es una prueba de ello. Douglas era escritora. En 1915, se mudó de Massachusetts a Miami, Florida, para trabajar en un periódico.

Al poco tiempo de llegar a la Florida, Douglas descubrió todo lo que su nuevo estado tenía para ofrecer. Escribió acerca de las personas y los diferentes lugares del estado. Algunas de estas historias eran sobre los Everglades, una zona de marismas en el sur de la Florida.

Douglas descubrió que los Everglades son un medio ambiente realmente excepcional. Por este territorio lleno de agua se pasean caimanes, tortugas y panteras. Los venados, los zorros grises e incluso los conejos de los pantanos tienen su hogar en los Everglades. En este ambiente especial, también viven un sinfín de aves y mariposas.

En una descripción, Douglas escribió:

"No hay otro lugar como los Everglades en el mundo. Son, siempre han sido, una de las regiones únicas de la Tierra; remota, donde siempre queda algo para descubrir".

—*Marjory Stoneman Douglas*

Marjory Stoneman Douglas visitó los Everglades en la década de 1920.

1

A fines del siglo XIX, se excavaron canales para drenar agua de los Everglades.

Las personas quemaron algunas áreas de los Everglades para despejar la tierra y usarla para cultivos.

Douglas también descubrió que muchas personas de otras partes de la nación no conocían los Everglades. Pocos científicos estudiaban la región y pocos visitantes llegaban allí. Muchos la consideraban un pantano inservible. Durante años, se drenaron las aguas que no corrían de manera fluida y se hicieron construcciones en la tierra. Los granjeros quemaron grandes porciones de los Everglades. Cuando los incendios se apagaban, algunos granjeros plantaban cultivos, como la caña de azúcar. Otros criaban ganado a campo abierto.

Estas actividades perjudicaron los Everglades. Para la década de 1940, ¡se había perdido casi la mitad de la marisma de los Everglades! Douglas estaba preocupada por esta destrucción. Pero ¿qué podía hacer?

A principios de la década de 1940, Douglas ideó un plan. Iba a escribir un libro. En su libro incluiría la historia de los Everglades y una descripción física del ambiente. También explicaría por qué era importante devolver el agua al pantano y muchas cosas más. Douglas esperaba que su libro detuviera la destrucción.

Con el tiempo, Stoneman conoció a los miccosukees, unos indígenas americanos que vivían en los Everglades, y aprendió de ellos.

Douglas escribió un libro que cambió la visión de las personas sobre los Everglades.

A los 103 años de edad, Douglas recibió la Medalla Presidencial de la Libertad por su trabajo para la protección de los Everglades.

Durante años, Douglas estudió los Everglades. Recorrió la tierra a pie y las aguas en bote. Habló con historiadores, científicos y lugareños. Luego comenzó a escribir.

Douglas terminó su libro en 1947. Lo llamó *The Everglades: River of Grass (Los Everglades: Río de hierba)*. El libro no solo narraba la historia de un ambiente increíble, sino que explicaba por qué los Everglades son importantes para las áreas vecinas. Los Everglades ayudan a que el agua potable de las zonas cercanas se mantenga fresca y protegen de inundaciones algunas partes del sur de la Florida.

El libro fue un éxito en toda la nación. Mucha gente se dio cuenta de que era necesario proteger los Everglades. El gobierno de los Estados Unidos también escuchó el mensaje de Douglas. Al poco tiempo, los Everglades se convirtieron en un parque nacional. Las tierras que son parte de un parque nacional están protegidas para el futuro.

Aun así, los Everglades no estaban a salvo. Algunos querían construir un aeropuerto cerca del parque nacional. Otros querían construir cerca una planta de tratamiento de petróleo. Esos proyectos podían perjudicar los Everglades. Douglas expresó su postura en contra de los planes. En 1969, fundó un grupo llamado Amigos de los Everglades. Este grupo sigue trabajando para preservar y cuidar los Everglades.

Durante el resto de su vida, Douglas trabajó para proteger los Everglades. La Florida cambió mucho durante su extensa vida. Mucha gente cree que Douglas ayudó a que el estado fuera un lugar mejor.

Piénsalo Según este relato, ¿por qué es importante proteger los Everglades? A medida que lees el capítulo, piensa en cómo afectan las personas el medio ambiente en el que viven.

La tierra y las regiones de los Estados Unidos

Las Montañas Rocosas son una característica física del oeste de los Estados Unidos.

No importa dónde uno viva, siempre hay un accidente geográfico cerca. Un **accidente geográfico** es una formación natural de la superficie de la Tierra, como una colina, un acantilado o hasta una isla. Los Estados Unidos son un país grande. Un país de ese tamaño tiene muchos accidentes geográficos distintos.

Accidentes geográficos y masas de agua

Las montañas son uno de los tantos accidentes geográficos que hay en los Estados Unidos. Las montañas están mucho más elevadas que el terreno que las rodea. Pueden tener laderas inclinadas, acantilados rocosos y picos elevados. Algunas montañas forman largas cadenas o grupos llamados cordilleras.

Las colinas también son accidentes geográficos elevados. Sin embargo, por lo general tienen la cima redondeada y no son tan altas como las montañas. Una **mesa** es parecida a una colina, pero su cima es plana y no redondeada.

Accidentes geográficos y masas de agua

Pico montañoso

Cordillera

Meseta

Mesa

Río

Terreno inundable

Lago

DESCIFRA LA PREGUNTA PRINCIPAL

Aprenderé que los Estados Unidos están divididos en cinco regiones y que cada una tiene accidentes geográficos únicos.

Vocabulario

accidente geográfico	terreno inundable
mesa	región
meseta	desierto
cañón	límite

En la página de la izquierda, rotula los accidentes geográficos. En la página de la derecha, haz un dibujo de un accidente geográfico que haya en tu comunidad.

Otros ejemplos de accidentes geográficos son las llanuras, las mesetas y los cañones. Una llanura es un área de tierra llana o con ondulaciones leves. Las llanuras pueden ser grandes o pequeñas y generalmente están cubiertas de pastos. Las **mesetas** son áreas de tierra grandes, llanas y elevadas. Los ríos atraviesan algunas mesetas, desgastan el suelo con el tiempo y forman un cañón. Un **cañón** es un valle profundo y angosto con laderas empinadas y rocosas.

Los Estados Unidos también tienen muchas masas de agua diferentes. Los lagos, los ríos, las bahías y los océanos tienen formas y tamaños únicos. La mayoría de los lagos están formados por agua dulce, no salada como la del océano. Los ríos transportan el agua dulce a los mares y océanos. La tierra que bordea los ríos se llama terreno inundable. Un **terreno inundable** es una llanura formada por tierra y lodo que se asientan después de que un río se desborda. El terreno que bordea un océano o una bahía se llama costa. Algunos accidentes geográficos de la costa son las playas, las dunas y los acantilados.

1. **Rotula** los accidentes geográficos de las ilustraciones.

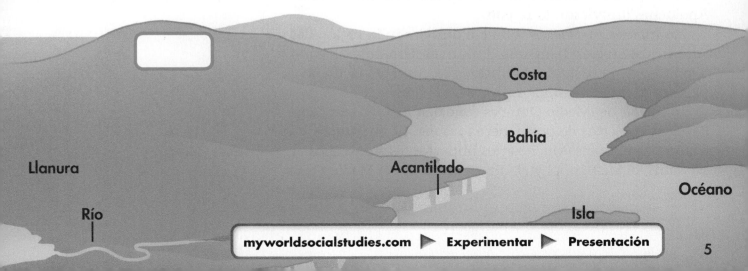

Costa

Bahía

Llanura

Acantilado

Océano

Río

Isla

Regiones de los Estados Unidos

Regiones de los Estados Unidos

CANADÁ

WA
OR
ID
MT
ND
SD
MN
WI
MI
NY
ME
VT
NH
MA
RI
CT
NJ
DE
MD
PA
WV
VA
OH
IN
IL
IA
NE
WY
NV
UT
CO
CA
AZ
NM
KS
MO
OK
TX
AR
LA
MS
AL
GA
SC
NC
TN
KY
FL

Montañas Rocosas

Montes Apalaches

Río Missouri

Río Mississippi

Río Ohio

Río Grande

OCÉANO PACÍFICO

OCÉANO ATLÁNTICO

Golfo de México

MÉXICO

AK
0 300 mi
0 300 km

HI
0 150 mi
0 150 km

0 300 mi
0 300 km

LEYENDA
Noreste
Sureste
Medio Oeste
Suroeste
Oeste

Regiones de los Estados Unidos

Para estudiar las regiones de los Estados Unidos, los geógrafos y otras personas dividen el país en áreas más pequeñas llamadas regiones. Una **región** es una zona donde los lugares comparten características semejantes. Este mapa muestra las cinco regiones de los Estados Unidos: el Noreste, el Sureste, el Medio Oeste, el Suroeste y el Oeste. Estas regiones están organizadas según la ubicación de los estados.

En la región del Noreste, a lo largo de la costa del norte, hay bosques y colinas. El suelo es rocoso. Más hacia el sur y el oeste, el suelo es fértil para la agricultura. Los montes Apalaches atraviesan la región.

Los montes Apalaches también atraviesan la región del Sureste. Esta región tiene una llanura costera baja ubicada a lo largo de la costa del Atlántico y la costa del Golfo de México. El río Mississippi pasa por la región.

La región del Medio Oeste es conocida por sus extensas llanuras cubiertas de pasto, pero también tiene bosques y colinas ondulantes. Muchos ríos importantes, entre ellos el Missouri, el Mississippi y el Ohio, corren por el Medio Oeste.

2. Ubica tu estado en el mapa. **Márcalo** con una X. ¿En qué región vives?

....

....

....

La tierra del Suroeste es muy diferente de la tierra del Medio Oeste. En esa región hay áreas costeras bajas, llanuras secas, cañones y desiertos. Un **desierto** es un área seca donde llueve poco. Uno de los accidentes geográficos más conocidos de la región es el Gran Cañón. Se formó por la acción del río Colorado durante millones de años y atraviesa la meseta del Colorado.

El Oeste es la región más grande y variada de la nación. Allí el suelo es fértil para la agricultura, hay bosques y una costa extensa. Entre sus accidentes geográficos, también hay llanuras y montañas. El punto más alto y el más bajo de la nación están en esta región. El monte McKinley, de Alaska, es el punto más alto y el Valle de la Muerte, en California, es el punto más bajo.

Donde viven las personas

En cada región hay ciudades grandes donde viven y trabajan muchas personas. Las tres ciudades más grandes de nuestro país son Nueva York, en el estado de Nueva York; Los Ángeles, en California; y Chicago, en Illinois. Estas ciudades tienen una población numerosa y a menudo las personas viven cerca unas de otras.

Cada región también tiene zonas donde las personas viven más separadas que en las ciudades. En las llanuras de Texas, algunas personas crían animales, como vacas y ovejas. Viven lejos de sus vecinos porque usan una gran extensión de tierra para hacer crecer los pastos con los que alimentan a sus animales.

4. **Encierra** en un círculo el nombre de la región que tiene menos población.

3. ⊚ Causa y efecto **Escribe** el nombre del río que formó el Gran Cañón.

....

....

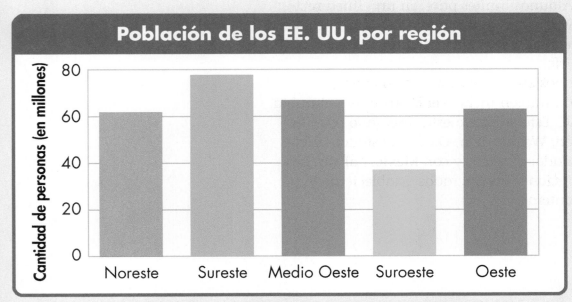

Población de los EE. UU. por región

Cantidad de personas (en millones)

Noreste — Sureste — Medio Oeste — Suroeste — Oeste

Oficina del Censo de los Estados Unidos, 2009

La región de los Grandes Lagos

LEYENDA
- Frontera nacional
- Límite estatal
- ☆ Capital del estado

Lago Superior

CANADÁ

Michigan

Minnesota

St. Paul ☆

Wisconsin

Lago Michigan

Lago Hurón

Lago Ontario

Madison ☆

☆ Lansing

Nueva York

Iowa

ESTADOS UNIDOS

Illinois

Lago Erie

Indiana

Ohio

Pennsylvania

0   100 mi
0   100 km

área del mapa

Límites y fronteras

Cuando miras un mapa político de los Estados Unidos, una de las primeras cosas que ves son las líneas que muestran los límites. Un **límite** es una línea que divide un área o un estado de otro. Generalmente, los límites siguen formaciones naturales, como ríos o lagos. En el mapa de la región de los Grandes Lagos, ves que cada estado tiene un límite alrededor. Algunos límites parecen una línea recta, mientras que otros son curvos o irregulares. Con frecuencia, las líneas irregulares siguen el curso de una formación natural, como un río.

Los Estados Unidos están organizados en cincuenta estados. La nación también incluye el Distrito de Columbia, conocido como D.C. Este territorio está reservado para la capital de la nación, Washington, D.C. Los Estados Unidos limitan con el Canadá, al norte, y con México, al sur. Los gobiernos de las naciones involucradas establecieron y acordaron esas fronteras.

5. Encierra en un círculo las formaciones naturales que comparten Michigan y Wisconsin. **Marca** con una X un límite estatal que no sea una formación natural.

Los límites regionales son distintos de los límites de las ciudades y los estados o de las fronteras internacionales porque no están establecidos por leyes. De hecho, la división en regiones se puede basar en muchas otras características. Las regiones se pueden definir por los accidentes geográficos importantes que tenga un área. También se pueden definir por el tipo de trabajo que hacen las personas del lugar o el idioma que hablan. A diferencia de las ciudades, los estados y las naciones, la mayoría de las regiones no están marcadas con signos.

Four Corners es el lugar donde se unen Nuevo México, Arizona, Utah y Colorado. Como es un área única, las personas han marcado los límites en la tierra.

¿Entiendes?

6. ⦿ **Causa y efecto** ¿Cuál puede ser la causa de que las personas vivan en lugares alejados?

....

....

....

7. ⦿ **Describe** cómo influyen en las actividades que haces los accidentes geográficos de tu región.

mi Historia: Ideas

....

....

....

◻ **¡Para!** Necesito ayuda ....

❙❙ **¡Espera!** Tengo una pregunta ....

▶ **¡Sigue!** Ahora sé ....

El tiempo y el clima

 ¡Imagínalo!

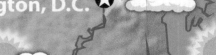
Frederick   Baltimore

Washington, D.C.

Los ilustraciones de los soles y las nubes indican que en este día no se esperan lluvias en Washington, D.C.

En casi todo el país, el tiempo cambia según la estación. Los cambios estacionales forman parte del clima de un lugar.

No importa donde vivas, el tiempo influye en tu vida. El **tiempo** es la condición del aire en un cierto momento y lugar. El tiempo puede influir en la ropa que te pones y las actividades que haces. Cuando hace calor, quizá quieras ir a nadar. Cuando llueve, es posible que prefieras quedarte adentro.

Tiempo y clima

El tiempo puede ser caluroso, frío, lluvioso o ventoso. Varía de un día a otro. El **clima** es el patrón de tiempo de un lugar a lo largo de un período. Por ejemplo, los cambios en el tiempo que siguen las temporadas todos los años son parte del clima de un lugar.

La temperatura y la precipitación son dos factores principales del tiempo y el clima. La **temperatura** es cuánto calor o frío hace en un lugar. La **precipitación** de un lugar es la cantidad de lluvia o nieve que cae allí.

10

Dibuja un símbolo para indicar si hoy hace calor o frío, o si está lloviendo o nevando.

Aprenderé que el tiempo y el clima varían entre las distintas regiones de los Estados Unidos.

Vocabulario

tiempo	precipitación
clima	humedad
temperatura	altitud

Los Estados Unidos tienen lugares con una amplia variedad de tiempos y climas. Puede hacer calor en un área y mucho frío en otra. En un día de invierno, en Minnesota podría hacer un frío que congela. El mismo día, puede hacer más de 50 grados en el sur de Luisiana. Una chaqueta ligera sería suficiente con esta temperatura. En el siguiente mapa se muestra que las temperaturas varían entre las diferentes regiones.

1. **Marca** con una *X* en el mapa el lugar donde vives. **Encierra** en un círculo el promedio de temperatura en la leyenda del mapa.

Promedio de temperaturas de los Estados Unidos en enero

LEYENDA
Promedio de temperatura (grados Fahrenheit)
- Más de 60
- 41–60
- 21–40
- 0–20
- Menos de 0

El ciclo del agua

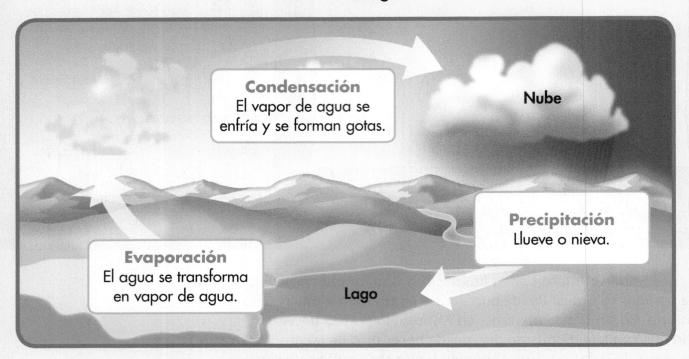

Condensación
El vapor de agua se
enfría y se forman gotas.

Nube

Precipitación
Llueve o nieva.

Evaporación
El agua se transforma
en vapor de agua.

Lago

Agua y clima

La humedad es otra característica importante del tiempo y el
clima. La **humedad** es la cantidad de agua en el aire. Esa agua
no se ve, pero a veces se siente. Cuando hay mucha humedad, el
aire se siente húmedo.

El agua llega al aire a través de la evaporación. En este
proceso, el sol calienta los océanos, los lagos y los ríos. El calor
convierte una parte del agua en un gas llamado vapor de agua.
Este vapor sube por el aire.

En lo alto, el vapor se enfría y forma pequeñas gotas. Este
proceso se llama condensación. Las gotas se juntan para formar
nubes. Dentro de las nubes, las gotas pequeñas se unen para
formar gotas más grandes. Finalmente, las gotas caen a la tierra
en forma de precipitación. Las gotas caen en forma de lluvia,
nieve o aguanieve, según la temperatura del aire.

Mucha precipitación cae sobre el agua porque la mayor parte
de la Tierra está cubierta por agua. La lluvia que cae sobre la
tierra es absorbida por el suelo. También llega a los arroyos y
los ríos, y estos desembocan en lagos o vuelven a los mares y los
océanos. Luego el ciclo comienza otra vez desde el principio.

2. ◎ **Causa y efecto Escribe** cuál es la causa de
la evaporación.

....

....

Otros factores climáticos

¿Qué otros factores afectan el clima de un lugar? Uno de ellos es la ubicación. Los lugares que están cerca del ecuador reciben la luz solar de forma más directa. El ecuador es una línea imaginaria que rodea la Tierra en un punto medio entre el Polo Norte y el Polo Sur. A medida que te alejas del ecuador, el clima es más frío.

Los lagos y los océanos también determinan el clima de un lugar. Afectan la cantidad de precipitación que cae. También pueden afectar la temperatura, ya que los lagos y los océanos se calientan y enfrían más despacio que la tierra. En invierno, el agua generalmente es más cálida que la tierra. Los vientos que vienen del agua calientan el aire de esa área. En verano, vienen brisas del agua que refrescan el aire del área.

La altitud también afecta el clima. La **altitud** de un lugar es la altura a la que está la tierra con respecto al nivel del mar. Los lugares que están a una gran altitud generalmente son más fríos que las áreas más bajas. De hecho, ¡los picos montañosos muy altos están cubiertos de nieve todo el año!

El viento también contribuye al clima y al tiempo. El viento lleva aire con diferentes temperaturas y niveles de humedad de un lugar a otro. De esa manera, ayuda a crear los patrones meteorológicos que forman diferentes climas.

3. La flora de los picos San Francisco, en Arizona, cambia según la altitud. ¿Qué crece a 9,000 pies sobre el nivel del mar?

....

....

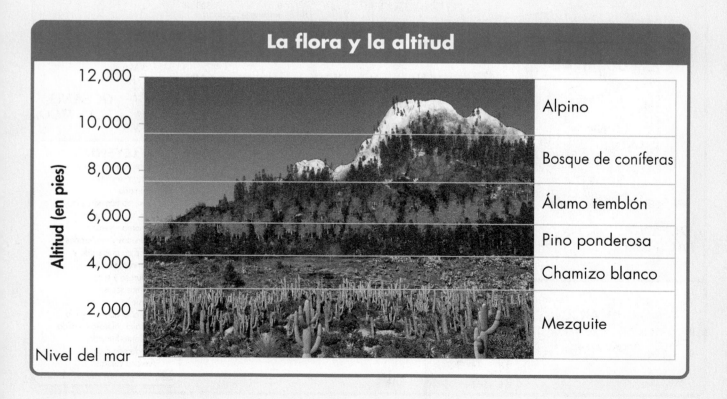

La flora y la altitud

Altitud (en pies)

12,000
10,000 — Alpino
8,000 — Bosque de coníferas
6,000 — Álamo temblón
— Pino ponderosa
4,000 — Chamizo blanco
2,000 — Mezquite
Nivel del mar

Regiones climáticas

El mapa de abajo muestra las diferentes regiones climáticas de los Estados Unidos. El clima polar y el ártico son los más fríos. Los lugares que están cerca del Polo Norte tienen climas árticos. El único lugar de los Estados Unidos que tiene este clima es el norte de Alaska. Allí el verano es breve y en invierno hace mucho frío.

Los climas tropicales son cálidos o calurosos todo el año. Los lugares con climas tropicales están cerca del ecuador. El sur de la Florida tiene un clima tropical. En invierno, generalmente la temperatura es más cálida que en otras partes del país. El verano puede ser caluroso y muy húmedo.

En la mayor parte de los Estados Unidos el clima es templado. Los lugares con clima templado no son tan fríos como las regiones árticas ni tan calurosos como las tropicales. Por ejemplo, el Noreste tiene inviernos fríos, pero no hace tanto frío como en el norte de Alaska. La precipitación en el Noreste es moderada; eso significa que no es ni muy húmedo ni muy seco.

Por el contrario, más hacia el oeste llueve menos. Algunas partes de Arizona y de Nuevo México son muy secas. Allí los días de verano son calurosos, pero el invierno es frío en las montañas del Suroeste.

4. Encierra en un círculo los climas de Wisconsin y Arizona. ¿En qué se diferencian los climas de los dos estados?

....

....

....

....

Las regiones climáticas de los Estados Unidos

LEYENDA
- Invierno seco y muy frío, verano frío
- Montaña
- Invierno húmedo y muy frío, verano fresco
- Invierno y verano húmedos y moderados
- Invierno moderado y húmedo, verano caluroso y seco
- Climas secos
- Desierto
- Invierno húmedo y frío, verano caluroso o cálido
- Invierno húmedo, moderado o cálido, verano caluroso
- Cálido y húmedo todo el año

5.  Comparar y contrastar **Completa** la tabla para mostrar en qué se parecen y en qué se diferencian el clima de tu región y el de otra región.

Hoy es otro hermoso día de invierno: ¡70 grados! Vivo en un clima tropical.

Comparar el clima

Otra región	Mi región

6. Causa y efecto ¿Qué efecto tiene la altitud en el clima?

....

....

....

7. **Describe** cómo los cambios de estación afectan lo que haces al aire libre.

mi Historia: Ideas

....

....

¡Para! Necesito ayuda ....

¡Espera! Tengo una pregunta ....

¡Sigue! Ahora sé ....

Destrezas de mapas

Leer mapas ampliados

Abajo hay un mapa principal grande y dos mapas más pequeños que están separados. Cada mapa pequeño tiene su propia escala. Los mapas pequeños que están relacionados con un mapa principal se llaman mapas ampliados.

Los mapas ampliados ofrecen detalles que no se pueden mostrar en un mapa principal. Los lugares que se muestran en el mapa ampliado pueden ser demasiado grandes o demasiado pequeños, o estar demasiado alejados para incluirlos en el mapa principal. Imagina que queremos mostrar un mapa de los Estados Unidos. Para incluir Alaska y Hawái necesitaríamos incluir el Canadá y una gran área del océano Pacífico. Los Estados Unidos se verían más pequeños y habría menos lugar para los detalles. Si usamos un mapa ampliado para mostrar Alaska y Hawái, podemos mostrar más detalles de todos los estados y menos de las áreas que los rodean.

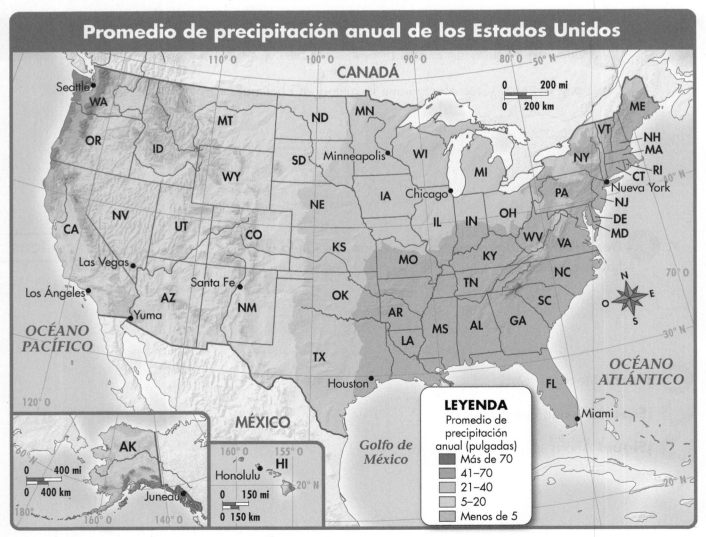

Promedio de precipitación anual de los Estados Unidos

LEYENDA
Promedio de precipitación anual (pulgadas)
Más de 70
41–70
21–40
5–20
Menos de 5

¡Inténtalo!

Para leer un mapa ampliado, primero estudia el mapa principal. Mira el título y la escala. Luego examina los mapas ampliados. Pregúntate cómo se relacionan con el mapa principal. ¿Qué muestran los mapas ampliados que no muestra el mapa principal?

1. ¿Qué muestra el mapa principal?

....

....

2. ¿Qué muestran los mapas ampliados?

....

....

3. ¿Cómo se relacionan los mapas ampliados con el mapa principal?

....

....

4. ¿Por qué crees que el cartógrafo usó mapas ampliados en lugar de un solo mapa para mostrar la precipitación de los Estados Unidos?

....

....

....

....

....

Lección 3

Las regiones y los recursos

¡Imagínalo!

Los árboles se usan para hacer artículos, como muebles.

Los Estados Unidos son una nación rica en recursos naturales. Un **recurso natural** es algo que existe en el medio ambiente y que las personas pueden usar. La tierra, el agua y los árboles son ejemplos de recursos naturales.

Recursos naturales de los Estados Unidos

Cada región del país tiene muchos recursos naturales distintos. El Noreste tiene bosques y tierra fértil. También tiene ríos y una costa extensa para pescar. El carbón, como el que hay en Pennsylvania, es otro recurso natural del Noreste.

En el Noreste, se llevan peces y mariscos a la costa.

18

Dibuja un artículo que esté hecho de maíz.

Vocabulario

recurso natural	recurso humano
economía	no renovable
producto	conservar
recurso de capital	renovable

En el Sureste, la tierra fértil es un recurso importante. La tierra y el clima cálido hacen que la agricultura sea una de las actividades principales. Los agricultores siembran algodón, arroz, frutos cítricos, maní y otros cultivos. En el Sureste también se produce aceite, carbón y madera.

La agricultura es una parte importante de la economía en el Medio Oeste. Una **economía** es el uso de la riqueza y los recursos de un lugar. La tierra fértil de la región es ideal para sembrar soya y maíz. Los granjeros también crían cerdos y vacas. La leche de vaca se usa para hacer productos lácteos, como la mantequilla y el queso. Los **productos** son artículos que las personas hacen o siembran para vender. El carbón, el aceite y el mineral de hierro también son recursos naturales de la región. El mineral de hierro se usa para hacer hierro y acero.

Las llanuras del Suroeste son un centro importante de cría de ganado y ovejas. El algodón es el principal cultivo de la región. El petróleo es un recurso valioso que se halla en Oklahoma y Texas. En Arizona y Nuevo México se extrae cobre.

El Oeste es conocido por la ganadería y la extracción de cobre, plata y oro. En los valles cálidos cerca de la costa del Pacífico, los agricultores producen frutas, nueces y verduras. En el Oeste, también hay petróleo, madera y pescado.

1. Mira la fotografía. **Rotula** el recurso natural.

Los agricultores aran la tierra antes de la siembra.

Usar los recursos

Los recursos naturales se usan para hacer las cosas que usamos todos los días. La ropa, los libros, tu escritorio de la escuela, lo que comes en el almuerzo, todo se hace con recursos naturales. Por ejemplo, los árboles son un recurso natural. Los árboles se talan y de allí se obtiene la madera. La madera se puede usar para construir casas o hacer otros productos. Con la madera también se fabrica el papel, después de cortarla en pedazos pequeños y ablandarla.

Las personas también usan recursos de capital para hacer productos. Los **recursos de capital** son las cosas hechas por el ser humano que usamos para cultivar o hacer otras cosas. Las herramientas, las máquinas y los edificios son ejemplos de recursos de capital. Los recursos de capital de una compañía de madera pueden ser los aserraderos donde se cortan los árboles y se obtiene la madera.

Para hacer productos también se necesita un tercer tipo de recurso. ¿Sabes cuál es? ¡Las personas! Los **recursos humanos** incluyen a las personas, sus destrezas, sus ideas y su trabajo intenso. Sin recursos humanos no se podría producir nada.

Algunas empresas del Sureste y el Suroeste hacen perforaciones para extraer petróleo. El petróleo que se bombea de la tierra no está listo para usar. El petróleo se procesa y se convierte en gasolina u otros productos para que usen las personas.

2. Estas imágenes muestran los recursos que se usan para convertir el petróleo en gasolina. **Rotula** las imágenes para mostrar qué tipo de recurso se está usando.

Industrias regionales

Los recursos naturales de una región influyen en su economía y en las empresas del lugar. Es probable que una región con grandes depósitos de mineral de hierro tenga fábricas de acero. Quizá también tenga un puerto para transportar fácilmente el mineral de hierro y el acero. Para que la agricultura prospere, la región debe tener un suelo fértil y el clima adecuado.

Empresas del mismo tipo pueden tener características distintas de una región a otra. En todo el país se cultiva. Sin embargo, lo que se siembra varía de un lugar a otro. En una parte del Sureste, la tierra y el clima cálido son adecuados para sembrar árboles de cítricos. Allí los árboles crecen durante casi todo el año y el invierno no es tan frío. Por el contrario, en la región del Medio Oeste, la tierra y el clima son mejores para la siembra de otros cultivos, como el maíz y la soya.

3. ◉ **Comparar y contrastar** ¿Por qué los agricultores de distintas regiones siembran cultivos diferentes?

....

....

....

Del petróleo se hace gasolina, que las personas usan en sus carros.

Proteger los recursos

Los Estados Unidos son un país tan grande que parece que nuestros recursos naturales nunca van a agotarse. Pero eso no es cierto. Algunos de los recursos que más se necesitan son recursos **no renovables.** Eso significa que no pueden reemplazarse o que tardarían mucho tiempo en volver a formarse. Estos recursos existen en cantidades grandes, pero limitadas. Una vez que se han usado por completo, desaparecen por un largo tiempo.

El carbón, el petróleo y el gas natural son recursos no renovables. Las personas usan estos combustibles para calentar la casa, cocinar los alimentos y hacer funcionar el carro. También los usan para producir la electricidad que alimenta las luces y las máquinas.

Como estos recursos no pueden reemplazarse fácilmente, es importante conservarlos. **Conservar** algo significa ahorrarlo o protegerlo. Hay muchas maneras de hacer eso. Las personas conservan la electricidad cuando apagan las luces que no usan. También pueden caminar o montar en bicicleta en lugar de usar el carro. En invierno, algunas personas limitan la calefacción del hogar.

Algunos recursos naturales son **renovables.** Eso significa que pueden reemplazarse. Por ejemplo, cuando se talan árboles para obtener madera para hacer muebles, se plantan nuevos árboles. Las compañías plantan para no quedarse sin árboles. Pero, los árboles tardan años en crecer. Por lo tanto, es importante conservarlos.

4. ◉ Sacar conclusiones
¿Por qué es importante conservar los recursos?

....

....

....

....

....

Volver a plantar árboles y reciclar el papel son buenas maneras de cuidar nuestros bosques.

22

El suelo y el agua también son recursos renovables. El suelo se puede usar año tras año si se nutre y se cuida. El agua se renueva con el ciclo del agua. Sin embargo, la contaminación es un peligro particular para estos recursos naturales. La contaminación puede ensuciar el agua y dañar el suelo. También puede dañar las plantas y los animales. Muchas personas trabajan para limitar la contaminación que se libera al ambiente.

Otra manera en que las personas cuidan los recursos naturales es con el reciclado. Reciclar significa volver a usar las cosas que generalmente tiramos. Las personas reciclan muchos artículos, como vidrio, metal, plástico y papel. Estos materiales se procesan y se usan nuevamente.

5. **Escribe** cada recurso en la columna correcta: agua, peces, carbón, suelo, árboles, gas natural, trigo, petróleo.

Clasificar recursos

Renovables	No renovables

¿Entiendes?

6. Resumir **Escribe** un resumen de las maneras en que las personas conservan los recursos naturales.

....

....

....

7. **Piensa** en una empresa que está cerca de donde vives. **Escribe** los tipos de recursos que usa para proveer su producto o servicio.

mi Historia: Ideas

....

....

....

....

¡Para! Necesito ayuda ....

¡Espera! Tengo una pregunta ....

¡Sigue! Ahora sé ....

La gente y la tierra

¡Imagínalo!

El medio ambiente influye en donde vive la gente. Esta casa fue construida en un espacio abierto en la ladera de una montaña.

¿Qué características físicas tiene tu comunidad? ¿Hay llanuras, montañas o una playa? Cada característica puede afectar la manera en que viven las personas. Algunas personas viven cerca del océano porque disfrutan del clima de las áreas costeras. Otras viven cerca de recursos naturales. Es posible que esas personas trabajen en empresas que usan los recursos o tengan trabajos que dependen de esas empresas. Por ejemplo, desde fines del siglo XIX, hay mineros que viven cerca de las minas de carbón de Illinois.

La gente se adapta al medio ambiente

En cualquier lugar donde viven, las personas se adaptan al medio ambiente. **Adaptarse** significa cambiar para ajustarse a una nueva serie de condiciones. Imagina que te mudas de la Florida a Wisconsin. El clima y los accidentes geográficos de estos dos estados son diferentes. ¿Cómo te adaptarías a la tierra y al clima de Wisconsin?

En principio, usarías ropa diferente. En lugar de usar ropa liviana en invierno, te abrigarías mucho para no tener frío. También usarías más la calefacción para calentar tu casa. Es posible que durante el verano uses menos el aire acondicionado que en la Florida.

Tus actividades también cambiarían. Es posible que en la Florida fueras a menudo a la playa a nadar y a practicar surf en el océano. Wisconsin no tiene playas que dan al océano, pero en verano, podrías nadar en un lago de agua dulce. En invierno, podrías bajar esquiando las montañas cubiertas de nieve. Eso no puedes hacerlo en la Florida.

Los techos inclinados permiten que la lluvia y la nieve se deslicen y caigan al suelo.

Piensa en espacios abiertos de tu comunidad. Dibuja lo que te gustaría construir allí.

Aprenderé que la gente se adapta al medio ambiente y lo cambia para satisfacer sus necesidades.

Vocabulario

adaptarse
tecnología
irrigación
acuífero

La gente no solo se adapta al medio ambiente. También adapta lo que construye y cómo lo hace. En regiones donde llueve y nieva mucho, algunas personas construyen casas con techos inclinados y pendiente. La pendiente evita que la lluvia y la nieve se acumulen en el techo. Es posible que también construyan túneles. En Minneapolis, Minnesota, las personas construyeron un sistema de túneles de vidrio que conecta los edificios. ¡Estos túneles unen cerca de ochenta cuadras! Los túneles hacen posible recorrer la ciudad sin salir a la calle durante el invierno frío y nevoso.

En los pueblos de la costa de Carolina del Norte, posiblemente las casas en la playa estén construidas en lo alto para evitar que se inunden cuando sube el nivel del agua. En la costa, las personas también construyen las casas de manera que resistan los vientos fuertes y las precipitaciones abundantes, ya que a veces hay tormentas grandes y peligrosas.

Los pilotes evitan que la creciente del agua inunde los edificios.

1. **Subraya** cómo se ha adaptado al medio ambiente la gente de Minnesota.

La gente cambia el medio ambiente

Desde tiempos antiguos, las personas han cambiado el medio ambiente para satisfacer sus necesidades. Mucho antes de que llegaran los primeros exploradores, los indígenas americanos quemaban praderas y bosques. Lo hacían para despejar la tierra, enriquecer el suelo o crear mejores áreas de pastoreo para sus animales. Los primeros pobladores del Noreste también cambiaban la tierra. Talaban bosques para despejar terrenos para la siembra. En la actualidad, las personas siguen cambiando el medio ambiente. La tierra se despeja para construir casas, centros comerciales y granjas.

Con el tiempo, las personas han podido hacer cambios más grandes en la tierra. Esto es posible gracias a la tecnología. La **tecnología** es el uso de herramientas y el conocimiento científico para hacer un trabajo. A fines del siglo XIX, las personas talaban los árboles a mano con sierras y hachas. Podía llevarles mucho tiempo despejar un bosque. Sin embargo, en la actualidad, se usan grandes máquinas para talar. Se puede despejar un área grande mucho más rápido.

Hoy en día, también es más fácil construir estructuras grandes. Las personas construyen carreteras en las montañas, complejos sistemas de autopistas y puentes que conectan lugares que antes estaban separados por ríos o arroyos anchos. También aprovechan las nuevas tecnologías para construir represas y contener ríos. Oroville, en California, es la represa más alta de los Estados Unidos. Mide aproximadamente 770 pies. ¡Más del doble de la altura de la Estatua de la Libertad de Nueva York!

Las personas también usan las nuevas tecnologías para la irrigación. La **irrigación** es el uso de la tecnología para llevar el agua a los cultivos. En algunos estados, las granjas no están cerca de una fuente de agua. Las personas irrigan los cultivos con el agua que traen de lagos, arroyos y ríos por medio de tuberías. En otros estados, las personas irrigan los cultivos con el agua de un acuífero. Un **acuífero** es una capa subterránea de roca porosa que contiene agua.

El acuífero de Ogallala es un gran acuífero ubicado cerca del centro de los Estados Unidos. De hecho, está debajo de partes de ocho estados diferentes del Medio Oeste, el Oeste y el Suroeste. El acuífero se usa para irrigar millones de acres, es decir, grandes extensiones de tierra, donde se planta trigo, maíz y otros cultivos. Las personas usan muchas máquinas para usar y controlar el acuífero. Por medio de unas bombas grandes y sistemas de túneles, el agua subterránea sube y se bombea hacia las granjas. Las computadoras miden la cantidad de agua que se extrae del acuífero. También registran adónde se envía el agua y cuánta queda en el acuífero.

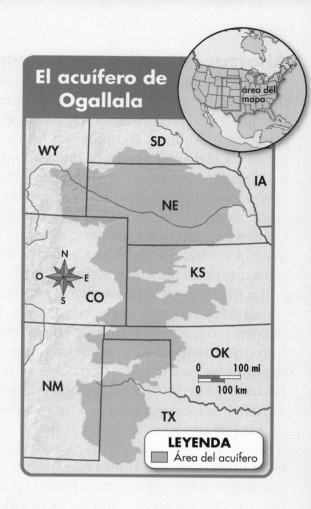

El acuífero de Ogallala

LEYENDA
Área del acuífero

2. **Causa y efecto Escribe** un efecto para esta causa: la gente bombea agua del acuífero de Ogallala.

....

....

Casi toda el agua que se extrae del acuífero de Ogallala se usa para la irrigación.

27

Ahorrar recursos con la tecnología

Así como las nuevas tecnologías se usan para cambiar la tierra, también se usan para conservar recursos. La primera vez que se usó el acuífero de Ogallala, se cavaron grandes acequias para llevar el agua a las granjas. Al poco tiempo, las personas se dieron cuenta de que estaban extrayendo más agua de la que se reemplazaba con la precipitación. Parte del agua se evaporaba de las acequias y se perdía. Para conservar el acuífero, se usaron máquinas grandes para cavar, conectar los túneles bajo tierra y transportar el agua sin que se perdiera por la evaporación. También se mejoraron los sistemas de irrigación para que desperdiciaran menos agua.

La nueva tecnología también permite que las fábricas conserven y protejan mejor los recursos. Hoy en día, las fábricas pueden reducir la contaminación que generan enviando a una depuradora el aire contaminado que producen. En la depuradora, se usa agua o sustancias químicas para reducir la cantidad de partículas perjudiciales en el aire. Las nuevas tecnologías también protegen los recursos hídricos. Algunas plantas de tratamiento de agua llevan agua limpia y potable a hogares y empresas. Otras plantas de tratamiento filtran el agua residual y la tratan con sustancias químicas antes de que llegue a los ríos o a otras masas de agua. Esa agua es más segura para los peces y el resto de la vida silvestre.

Las nuevas tecnologías permiten a las personas usar el viento para producir electricidad sin ensuciar el medio ambiente.

Las nuevas tecnologías también permiten a las personas usar otras fuentes de energía renovables. Esas fuentes incluyen el viento, la luz solar y las olas del océano. Por ejemplo, los paneles solares convierten la energía del sol en electricidad. La luz solar, el viento y las olas son recursos que pueden usarse una y otra vez. Muchos de los recursos que las personas usan como combustible, como el petróleo, son limitados y no renovables. Otras fuentes de energía permiten conservar el petróleo y otros combustibles.

3. ◉ **Idea principal y detalles Completa** los recuadros con detalles.

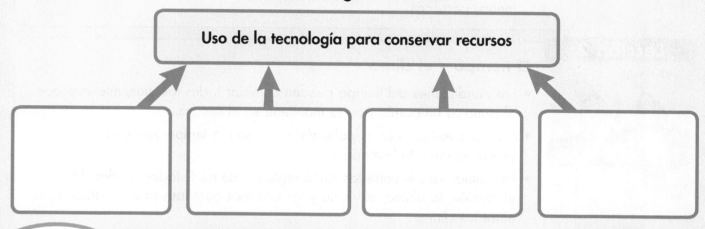

La tecnología en acción

Uso de la tecnología para conservar recursos

4. ◉ **Causa y efecto** ¿Qué podría causar que algunas personas se establezcan cerca de ciertos recursos naturales?

....

....

5. ❓ **Escribe** sobre cómo te adaptas a tu ambiente físico.   mi Historia: Ideas

....

....

....

▢ **¡Para!** Necesito ayuda ....

⏸ **¡Espera!** Tengo una pregunta ....

▶ **¡Sigue!** Ahora sé ....

Guía de estudio

Lección 1

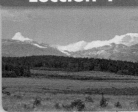

La tierra y las regiones de los Estados Unidos

- Los Estados Unidos están divididos en cinco regiones: el Noreste, el Sureste, el Medio Oeste, el Suroeste y el Oeste.
- Cada región tiene accidentes geográficos y masas de agua que la hacen especial.
- Cada región tiene ciudades y también áreas donde viven menos personas.

Lección 2

El tiempo y el clima

- Las condiciones del tiempo pueden cambiar todos los días, mientras que el clima es un patrón que se mantiene en el tiempo.
- Las características principales del clima son la temperatura, la precipitación y la humedad.
- Los climas varían entre las cinco regiones de los Estados Unidos. La ubicación, la altitud, el viento y los océanos contribuyen a las diferencias entre los climas.

Lección 3

Las regiones y los recursos

- Cada una de las cinco regiones es rica en recursos naturales.
- Los recursos y los productos varían entre una región y otra.
- Con los recursos naturales, humanos y de capital se hacen productos.
- Los recursos naturales pueden ser renovables o no renovables.

Lección 4

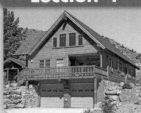

La gente y la tierra

- La gente vive en un lugar por distintas razones.
- La gente se adapta al medio ambiente y lo cambia de distintas maneras.
- La gente ha descubierto maneras de conservar los recursos. La tecnología se usa para ayudar a proteger el medio ambiente.

Lección 1

La tierra y las regiones de los Estados Unidos

1. Une cada palabra con su significado.

_____ mesa

_____ meseta

_____ terreno inundable

_____ cañón

a. terreno llano y elevado

b. colina con una cima llana

c. valle profundo y rocoso

d. planicie a lo largo de un río que se inunda

2. Escribe una oración con las palabras *región* y *accidente geográfico*.

....

....

....

....

3. Escribe la región donde está ubicado cada uno de los siguientes estados.

Florida ....

Montana ....

Delaware ....

Wisconsin ....

Oklahoma ....

Lección 2

El tiempo y el clima

4. ¿En qué se diferencian el tiempo y el clima?

....

....

....

5. Rotula cada parte del ciclo del agua.

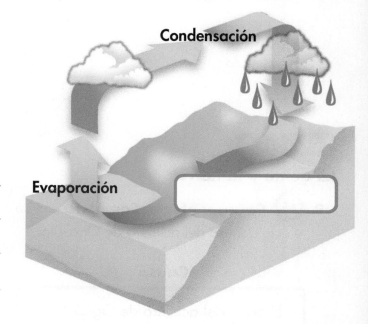

Condensación

Evaporación

6. ¿Por qué el clima del Noreste es más frío que el del Sureste?

A. No es tan ventoso como el Sureste.

B. Hay más montañas que en el Sureste.

C. Está más alejado del océano que el Sureste.

D. Está más alejado del ecuador que el Sureste.

Repaso y Evaluación

Lección 3

Las regiones y los recursos

7. **Completa** los espacios en blanco. Los árboles son un recurso .... que se usa para hacer muebles de madera. Los trabajadores que hacen los muebles son recursos .... Las herramientas y las máquinas que usan son recursos de

....

8. ¿Por qué el agua es un recurso renovable?

....

....

....

Lección 4

La gente y la tierra

9. Causa y efecto **Completa** con un efecto del uso del acuífero de Ogallala.

Causa

El agua del acuífero de Ogallala se perdía por la evaporación.

Efecto

10. **Haz una lista** de tres maneras en las que puede usarse la tecnología para ayudar al medio ambiente.

a. ....

b. ....

c. ....

11. ¿Cómo afecta la geografía a nuestra forma de vida?

Mira la fotografía y **responde** la pregunta.

¿Cómo han adaptado este edificio para ajustarlo al medio ambiente?

....

....

....

....

....

....

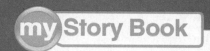

Conéctate en línea para escribir e ilustrar tu **myStory Book** usando **miHistoria: Ideas** de este capítulo.

¿Cómo afecta la geografía a nuestra forma de vida?

Los Estados Unidos tienen una variedad de accidentes geográficos, masas de agua, recursos naturales y regiones climáticas. Esta geografía variada afecta a las personas de diferentes maneras, según dónde vivan. La geografía influye en dónde decidimos vivir, cómo nos vestimos, qué hacemos para divertirnos, en qué trabajamos y cómo son nuestras comunidades. ¿Cómo te afecta a ti?

Piensa en el lugar donde vives y las actividades que haces. **Escribe** cómo la geografía afecta parte de tu vida.

....

....

....

....

Ahora, **haz un dibujo** para ilustrar lo que escribiste.

Mientras estás en línea, dale un vistazo a **myStory Current Events,** donde puedes crear tu propio libro sobre un tema de actualidad.

Los estadounidenses y su historia

PREGUNTA PRINCIPAL

¿Cómo hemos cambiado y cómo hemos seguido igual a lo largo de nuestra historia?

Escribe algo sobre ti mismo o tu familia que haya cambiado durante tu vida. Luego **escribe** sobre algo que haya seguido igual.

....

....

....

....

La Campana de la Libertad está en Filadelfia, Pennsylvania, y representa la libertad de los estadounidenses.

Abraham Lincoln

Presidente durante la Guerra Civil

mi Historia: Video

El presidente Abraham Lincoln se dirigió a una gran multitud. Había casi 15,000 personas en la inauguración del Cementerio Nacional, en Gettysburg, Pennsylvania. Era el mes de noviembre de 1863. Aproximadamente 8,000 soldados habían muerto allí cuatro meses y medio antes. La Guerra Civil iba por su tercer año.

El propósito de la ceremonia en Gettysburg era honrar a los soldados caídos. Pero Abraham Lincoln quería honrar algo más: todo lo que representaban los Estados Unidos. Según Lincoln, el objetivo de la guerra era que

> *"el gobierno del pueblo, por el pueblo y para el pueblo no desaparezca de la Tierra".*

Eran tiempos de grandes cambios para la nación. Hacía años que el Norte y el Sur estaban enfrentados. Finalmente, los estados del Sur se separaron de los Estados Unidos. Crearon una nación independiente y la llamaron Estados Confederados de América.

El presidente Abraham Lincoln pronunció el Discurso de Gettysburg el 19 de noviembre de 1863.

Abraham Lincoln nació en Kentucky. Creció en la región fronteriza. Tiempo después se mudó a Illinois, donde trabajó de abogado.

El presidente Lincoln gobernó la nación duran la Guerra Civil. Visitaba a los generales y a lo soldados de la Unión en el campo de batalla.

Abraham Lincoln creía en la Unión. Una unión es un grupo que actúa en conjunto. La unión de los estados había sido establecida por la Constitución de los Estados Unidos. Lincoln creía que los estados no debían abandonar esa unión.

En Gettysburg, el presidente Lincoln habló sobre los comienzos de la nación. Afirmó que los Estados Unidos habían "nacido en libertad" y apoyaban la idea de que todas las personas "nacen iguales". La guerra era tan terrible que ponía a prueba esas ideas. Y ponía a prueba si una nación basada en la libertad y la igualdad sería capaz de sobrevivir.

Abraham Lincoln se veía cansado y preocupado ese día en Gettysburg. Como era el presidente, era el comandante en jefe del Ejército y de la Marina de los Estados Unidos. La vida de todos los estadounidenses era su responsabilidad. Y cada día se perdían más vidas en la batalla.

La guerra comenzó en abril de 1861. Lincoln acababa de convertirse en presidente. Se mudó de Illinois a Washington. Pasó a ocupar la Casa Blanca junto con su esposa y sus tres pequeños hijos.

La Casa Blanca significó un cambio enorme respecto de la cabaña de madera en la que había nacido, en Kentucky. Cuando Lincoln era niño, su familia se mudó a Indiana. Lincoln ayudó a su familia a labrar la tierra allí. Se lo conocía como a un joven honesto y confiable. También leía todos los libros que tenía a su alcance. Cuando ya era todo un adulto, sabía muchas cosas que había aprendido por su cuenta. Se convirtió en abogado y participó en el Congreso. En 1860, ganó las elecciones para presidente de los Estados Unidos.

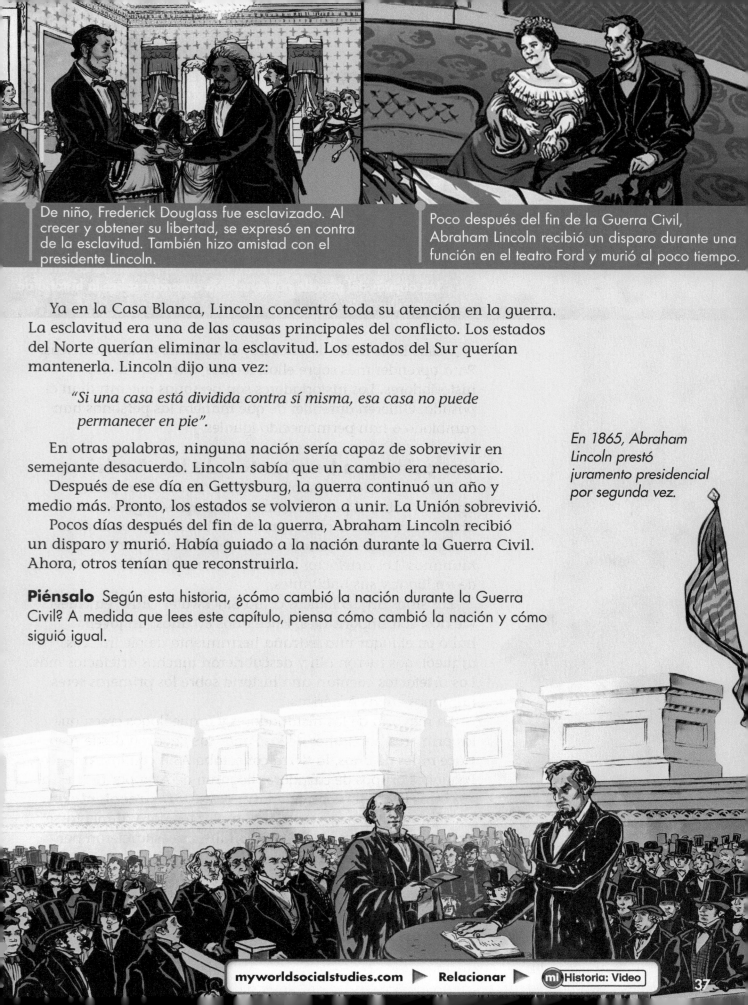

De niño, Frederick Douglass fue esclavizado. Al crecer y obtener su libertad, se expresó en contra de la esclavitud. También hizo amistad con el presidente Lincoln.

Poco después del fin de la Guerra Civil, Abraham Lincoln recibió un disparo durante una función en el teatro Ford y murió al poco tiempo.

Ya en la Casa Blanca, Lincoln concentró toda su atención en la guerra. La esclavitud era una de las causas principales del conflicto. Los estados del Norte querían eliminar la esclavitud. Los estados del Sur querían mantenerla. Lincoln dijo una vez:

> "Si una casa está dividida contra sí misma, esa casa no puede permanecer en pie".

En otras palabras, ninguna nación sería capaz de sobrevivir en semejante desacuerdo. Lincoln sabía que un cambio era necesario.

Después de ese día en Gettysburg, la guerra continuó un año y medio más. Pronto, los estados se volvieron a unir. La Unión sobrevivió.

Pocos días después del fin de la guerra, Abraham Lincoln recibió un disparo y murió. Había guiado a la nación durante la Guerra Civil. Ahora, otros tenían que reconstruirla.

Piénsalo Según esta historia, ¿cómo cambió la nación durante la Guerra Civil? A medida que lees este capítulo, piensa cómo cambió la nación y cómo siguió igual.

En 1865, Abraham Lincoln prestó juramento presidencial por segunda vez.

América y Europa

¡Imagínalo!

Esta mujer sostiene una máscara elaborada por indígenas americano
Los objetos del pasado nos ayudan a aprender sobre la historia de
una cultura.

Desde hace miles de años hay habitantes en las Américas. Para aprender más sobre ellos, leemos el trabajo de los historiadores. Los historiadores son personas que estudian el pasado. Quieren aprender de qué manera las personas han cambiado o han permanecido iguales.

Los primeros habitantes de las Américas

Los historiadores trabajan con los arqueólogos para aprender sobre el pasado lejano. Un **arqueólogo** estudia artefactos y lugares para aprender sobre las personas de la antigüedad. Un **artefacto** es un objeto hecho por los seres humanos. Los artefactos pueden decir mucho sobre la historia de un lugar y sus habitantes.

Los sitios arqueológicos como Blackwater Draw, en Nuevo México, son importantes. Hace unos 80 años, un joven halló en el lugar una extraña herramienta de piedra. Los arqueólogos fueron allí y descubrieron muchos artefactos más. Los artefactos cuentan una historia sobre los primeros seres humanos en las Américas.

La mayoría de los historiadores y arqueólogos creen que los primeros habitantes de las Américas llegaron desde Asia. Hace miles de años, la tierra conectaba Asia con las Américas. Pequeños grupos de cazadores llegaron de Asia por tierra. Tal vez otros llegaron por agua. Eran **cazadores-recolectores**. Cazaban animales y recolectaban plantas para alimentarse. Con el tiempo, esos primeros habitantes se esparcieron por América del Norte y del Sur.

A los descendientes de los primeros pobladores se los llama "indígenas americanos". Los descendientes de una persona son los hijos, nietos, bisnietos y cualquier persona que siga en esa línea.

Los indígenas americanos cazaban animales para alimentarse. Estas puntas de piedra se colocaban en los extremos de las lanzas o los dardos y se usaban para cazar.

DESCIFRA LA PREGUNTA PRINCIPAL

Aprenderé que cuando los europeos y los indígenas americanos se encontraron, sus culturas cambiaron para siempre.

Vocabulario

arqueólogo	cultura
artefacto	colonia
cazador-recolector	esclavizado
agricultura	tradición

Del extremo norte al extremo sur de las Américas y del Pacífico al Atlántico, muchos grupos de indígenas dependían de la tierra para vivir. Luego la agricultura cambió la manera de vivir de muchos de ellos. La **agricultura** es la siembra y el cultivo de plantas para alimentarse. Cuando las personas aprendieron a labrar la tierra, descubrieron que podían quedarse en un lugar.

El medio ambiente influyó en el desarrollo de las culturas. Una **cultura** es la forma de vida de un grupo de personas. En ciertos lugares, los indígenas cultivaban el suelo y se establecían en aldeas pequeñas o en comunidades grandes. En otros, los grupos se desplazaban de un lugar a otro. Seguían a los animales que cazaban. En todo el territorio de las Américas, los indígenas crearon una gran variedad de culturas. Hoy en día, sus descendientes aprecian las tradiciones antiguas.

1. Pueblo Bonito es una aldea indígena de Nuevo México construida hace unos 1,000 años. Mira las canastas. **Encierra** en un círculo evidencia de la agricultura en Pueblo Bonito.

Exploración europea

Una cálida mañana de un viernes de octubre de 1492, tres barcos españoles llegaron a una isla pequeña en la costa de América del Norte. La pequeña flota estaba liderada por un explorador llamado Cristóbal Colón. Al igual que otros europeos, Colón buscaba una ruta directa a Asia. Los europeos comerciaban especias y otros bienes con Asia pero solo conocían rutas largas y peligrosas para llegar.

Colón no tenía idea de que existía América del Norte. Al ver tierra, creyó que había llegado a las Indias. Las Indias eran islas cercanas a Asia. Cuando vio a los habitantes de las islas, los llamó "indios".

Esa mañana, Colón reclamó para España la tierra que había descubierto. También se hizo dueño de sus habitantes. Durante casi 200 años llegaron exploradores de España, Francia, Portugal, los Países Bajos e Inglaterra a las Américas.

La mayoría de los exploradores que llegaban a América del Norte querían lo mismo que Colón. Buscaban una ruta más corta hacia las riquezas de Asia. Y reclamaron las tierras de América del Norte, al igual que Colón. Los encuentros, o reuniones, entre los dos grupos cambiarían la vida de los europeos y de los indígenas para siempre.

2. ◎ **Secuencia** En la leyenda del mapa, **encierra** en un círculo el nombre del primer explorador de las Américas. Luego **encierra** en un círculo el nombre del explorador que llegó 110 años más tarde.

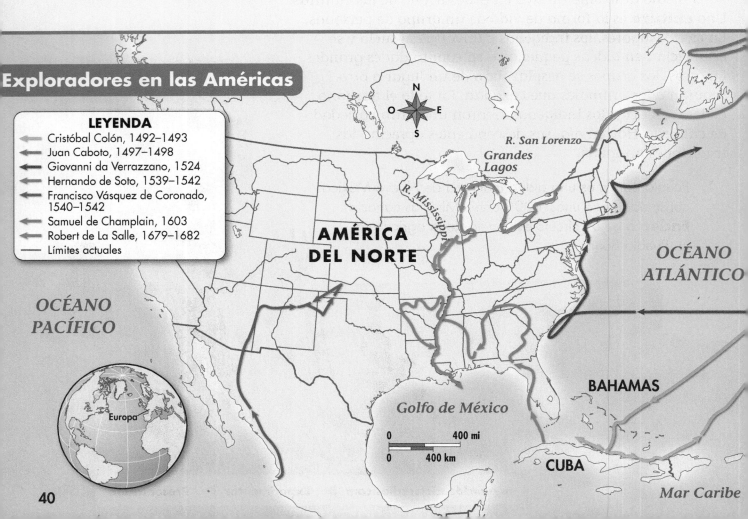

Exploradores en las Américas

LEYENDA
- Cristóbal Colón, 1492–1493
- Juan Caboto, 1497–1498
- Giovanni da Verrazzano, 1524
- Hernando de Soto, 1539–1542
- Francisco Vásquez de Coronado, 1540–1542
- Samuel de Champlain, 1603
- Robert de La Salle, 1679–1682
- Límites actuales

N O E S

R. San Lorenzo
Grandes Lagos
R. Mississippi

AMÉRICA DEL NORTE

OCÉANO PACÍFICO

OCÉANO ATLÁNTICO

Europa

Golfo de México

0   400 mi
0   400 km

BAHAMAS

CUBA

Mar Caribe

Colonias europeas

En el siglo XVI, los europeos empezaron a asentarse en las Américas. Países como España, Inglaterra, Portugal, los Países Bajos y Francia fundaron colonias. Una **colonia** es un asentamiento gobernado por otro país.

Los europeos construían fuertes. Un fuerte es un asentamiento militar rodeado por murallas. En 1565, los españoles fundaron San Agustín en lo que hoy es la Florida. Después, llegaron los colonos ingleses. Los colonos son personas que viven en una colonia. La primera colonia duradera se estableció en Jamestown. Fue fundada en 1607. Las tierras cercanas recibieron el nombre de Virginia. En 1620, otro grupo de colonos ingleses, los peregrinos, se establecieron en el norte de Virginia. Habían llegado en busca de la libertad de culto. Llamaron Plymouth a su comunidad.

Durante más de 200 años, los europeos colonizaron América. Los franceses se establecieron en el Canadá y lo llamaron Nueva Francia. Los exploradores españoles conquistaron gran parte de la región suroeste. A principios del siglo XVIII había trece colonias inglesas en la costa del Atlántico.

Desde 1619, comenzaron a llegar a América otros grupos de personas. Los comerciantes europeos trajeron hombres y mujeres de África para trabajar. Poco a poco, los agricultores comenzaron a depender de la mano de obra de los africanos esclavizados. Un individuo **esclavizado** no es libre.

En 1492, América pertenecía a los indígenas. Trescientos años después, la población en América era muy diversa. Algunas personas eran de origen europeo. Otras, de origen africano. Algunos eran indígenas. Para 1790, casi 4 millones de africanos esclavizados y colonos vivían en América del Norte junto con los indígenas.

En este cuadro del siglo XIX se muestra uno de los primeros encuentros entre colonos europeos e indígenas americanos. Algunos de estos encuentros fueron pacíficos, pero otros, no. Los dos grupos se enfrentaron por el dominio de la tierra.

Intercambio colombino

¿Qué desayunaste hoy? Tal vez tomaste un vaso de leche, comiste una tostada y un poco de puré de manzana. Probablemente, no le agradeciste a Cristóbal Colón por esos alimentos, pero deberías. Antes de 1492, ¡no había vacas, trigo ni manzanas en las Américas!

Durante cientos de años, las Américas —ubicadas en el hemisferio occidental— permanecieron aisladas del hemisferio oriental. Todo cambió en 1492. Colón y los demás exploradores introdujeron plantas, animales y otras cosas en las Américas. Europa obtuvo de los indígenas el maíz, las papas, enormes cantidades de oro y otros recursos. Cuando Colón regresó a Europa, llevó plantas de piña. También es posible que haya llevado tabaco. Ese fue el comienzo de un extenso intercambio llamado "intercambio colombino".

El intercambio colombino resultó útil por varios motivos. El maíz y las papas ayudaron a alimentar a las personas en Europa. Ayudaron al crecimiento de la población. El trigo y el arroz hicieron lo mismo en las Américas. Los caballos mejoraron el trabajo y el transporte de todos en las Américas.

Sin embargo, no todos los intercambios fueron positivos. Los europeos trajeron gérmenes que resultaron mortales para los indígenas. Las consecuencias fueron terribles. Los indígenas no tenían protección contra los gérmenes. Muchos miles de indígenas murieron de viruela. Y muchos más morirían por la acción de gérmenes mortales.

3. Categorizar **Mira** los dibujos. Luego **piensa** en los alimentos que comiste últimamente. **Escribe** algunos de los ingredientes que llegaron a las Américas desde Europa. Luego **escribe** algunos que hayan llegado a Europa desde las Américas.

....

....

....

....

Los indígenas americanos compartieron con los europeos plantas y animales que los europeos no conocían.

Los europeos introdujeron muchas plantas y animales que no se conocían en las Américas.

Gobierno de las colonias inglesas

Los colonos ingleses que se asentaron sobre la costa del Atlántico trajeron una tradición muy importante. Una **tradición** es una creencia o una costumbre que pasa de generación en generación. Los ingleses habían participado en su gobierno durante años. Los nuevos colonos pretendían hacer lo mismo. Querían hacer sus propias leyes.

En 1619, se permitió a los colonos de Virginia la creación de la Cámara de los Burgueses. Las comunidades eligieron representantes para hacer leyes para la colonia. Los representantes actúan en nombre de un grupo de personas. La Cámara de los Burgueses dio inicio a la tradición del autogobierno.

La Cámara de los Burgueses de Virginia fue una institución inicial de autogobierno en las colonias.

4. ¿Por qué la idea del autogobierno habrá llevado a los colonos ingleses a exigir su autonomía al rey de Inglaterra?

....

....

¿Entiendes?

5. **Secuencia** **Escribe** los números 1, 2 y 3 para ordenar los siguientes sucesos en el orden en que ocurrieron.

_____ La Cámara de los Burgueses se reúne en Virginia.

_____ Cristóbal Colón llega a las Américas.

_____ Los ingleses establecen las primeras colonias sobre la costa del Atlántico.

6. **Describe** un edificio o un lugar que se relacione con la historia de tu comunidad. ¿Cómo cambió con el tiempo?

mi Historia: Ideas

....

....

¡Para! Necesito ayuda ....

¡Espera! Tengo una pregunta ....

¡Sigue! Ahora sé ....

Usar una línea cronológica

Conocer el orden de los sucesos es importante cuando se estudia la historia. Una línea cronológica puede ayudarte a entender la secuencia. La secuencia es el orden en que ocurren los sucesos. Una línea cronológica es un tipo de gráfica. En ella se muestran los sucesos y las fechas en las que ocurrieron. Los sucesos se ubican en el orden en el que ocurrieron. Eso puede ayudarte a entender las relaciones entre los sucesos.

En esta línea cronológica se muestran sucesos importantes en la historia colonial de los Estados Unidos. Los sucesos se relacionan con la exploración y los asentamientos españoles. Mira la línea cronológica. Se lee de izquierda a derecha, al igual que una oración en un libro. La fecha más antigua se ubica a la izquierda. La más reciente, a la derecha. Una línea cronológica se divide en intervalos de tiempo iguales. En esta línea cronológica, cada intervalo representa 20 años.

Las líneas cronológicas también pueden ayudarte a entender diferentes períodos de tiempo. Una línea cronológica se puede dividir en años, décadas o hasta siglos. Una década es un período de diez años. Un siglo es un período de cien años.

Mira la línea cronológica de abajo. Luego responde las preguntas 1 a 5 en la página siguiente.

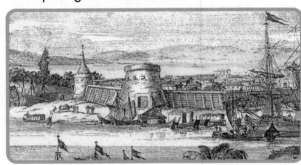

En 1673, los españoles de San Agustín tenían un fuerte sólido llamado Castillo de San Marcos. El fuerte protegía el asentamiento.

1513
Ponce de León reclama la Florida para España.

1540
Coronado explora el suroeste.

1565
Los españoles establecen San Agustín en la Florida.

1598
Oñate reclama Nuevo México para España.

1500　　**1520**　　**1540**　　**1560**　　**1580**　　**1600**

1526
Los españoles establecen un asentamiento en la actual Carolina del Sur.

1542
Cabrillo lidera a los primeros europeos en alcanzar la costa de California.

Objetivo de aprendizaje

Aprenderé a usar una línea cronológica de sucesos.

¡Inténtalo!

Usa la línea cronológica para responder las siguientes preguntas.

1. ¿La línea cronológica abarca un período de una década o un siglo?

....

2. ¿Cómo se divide la línea cronológica?

....

3. ¿Qué reclamó primero España: Nuevo México o la Florida?

....

4. ¿Cuándo se estableció San Agustín?

....

5. **Aplícalo** Ahora completa una línea cronológica de tu propia vida. **Escribe** tres sucesos importantes que ya han ocurrido en tu vida. Luego **traza** líneas para relacionar los sucesos con el lugar que les corresponde en la línea cronológica. Por último, **escribe** un suceso que aún no ha ocurrido pero que esperas que ocurra.

| 2000 | 2005 | 2010 | 2015 | 2020 |

Lección 2

Una nueva nación

¡Imagínalo!

Es probable que tu maestro haya fijado reglas sobre lo que está permitido en clase. George Washington ayudó a hacer reglas para los Estados Unidos.

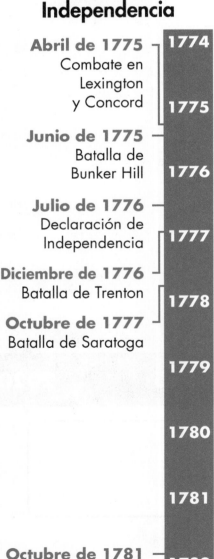

Guerra de Independencia

Abril de 1775
Combate en Lexington y Concord

Junio de 1775
Batalla de Bunker Hill

Julio de 1776
Declaración de Independencia

Diciembre de 1776
Batalla de Trenton

Octubre de 1777
Batalla de Saratoga

Octubre de 1781
Batalla de Yorktown

1774
1775
1776
1777
1778
1779
1780
1781
1782

Era julio de 1776. En Filadelfia, Pennsylvania, más de 50 hombres se reunieron y dijeron: "Nosotros [...] declaramos que estas colonias unidas constituyen [...] estados libres e independientes". Cada una de las 13 colonias estaba bajo el gobierno británico. Eso convertía a los colonos en súbditos de Gran Bretaña. ¿Por qué declararon la independencia? La **independencia** es el fin del sometimiento al gobierno de otros.

La independencia

En 1763, los británicos ganaron una guerra muy costosa contra Francia en América del Norte. Los británicos querían cobrar impuestos a los colonos para pagar los gastos de la guerra. Aprobaron leyes de impuestos, como la Ley del Timbre y las Leyes Townshend. Los colonos se enfurecieron. Un miembro de la Cámara de los Burgueses de Virginia, Patrick Henry, pronunció un discurso contra la Ley del Timbre.

El rey británico hizo algo más que enfureció a los colonos. La Proclamación de 1763 trazó una línea imaginaria en los montes Apalaches. El rey estableció que ningún colono podría asentarse al oeste de la línea. Como las colonias estaban en expansión, los colonos querían mudarse al oeste en busca de tierras nuevas.

Muchos colonos temieron perder su derecho al autogobierno. Entonces, en 1776, los líderes de diversas colonias se reunieron en Filadelfia y le pidieron a Thomas Jefferson que escribiera la Declaración de Independencia. La Declaración marca el momento en que las colonias se liberaron del gobierno británico y se independizaron. Sin embargo, algunos estadounidenses y la mayoría de los británicos se mostraron en desacuerdo: querían que las colonias siguieran bajo el gobierno británico.

DESCIFRA LA PREGUNTA PRINCIPAL

Aprenderé que los Estados Unidos se desarrollaron a partir de las colonias inglesas y se convirtieron en una nación independiente.

Vocabulario

independencia	delegado
confederación	ratificar
congreso	enmienda
constitución	territorio

¿Por qué crees que deben existir reglas tanto en las escuelas como en los países? Escribe algunas razones.

La Guerra de Independencia

Los colonos comenzaron a organizarse y a planear la lucha por la independencia. Formaron el Ejército Continental. Su líder era el general George Washington, de Virginia. El rey George III, el gobernante británico, estaba furioso. Envió soldados a las colonias. Su misión era detener el movimiento por la independencia.

Los colonos tuvieron éxito en las pequeñas batallas iniciales. Pero se enfrentaron al poder del Ejército y la Armada británicos. Primero parecía que los colonos iban a perder. Tras una derrota en Nueva York, Washington ganó una batalla en Trenton, Nueva Jersey.

En 1777, el Ejército Continental ganó una batalla muy importante. Derrotaron a los británicos en Saratoga, Nueva York. Al ver que los colonos tenían posibilidades de ganar, Francia aceptó ayudarlos.

El invierno que siguió fue terrible para los estadounidenses. Washington y su ejército acamparon en Valley Forge, en Pennsylvania. Hacía muchísimo frío. La comida no alcanzaba para todos los soldados.

La revolución continuó por otros seis largos años. Cada vez participaban más habitantes de todas las colonias. Alrededor de 5,000 colonos afroamericanos se unieron al Ejército Continental. Las mujeres ayudaban trabajando en sus hogares. Algunas hasta peleaban en el campo de batalla. Finalmente, en 1781, George Washington condujo a sus soldados a la victoria en Yorktown, Virginia. La larga guerra por fin había terminado.

1. ⊙ **Secuencia** En la línea cronológica, **encierra** en un círculo las primeras batallas. Luego **encierra** en un círculo la última batalla.

George Washington fue un gran líder. Guió a los estadounidenses a la victoria.

Muchos de los agricultores que participaron en la Rebelión de Shays habían peleado en la Guerra de Independencia. El gobierno que se formó según los Artículos de la Confederación los había decepcionado.

Una tarea muy difícil

Tras obtener su independencia, los estadounidenses debían construir una nación. Los 13 nuevos estados se denominaron Estados Unidos de América, pero el país no estaba unido como lo está hoy en día. Cada estado se sentía independiente. No estaban acostumbrados a trabajar en conjunto. En 1781, los estados firmaron los Artículos de la Confederación para gobernar el país. Una **confederación** es una unión de estados que acuerdan cooperar.

Los líderes de los estados se reunieron en un congreso. Un **congreso** es un grupo de personas que tiene a su cargo la redacción de las leyes de un país. Pronto comenzaron las discusiones. No se ponían de acuerdo sobre el dinero, por lo que cada estado comenzó a emitir su propia moneda. Tampoco se ponían de acuerdo sobre quién era dueño de los territorios en el oeste.

El nuevo Congreso de la Confederación tomó algunas decisiones importantes. Estableció, por ejemplo, el proceso para que nuevos estados se unieran a los Estados Unidos. Sin embargo, los problemas de dinero continuaron. Los impuestos aumentaron y el ritmo de la economía disminuyó. Muchos se desesperaron. En 1786, un granjero organizó una revuelta. Daniel Shays y aproximadamente 1,200 granjeros de Massachusetts atacaron edificios gubernamentales. Era tiempo de hacer cambios.

Una nueva constitución

Una vez más, los líderes sintieron la necesidad de reunirse y discutir el futuro del país. El plan era corregir los Artículos de la Confederación. Pero en cambio crearon un gobierno completamente nuevo. El plan que diseñaron es el que mantiene el gobierno actual. Se llevó a cabo una Convención Constitucional. Una **constitución** es un plan de gobierno. En mayo de 1787, un grupo de 55 delegados se reunieron en Filadelfia. Un **delegado** es una persona que representa a un grupo. Esos delegados representaban a sus estados.

2. ◉ **Causa y efecto** ¿De qué manera los Artículos de la Confederación llevaron a la creación de la Constitución?

....

....

....

La transición al nuevo gobierno no fue sencilla. El primer problema fue el tamaño. La población de algunos estados era mayor que la de otros. Pero todos los estados querían tener la misma cantidad de poder. Los delegados discutieron durante semanas. Finalmente, llegaron a un acuerdo. Se formaría un Senado y cada estado estaría representado por dos miembros. Además, se crearía una Cámara de Representantes. El número de representantes que cada estado podría enviar a la Cámara se basaría en la población.

El segundo tema de discusión era cuánto poder se daría al gobierno. Muchas personas querían un gobierno central que fuera lo suficientemente fuerte para resolver los problemas del país. Pero otros querían que los estados tuvieran más poder. Les preocupaba que el líder de un gobierno nacional fuerte se comportara como un rey. La nueva constitución debía equilibrar esas preocupaciones.

Finalmente, en septiembre, los delegados llegaron a la conclusión de que estaban listos para firmar la nueva Constitución. Pero luego debieron enfrentar un nuevo obstáculo: convencer a las personas de que la nueva Constitución ayudaría a salvar a la nación.

Uno por uno, cada estado ratificó la nueva Constitución. **Ratificar** significa aprobar. Algunos creían que la nueva Constitución no protegía los derechos de las personas. Entonces, se redactaron enmiendas. Una **enmienda** es una modificación o un agregado. Esas primeras diez enmiendas se denominan Declaración de Derechos. El Senado y la Cámara de Representantes pidieron a los estados que ratificaran, es decir, adoptaran, esas enmiendas.

La nueva nación necesitaba un presidente. El 30 de abril de 1789, George Washington prestó juramento. Prometió "preservar, proteger y defender la Constitución".

3. **Lee** el resumen de la Primera Enmienda. Luego **escribe** por qué crees que es importante.

....

....

....

....

James Madison desempeñó una función muy importante dentro de la Convención Constitucional. En ocasiones, se lo llama "Padre de la Constitución".

Primera Enmienda

La Primera Enmienda protege la libertad de culto, o religión, de expresión y de prensa.

Garantiza a las personas su derecho a reunirse de manera pacífica.

Garantiza el derecho a solicitar, o pedir, modificaciones al gobierno.

La nueva nación crece

Tras su independencia, la nueva nación se extendía desde el océano Atlántico hasta el río Mississippi. Solo una parte de la tierra estaba organizada en 13 estados. Pronto, personas que habitaban otras partes de los Estados Unidos también quisieron formar estados.

El gobierno estableció territorios en primer lugar. Un **territorio** es una zona gobernada por un país pero no es un estado. El territorio del Noroeste se organizó bajo los Artículos de la Confederación. Con el tiempo, esas tierras se convirtieron en los estados de Ohio, Indiana, Illinois, Michigan y Wisconsin. También se formaron otros estados. El área entre Nueva York y New Hampshire, por ejemplo, se convirtió en Vermont.

Hubo un cambio muy importante en 1803. Thomas Jefferson era el presidente. El líder de Francia, un hombre llamado Napoleón, ofreció a los Estados Unidos tierras que harían que el país se duplicara en tamaño. El precio de la tierra era menor a tres centavos por acre. Por $15 millones, Jefferson compró el territorio de Luisiana. El área comprendía 828,000 millas cuadradas. Con el tiempo, se convertiría en 15 estados nuevos.

4. ⊙ **Comparar y contrastar** ¿Cuál era la diferencia en el tamaño del país antes y después de la Compra de Luisiana?

....

....

....

....

....

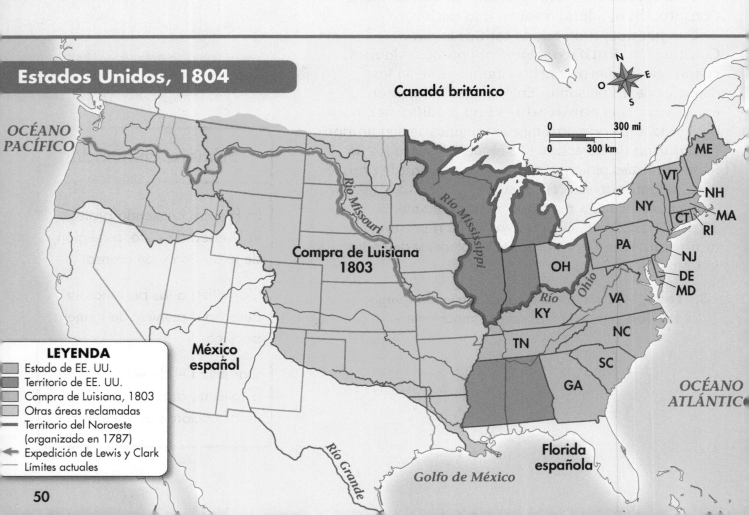

Estados Unidos, 1804

OCÉANO PACÍFICO

Canadá británico

Río Missouri

Río Mississippi

Compra de Luisiana 1803

México español

ME
VT
NH
NY
CT
MA
RI
PA
NJ
DE
MD
OH
Río Ohio
VA
KY
NC
TN
SC
GA

Río Grande

Florida española

Golfo de México

OCÉANO ATLÁNTICO

0   300 mi
0   300 km

LEYENDA
- Estado de EE. UU.
- Territorio de EE. UU.
- Compra de Luisiana, 1803
- Otras áreas reclamadas
- Territorio del Noroeste (organizado en 1787)
- Expedición de Lewis y Clark
- Límites actuales

Lewis y Clark exploran el Oeste

Thomas Jefferson sabía que los ríos de los Estados Unidos eran importantes. La Compra de Luisiana dio a los estadounidenses el control del río Mississippi. Pero Jefferson quería encontrar una ruta fluvial hacia el océano Pacífico. Esperaba que el río Missouri pudiera formar parte de esa ruta. También quería relacionarse con los indígenas americanos de la región. Entonces, envió una expedición hacia el oeste. Una expedición es un viaje que tiene un propósito especial.

Meriwether Lewis y William Clark lideraron la expedición. Los acompañaron aproximadamente 50 hombres. Exploraron los ríos. El viaje de ida y vuelta comprendió unas 8,000 millas de longitud. Llevó más de dos años. No pudieron hallar una ruta fluvial hacia el Pacífico, pero regresaron con información importante sobre la tierra y los habitantes del oeste.

Sacagawea, una indígena americana, ayudó a Lewis y a Clark. Fue una guía muy valiosa.

¿Entiendes?

5. ● **Resumir Escribe** un resumen de los aportes de Thomas Jefferson a los orígenes de la historia estadounidense.

....

....

6. ❓ ¿Cómo cambió tu estado con el tiempo? En 1804, ¿era un estado, un territorio u otra cosa?   mi Historia: Ideas

....

....

⬜ **¡Para!** Necesito ayuda ....

⏸ **¡Espera!** Tengo una pregunta ....

▶ **¡Sigue!** Ahora sé ....

El crecimiento y la Guerra Civil

¡Imagínalo!

En la década de 1840, muchas familias se mudaron hacia el oeste en carreta. Las carretas eran muy pequeñas por dentro.

En 1847, San Francisco era un pueblo pequeño en California. En 1849, después de que se encontró oro, unas 25,000 personas vivían allí. Otros pueblos del oeste también crecían. ¡Los estadounidenses estaban en expansión!

La nación se expande al oeste

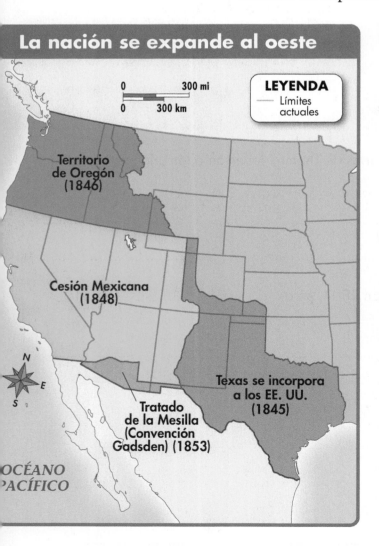

0   300 mi
0   300 km

LEYENDA
— Límites actuales

Territorio de Oregón (1846)

Cesión Mexicana (1848)

N
E
S

Tratado de la Mesilla (Convención Gadsden) (1853)

Texas se incorpora a los EE. UU. (1845)

OCÉANO PACÍFICO

Destino manifiesto

La Compra de Luisiana duplicó el tamaño de la nación. También había más territorios hacia el oeste. Gran Bretaña controlaba gran parte de Oregón. España, y luego México, controlaban el suroeste.

Los estadounidenses del este comenzaron a expandirse hacia el oeste en busca de tierras, oro o pieles. La gente hablaba de un "destino manifiesto". Si algo es manifiesto, significa que es obvio. El destino es algo que debe suceder. En otras palabras, algunos creían que los estadounidenses tenían el deber de expandir la nación de costa a cosa. Sin embargo, en esos territorios vivían indígenas americanos. Los dos grupos iban a tener que luchar por el control de la tierra.

Los Estados Unidos y México también iniciaron una guerra por el control de las tierras en el Suroeste. El Tratado de Guadalupe Hidalgo puso fin a la guerra en 1848. Finalmente, la nación se extendía del Atlántico al Pacífico.

1. ◉ **Secuencia** En el mapa, **encierra** en un círculo las últimas tierras agregadas a los Estados Unidos.

Tu familia se muda al oeste y puedes llevarte solo una cosa. Dibuja qué te llevarías.

Vocabulario

inmigrante
industria
derechos de los estados
abolicionista

separarse
Reconstrucción
segregación
reserva

Nuevas industrias

Los Estados Unidos estaban creciendo en otros aspectos. En la década de 1840 llegaron al país muchos inmigrantes europeos. Un **inmigrante** es una persona que se establece en un país nuevo. Los inmigrantes ayudaron a construir la próspera industria nacional. La **industria** es la parte de la economía que se relaciona con el uso de máquinas para hacer las tareas.

Esa época de cambios se llama Revolución Industrial. Durante esa época, se producían cada vez más bienes en grandes fábricas. Más tarde, los agricultores incorporaron máquinas para hacer las tareas que antes se hacían a mano o con ayuda de animales. Esos cambios hicieron muy productiva la economía.

Los inventos no solo cambiaron el trabajo de granjas y fábricas. También cambiaron el transporte. Los ferrocarriles permitieron a las personas viajar más rápida y fácilmente. Los mejores caminos y el nuevo canal del Erie ayudaron a los estadounidenses a expandirse hacia el oeste. El telégrafo los ayudó a comunicarse, o estar en contacto. Inventos como esos tuvieron un papel importante en el desarrollo de la nación.

2. ⊙ **Causa y efecto** En esta ilustración se muestra cómo una desmotadora eliminaba semillas del algodón. La limpieza del algodón con esta máquina era mucho más rápida que cuando se hacía a mano. Entonces, ¿crees que los hacendados del sur plantaban más o menos algodón?

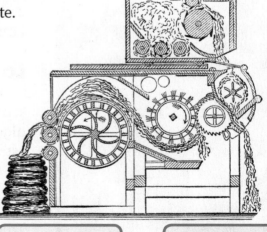

El algodón crudo se coloca en la tolva.

El algodón sale limpio.

Se retiran y desechan las semillas.

El trabajo en el Norte y en el Sur era muy diferente. Las fábricas del Norte empleaban mano de obra libre para convertir el algodón en tela. Los hacendados del Sur usaban trabajadores esclavizados para cultivar algodón.

Mano de obra remunerada en una fábrica

Trabajadores agrícolas esclavizados

El Norte y el Sur

El Norte y el Sur tenían estilos de vida diferentes. En el Norte había más personas, ciudades y fábricas. El Sur era una región agrícola en gran parte. Todas las diferencias se centraban en la esclavitud. El Sur dependía de los africanos esclavizados para trabajar los campos de algodón. Las fábricas del Norte necesitaban algodón para fabricar telas. En consecuencia, los agricultores del Sur necesitaban más trabajadores esclavizados.

Los estados del Sur discutían sobre los **derechos de los estados.** Según esta creencia, cada estado debía resolver sus propios problemas. También significaba que los nuevos estados podían decidir si permitían la esclavitud. Sin embargo, muchos norteños no querían que se practicara la esclavitud en los nuevos estados. Creían en la libertad laboral. Muchos eran abolicionistas. Un **abolicionista** es una persona que quiere abolir, es decir eliminar por completo, la esclavitud.

Los afroamericanos libres eran una parte importante del movimiento abolicionista. Estadounidenses afroamericanos y blancos trabajaron juntos para ayudar a hombres, mujeres y niños a escapar de la esclavitud. Los abolicionistas publicaban sus propios periódicos. Pronunciaban discursos en reuniones públicas. Protegían a las personas esclavizadas que habían escapado. Difundían los horrores de la esclavitud.

A mediados del siglo XIX, la nación estaba cada vez más dividida y tensa. En 1860, Abraham Lincoln fue electo presidente. Ese resultado enfureció a los sureños. Lincoln quería parar la expansión de la esclavitud. Los estados del Sur amenazaron con dejar la Unión. Muchos creían que el triunfo de Lincoln podía causar una guerra. Lamentablemente, así fue.

La Guerra Civil

Poco después de las elecciones, Carolina del Sur se separó de la Unión. **Separarse** significa dejar o abandonar algo oficialmente. Poco después, se separaron otros diez estados del Sur. Decidieron llamarse Estados Confederados de América. Escogieron a su presidente: Jefferson Davis. Los Estados Unidos se habían dividido en dos naciones. Los sureños decían que tenían ese derecho. El presidente Lincoln decía que no.

La Guerra Civil comenzó en abril de 1861. Comenzó con una batalla en el fuerte Sumter. Este fuerte pertenecía a los Estados Unidos, pero estaba en Charleston, Carolina del Sur. Por lo tanto, estaba ubicado en tierras de la Confederación.

Pronto, el presidente llamó a 75,000 voluntarios a luchar por la Unión. Todos creían que la guerra terminaría muy pronto. Pero se equivocaron. La guerra continuó por cuatro años. Más de 2.3 millones de soldados lucharon en la guerra. De ellos, más de un millón murieron o quedaron heridos.

El Norte y el Sur lucharon en tierra y en el mar. Lucharon a lo largo del río Mississippi y, hacia el oeste, hasta Nuevo México. Cada lado contaba con líderes fuertes. Robert E. Lee, de Virginia, era general de la Confederación. Ulysses S. Grant, de Ohio, era general de la Unión.

Finalmente, la Unión venció a la Confederación. El 9 de abril de 1865, el general Lee se rindió. La atroz guerra había terminado. Ahora comenzaba el trabajo de recuperación de la nación.

3. (•) **Resumir** **Escribe** descripciones breves de los tres protagonistas de la Guerra Civil en la fila de abajo.

El presidente Lincoln recibió un disparo y murió cinco días después de que el general Lee se rindió ante el general Grant. La nación perdió a un gran líder.

Clara Barton

Enfermera; fundadora de la Cruz Roja Americana

Harriet Tubman

Abolicionista; guía para los esclavos fugitivos

Frederick Douglass

Abolicionista; editor periodístico

Ulysses S. Grant

Robert E. Lee

Jefferson Davis

La reconstrucción de la nación

El presidente Lincoln había querido sanar las heridas de la nación luego de la guerra, pero murió antes de poder lograrlo. Después de su muerte, el Congreso se ocupó de la Reconstrucción. Se llama **Reconstrucción** al período de reorganización del Sur. El Congreso estableció normas que los estados del Sur debieron obedecer. El gobierno también se propuso ayudar a los afroamericanos recientemente liberados en el Sur.

Tres enmiendas a la Constitución ayudaron a los afroamericanos. La Decimotercera Enmienda convirtió la esclavitud en un delito. La Decimocuarta Enmienda estableció la igualdad de derechos para los antiguos esclavos. La Decimoquinta Enmienda otorgó a los hombres afroamericanos el derecho a votar. Las enmiendas ayudaron a fortalecer y liberar la nación.

Aun así, era una época difícil para los afroamericanos. La esclavitud ya no existía, pero la discriminación, sí. La discriminación es el trato injusto que recibe una persona por su raza u otra condición. En el Norte, los afroamericanos enfrentaban la discriminación al buscar casa y trabajo.

En los estados del Sur se aprobaron las Leyes de Jim Crow. Estas leyes establecían que los afroamericanos y los blancos debían mantenerse separados. Este tipo de separación se llama **segregación.** Algunos blancos formaron organizaciones para asustar a los afroamericanos. Una de ellas se llamaba Ku Klux Klan. Se necesitaron 100 años para reparar los daños que la segregación causó a la nación.

Durante la Reconstrucción se eligieron los primeros afroamericanos para participar en el Congreso. Blanche Bruce fue elegido para ocupar un cargo en el Senado en 1874. Representó a Mississippi.

4. ● **Causa y efecto**
Escribe la causa y el efecto que faltan usando los datos sobre la Guerra Civil y la Reconstrucción.

Causas y efectos de la Guerra Civil

Causas	Efectos
Los estados del Sur se separan de la Unión.	....
....	Comienza la Reconstrucción.

Cambios para los indígenas americanos

En la década de 1860, muchos estadounidenses se mudaron al oeste. Se establecieron en las Llanuras. Pero allí vivían muchos grupos de indígenas, entre ellos los cheyenes, los lakotas, los comanches y los nez percés. Las culturas de estos grupos de indígenas eran muy diferentes de la cultura de los pobladores blancos. Los dos pueblos luchaban constantemente por el dominio de la tierra.

Durante los 30 años siguientes, el gobierno obligó a los indígenas a mudarse. El gobierno creó reservas. Una **reserva** es un área establecida exclusivamente para indígenas. Pero los indígenas no querían mudarse. Para evitar mudarse a la reserva, el jefe Joseph de los nez percés guió a su pueblo fuera de su hogar en Oregón. Recorrieron muchas millas hasta llegar a Montana. Las tropas estadounidenses los persiguieron. Finalmente, los nez percés se rindieron. El jefe Joseph pronunció un discurso conmovedor en el que afirmó que "no volvería a pelear jamás".

El jefe Joseph y los nez percés vivían en el Pacífico Noroeste. Cuando los pobladores blancos quisieron ocupar sus tierras, el jefe Joseph y su pueblo se resistieron.

¿Entiendes?

5. ⦿ **Idea principal y detalles** Las Leyes de Jim Crow indican un conflicto entre los estadounidenses blancos y los afroamericanos. Escribe un ejemplo de cooperación entre ellos durante el siglo XIX.

....

....

6. ❓ Muchos estadounidenses se mudaron al oeste en el siglo XIX. **Escribe** sobre los cambios que sufrió tu familia o una familia que conozcas por tener que mudarse o reubicarse.

mi Historia: Ideas

....

....

⬜ **¡Para!** Necesito ayuda ....

⏸ **¡Espera!** Tengo una pregunta ....

▶ **¡Sigue!** Ahora sé ....

Los Estados Unidos se convierten en una potencia mundial

Cuando los inmigrantes europeos llegaban a la bahía de Nueva York, veían la Estatua de la Libertad.

El dueño del ferrocarril levantó su martillo y golpeó un clavo de oro. La noticia llegó a toda la nación. "LISTO", informaba el telegrama. Era el 10 de mayo de 1869. El ferrocarril transcontinental había unido las costas Este y Oeste. **Transcontinental** significa "a través de un continente", como América del Norte. Ahora, un viajero podía cruzar el país en una semana. Antes, un viaje similar llevaba cerca de seis meses. El nuevo ferrocarril no solo cambió el tiempo de viaje. Fue una de las claves de un cambio aún mayor en la nación.

Una nación industrial

Entre la Guerra Civil y 1900, los Estados Unidos se convirtieron en el líder mundial en manufacturación. La **manufacturación** es el proceso de elaborar bienes usando máquinas, por lo general en las fábricas. Esas fábricas dependían del ferrocarril. Los trenes llevaban recursos hasta las fábricas donde se producían ciertos bienes. Luego los bienes se llevaban en tren a todo el país para venderlos. El ferrocarril ayudó al crecimiento de las empresas estadounidenses de todo tipo.

Al igual que las empresas y las fábricas, las ciudades empezaron a crecer. En las ciudades había grandes empresas que ofrecían trabajo a las personas. A principios del siglo xx, cuatro de cada diez estadounidenses vivían en una ciudad. La nación estaba cambiando.

1. **Causa y efecto** ¿Qué efecto tuvo el desarrollo del ferrocarril en donde vivían y se establecían las personas?

....

....

Miles de niños trabajaban en las fábricas y minas de los Estados Unidos. Las jornadas eran largas y las tareas eran peligrosas. Por eso, se empezó a pedir la creación de leyes que protegieran a todos los trabajadores.

DESCIFRA LA PREGUNTA PRINCIPAL

Aprenderé que los Estados Unidos se convirtieron en una de las naciones más poderosas del mundo después de la Guerra Civil.

Escribe sobre el significado de la Estatua de la Libertad para las personas de antes y las de ahora.

Vocabulario

transcontinental	diverso
manufacturación	depresión
empresario	fascismo

Los inventos generan cambios

Los inventos de fines del siglo XIX cambiaron la vida de las personas. Hoy en día, los usamos todo el tiempo: luz eléctrica, elevadores, teléfonos, carros y muchos más. Thomas Edison fue uno de los inventores más importantes. En 1879, inventó un foco eléctrico que podía estar encendido mucho tiempo. Edison trabajó en más de 1,000 inventos. La mayoría estaban relacionados con la electricidad.

Edison no era el único inventor que cambiaba el estilo de vida estadounidense. Alexander Graham Bell inventó el teléfono en 1876. Más tarde, Henry Ford creó un automóvil exitoso que funcionaba con un motor de gasolina. Las primeras máquinas de escribir cambiaron el trabajo en las empresas. Las primeras máquinas de coser cambiaron la manera de hacer la ropa. Gracias a la invención de los elevadores, los edificios altos se volvieron más prácticos.

Los empresarios estadounidenses crearon muchas empresas grandes. Un **empresario** arriesga dinero para crear una empresa nueva. Algunos se hicieron muy ricos. Las empresas grandes fueron una parte de las causas del crecimiento de la nación.

2. ¿Gracias a qué invento se volvió práctico este "rascacielos" con departamentos?

....

Una nación con gran diversidad

La floreciente nación era una "tierra de oportunidades" para las personas que vivían en otros países. Un grupo numeroso de inmigrantes llegó al país en la década de 1840. Más tarde, vinieron muchos más. Entre 1880 y 1900 solamente, 9 millones de personas llegaron a los Estados Unidos. El país se volvía más **diverso,** es decir, variado, a medida que las personas llegaban a los Estados Unidos desde diferentes lugares.

Las industrias necesitaban trabajadores. Muchos inmigrantes hallaron trabajo en las ciudades. En consecuencia, la población de las ciudades creció. La población de Chicago aumentó más de cinco veces su tamaño entre 1870 y 1900. Algunos recién llegados se dedicaron a la construcción del ferrocarril. Otros establecieron granjas en las tierras económicas al oeste del río Mississippi.

Algunos estadounidenses "antiguos" temían que los estadounidenses "nuevos" les robaran los empleos. Las personas con una religión o cultura diferente los ponían nerviosos. Los inmigrantes sufrieron discriminación. Durante este período, se aprobaron leyes en los Estados Unidos para limitar la cantidad de inmigrantes.

Muchos de los nuevos inmigrantes eran familias con niños.

3. ◎ **Comparar y contrastar Mira** las dos gráficas y compáralas. **Encierra** en un círculo la región que tuvo el mayor aumento de inmigración entre 1840 y 1900.

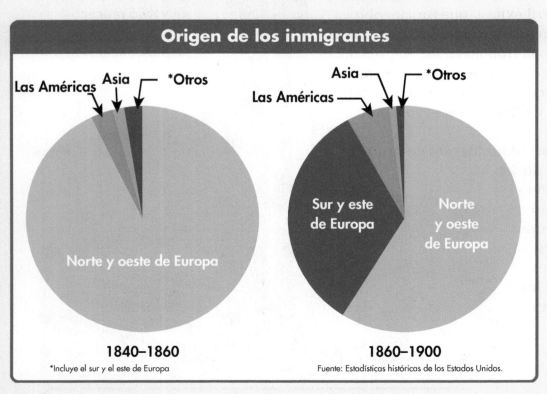

Origen de los inmigrantes

Las Américas   Asia   *Otros

Norte y oeste de Europa

1840–1860

*Incluye el sur y el este de Europa

Las Américas   Asia   *Otros

Sur y este de Europa

Norte y oeste de Europa

1860–1900

Fuente: Estadísticas históricas de los Estados Unidos.

La Depresión y el Nuevo Trato

A principios del siglo xx, la economía de Estados Unidos creció rápidamente. Para la década de 1920, la economía estaba en expansión. Las empresas prosperaban. Las personas ganaban y gastaban mucho dinero. Todo marchaba tan bien que comenzaron a llamar a este período "los felices años veinte".

Luego, en 1929, los felices años veinte se terminaron de repente. Las personas comenzaron a perder dinero y entraron en pánico. Los bancos cerraron y las empresas quebraron. Muchos perdieron sus empleos. La economía se redujo tanto que se produjo una depresión. Durante una **depresión,** la economía entra en una crisis profunda y grave. En períodos de depresión, es difícil conseguir empleo. Esa depresión fue tan catastrófica que se conoce como la Gran Depresión.

Los Estados Unidos escogieron un nuevo presidente en 1932. Se llamaba Franklin D. Roosevelt. El presidente ofreció un "Nuevo Trato". Uno de los objetivos principales era crear empleos para las personas. Tras ganar las elecciones, el presidente Roosevelt y el Congreso crearon programas para fortalecer la economía.

Uno de esos programas fue el Cuerpo Civil de Conservación (CCC). Varios millones de personas recibieron dinero a cambio de cuidar del medio ambiente. La Administración para el Avance de Obras Públicas (WPA) dio a los artistas la posibilidad de crear obras de arte para el público. Por ejemplo, los artistas pintaron murales, o cuadros grandes, en las paredes de los edificios públicos.

Algunos de los programas del Nuevo Trato aún existen. La Seguridad Social es uno de ellos. La Seguridad Social permite ayudar a las personas que no pueden trabajar o se han jubilado.

Para fines de la década de 1930, la economía se había recuperado un poco. Sin embargo, la Gran Depresión llegó a su fin en 1942. En ese momento, el mundo estaba en guerra.

4. ◉ Secuencia **Subraya** en el texto las fechas de los siguientes sucesos: el comienzo de la Gran Depresión; Roosevelt gana la presidencia; el fin de la Gran Depresión.

Uno de los programas exitosos del Nuevo Trato fue la Autoridad del Valle de Tennessee. Los trabajadores de la Autoridad, como estos, construyeron represas y colocaron cables de alta tensión en los estados del sur.

Dos guerras mundiales

En 1914, las naciones de Europa entraron en guerra. El conflicto se llamó Primera Guerra Mundial. Al terminar, más de 37 millones de personas habían muerto o habían quedado malheridas. Muchos estadounidenses no querían participar en la guerra. Durante varios años, así fue. Pero los Estados Unidos se habían convertido en una potencia mundial. Tras el hundimiento de barcos estadounidenses, la nación le declaró la guerra a Alemania.

Alemania perdió la guerra. Muchos alemanes estaban furiosos. Algunos siguieron a un líder llamado Adolf Hitler. Hitler lideraba el Partido Nazi. En la década de 1930, los nazis lograron dominar Alemania. Poco después, comenzaron a invadir otros países europeos. En 1939, Europa ya estaba nuevamente en guerra.

Al principio, los Estados Unidos se mantuvieron fuera de la nueva guerra. Pero el 7 de diciembre de 1941, aviones japoneses atacaron Pearl Harbor, una base naval estadounidense en Hawái. El Japón apoyaba a Alemania. Al día siguiente, los Estados Unidos entraron en la Segunda Guerra Mundial.

"Rosie, la remachadora" demostró a las mujeres que podían desempeñar una función muy importante en los esfuerzos para ganar la Segunda Guerra Mundial. Muchas mujeres nunca habían trabajado en una fábrica.

5. ◎ **Categorizar** Los estadounidenses trabajaron de muchas maneras para ganar la Segunda Guerra Mundial. **Escribe** una *H* sobre la fotografía que muestra personas ayudando en su hogar. **Escribe** una *M* sobre la fotografía que muestra las fuerzas militares.

El trabajo de todos para ganar la Segunda Guerra Mundial

Los afroamericanos prestaron servicio en unidades como los aviadores de Tuskegee.

Había más de 400,000 mujeres en el Ejército.

Los niños reunían chatarra que luego se usaba para fabricar armas y balas.

Más de 16 millones de estadounidenses lucharon en la guerra.

Millones de hombres y mujeres estadounidenses lucharon en la Segunda Guerra Mundial en Europa, África, Asia y el Pacífico. Fue un conflicto horrible. Hubo más muertos durante la Segunda Guerra Mundial que en cualquier otra guerra. Muchas ciudades en Europa y Asia fueron bombardeadas y destruidas.

Alemania estaba dominada por un gobierno fascista. Bajo el **fascismo,** un líder como Hitler tiene poder absoluto sobre un país. Uno de los actos más horribles de Hitler fue su ataque al pueblo judío. Los judíos sufrieron secuestros y asesinatos. Aproximadamente 6 millones de judíos murieron en lo que se conoce como Holocausto.

La guerra terminó cuando se lanzaron dos poderosas bombas atómicas en Japón en 1945. Las ciudades de Hiroshima y Nagasaki quedaron destruidas. La peor guerra en la historia de la humanidad por fin había concluido.

Las personas festejaron cuando Alemania se rindió. Ese día se conoció como el "Día de la Victoria en Europa".

¿Entiendes?

6. **Causa y efecto** ¿Cuál fue la causa de que los Estados Unidos se volvieran más diversos a fines del siglo XIX?

....

....

7. **Escribe** sobre un invento descrito en esta lección y cómo habría sido la vida de tu familia si el invento nunca hubiera existido.

mi Historia: Ideas

....

....

◻ **¡Para!** Necesito ayuda ....

❚❚ **¡Espera!** Tengo una pregunta ....

▶ **¡Sigue!** Ahora sé ....

Lección 5

Los Estados Unidos desde la Segunda Guerra Mundial

¡Imagínalo!

Este es un teléfono antiguo. El teléfono cambió mucho desde que se inventó. Hoy en día, muchas personas usan teléfonos celulares.

El fin de la Segunda Guerra Mundial fue un momento decisivo para los Estados Unidos. El país se había convertido en una "superpotencia", es decir que tanto su economía como sus Fuerzas Armadas eran fuertes. Además, había detonado una bomba atómica. Pero la Unión Soviética también era una superpotencia. Las décadas siguientes a la Segunda Guerra Mundial fueron años de tensión y conflictos entre estas dos naciones.

Conflictos de la Guerra Fría

Se llamó **Guerra Fría** a la rivalidad entre los Estados Unidos y la Unión Soviética. Nadie quería arriesgarse a desatar una "guerra caliente" con bombas atómicas. Aun así, las personas tenían miedo. La Guerra Fría duró más de 40 años.

La Unión Soviética creía en el **comunismo.** En un país comunista, el gobierno controla los sistemas económicos y políticos. La Unión Soviética quería difundir el comunismo en otros países. Pero los Estados Unidos no querían que el comunismo se difundiera. Por eso, hubo guerras en dos países asiáticos: Corea y Vietnam.

En 1962, los soviéticos pusieron misiles en Cuba. Cuba está muy cerca de la Florida. Los Estados Unidos exigieron el retiro de los misiles. Ese conflicto se conoció como la crisis de los misiles de Cuba. Se resolvió de manera pacífica gracias a la diplomacia. La diplomacia es lo que permite a las naciones resolver sus problemas sin guerras.

La Organización de las Naciones Unidas (ONU) también ayuda a los países a evitar guerras. La función de la ONU es evitar otra guerra mundial. Los Estados Unidos ayudaron a crear las Naciones Unidas.

Este soldado recibe una medalla por su heroísmo en la Guerra de Corea. La Guerra de Corea duró de 1950 a 1953.

1945   1950

Guerra de Corea
(1950–1953)

Escribe qué siguen teniendo en común los teléfonos antiguos y los teléfonos celulares. Luego escribe qué nueva característica tienen los teléfonos celulares.

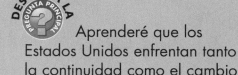

Aprenderé que los Estados Unidos enfrentan tanto la continuidad como el cambio en el siglo veintiuno.

Vocabulario

Guerra Fría   boicot
comunismo   terrorista
alta tecnología   interdependiente
derechos civiles

La tecnología progresa

Otras causas de la Guerra Fría también fueron la ciencia y la tecnología. Los Estados Unidos eran uno de los líderes en esas áreas en muchos aspectos. Por ejemplo, la nación producía computadoras de **alta tecnología,** es decir, de la tecnología más avanzada del mundo.

Los estadounidenses fueron pioneros de otro invento de alta tecnología: la televisión. En 1950, unos 4 millones de familias estadounidenses tenían esa nueva máquina. Apenas 10 años después, más de 50 millones de familias tenían televisores. La tecnología estadounidense, como las computadoras y la televisión, estaba ayudando a cambiar el mundo.

Sin embargo, la Unión Soviética llevaba la delantera en otra área: la carrera hacia el espacio. Los soviéticos enviaron a un hombre al espacio antes que los estadounidenses. El objetivo siguiente era enviar un hombre a la Luna. Los Estados Unidos ganaron esa carrera. En 1969, dos astronautas estadounidenses caminaron en la Luna.

Un astronauta estadounidense caminó en la Luna el 20 de julio de 1969.

1. Subraya en el texto los dos inventos de alta tecnología que convirtieron a los Estados Unidos en un líder en el campo de la tecnología.

Guerra de Vietnam (1954–1975)   Crisis de los misiles de Cuba (1962)   Caminata en la Luna (1969)

1955   **1960**   **1965**   **1970**

myworldsocialstudies.com ▶ Experimentar ▶ Presentación

65

La era de los derechos civiles

Uno de los valores estadounidenses es la igualdad. La Declaración de Independencia establece que "todos los hombres nacen iguales". Pero los afroamericanos no siempre han tenido igualdad de derechos. Por ejemplo, las Leyes de Jim Crow produjeron segregación en el Sur.

En 1954, la Corte Suprema emitió un fallo, o decisión, que traería cambios muy importantes. El fallo se llamó *Brown contra la Junta de Educación*. La Corte Suprema estableció que la segregación en las escuelas públicas era ilegal. Poco después, los estadounidenses de todas las razas comenzaron a cooperar con el Movimiento de los Derechos Civiles. Los **derechos civiles** son los derechos de libertad e igualdad.

En Montgomery, Alabama, Rosa Parks originó una protesta. Parks era afroamericana. Se negó a ceder el asiento a un pasajero blanco en un autobús segregado de la ciudad. La policía la arrestó y la envió a prisión. Los afroamericanos en Montgomery organizaron un boicot a los autobuses de la ciudad. Un **boicot** se produce cuando un grupo de personas acuerdan dejar de hacer algo como forma de protesta. El doctor Martin Luther King, Jr. fue uno de los líderes del boicot.

Aunque muchos trabajaron para poner fin a la segregación, otros se esforzaron por mantenerla. El conflicto fue violento por momentos, y hubo gente que perdió la vida por defender los derechos de los afroamericanos. Finalmente, el gobierno aprobó leyes de derechos civiles. La Ley de los Derechos Civiles de 1964 fue un gran paso para poner fin a la segregación y garantizar la igualdad de derechos. También ayudó a cambiar el modo en que las personas consideraban a otras personas de razas diferentes.

El doctor Martin Luther King, Jr. organizó a las personas en una protesta no violenta, es decir, pacífica. En esta foto se muestra al doctor King y a otras personas marchando para pedir el derecho al voto. En muchos lugares, no permitieron votar a los afroamericanos.

2. ◉ Sacar conclusiones **Mira** la foto y **lee** el texto. Luego **escribe** sobre la vida de los afroamericanos en los lugares segregados durante la década de 1950.

....

....

....

....

....

....

Mayor diversidad

La década de 1960 fue una época de grandes cambios. Al igual que los afroamericanos, otros grupos lucharon para obtener la igualdad. Por ejemplo, las mujeres querían igualdad de derechos. Un poco más de la mitad de los estadounidenses eran mujeres, pero sus oportunidades por lo general eran más limitadas que las de los hombres. A menudo ganaban menos dinero que los hombres por las mismas tareas. La Ley de los Derechos Civiles de 1964 estableció que discriminar por el género de una persona era ilegal. El género se refiere a si una persona es hombre o mujer.

El Movimiento de los Derechos Civiles también afectó la inmigración. Luego de la Primera Guerra Mundial, el Congreso había limitado la inmigración. Solo un número determinado de personas de ciertos países podían entrar a los Estados Unidos. Eso se llamó "sistema de cuotas". En 1965, el Congreso modificó esas leyes. Se eliminaron las cuotas. De ese modo, no se discriminaría a ningún país.

A mediados de la década de 1960, unos 9.5 millones de inmigrantes vivían en los Estados Unidos. En 2009, eran casi 37 millones. Gracias a las nuevas leyes, muchas personas de Asia, África, América Central y América del Sur llegaron a los Estados Unidos. Esta nueva ola de inmigración hizo que los Estados Unidos se volvieran más diversos.

3. ⊙ **Idea principal y detalles** Un conflicto se produce cuando dos grupos no se ponen de acuerdo sobre un tema. **Escribe** un ejemplo de un conflicto sobre el tema de la inmigración.

....

....

....

....

....

....

Luchar por los derechos

Los derechos de los latinos

César Chávez ayudó a organizar un sindicato con trabajadores agrícolas. Casi todos eran de origen mexicano.

Los derechos de los indígenas americanos

Wilma Mankiller fue la primera mujer a cargo de la nación cheroquí.

Los derechos de la mujer

Betty Friedan fue escritora y una de las líderes del movimiento feminista.

Una nueva era

A fines del siglo veinte, la Guerra Fría había terminado. La Unión Soviética ya no era un país comunista. Pero los Estados Unidos enfrentaban una amenaza. El 11 de septiembre de 2001, terroristas atacaron la nación. Los **terroristas** son personas que usan la violencia con fines políticos. Atemorizan a la gente para que el gobierno actúe como ellos quieren.

El 11 de septiembre, unos terroristas tomaron el control de un grupo de aviones que estaban en vuelo en los Estados Unidos. Dos se estrellaron contra las torres del World Trade Center, en Nueva York, y las destruyeron. Otro chocó contra un edificio del gobierno cerca de Washington, D.C. El cuarto avión se estrelló en Pennsylvania. Murieron miles de personas.

Los terroristas formaban parte de un grupo violento llamado al-Qaeda, que amenazó a los Estados Unidos y otras naciones. Después del 11 de septiembre, el presidente George W. Bush lideró a la nación en una "guerra contra el terror". Muchos países cooperaron con la iniciativa. El presidente Barack Obama continuó con la toma de decisiones sobre el conflicto.

Continuidad y cambio

Los Estados Unidos enfrentan desafíos en el siglo veintiuno. En su condición de superpotencia, desempeñan una función clave en los sucesos mundiales. El transporte y la comunicación avanzan más rápido que nunca. Las naciones son **interdependientes.** Eso significa que dependen unas de otras para obtener bienes, servicios o recursos.

El mundo ha cambiado, pero hay una continuidad de los valores básicos de los Estados Unidos. La continuidad es lo que sigue igual. La nación cree en las ideas de libertad e igualdad y en mejorar las condiciones para todas las personas.

En 2010, Haití sufrió un terremoto terrible. Ciudadanos de los Estados Unidos y de todo el mundo cooperaron para ayudar a los haitianos a recuperarse.

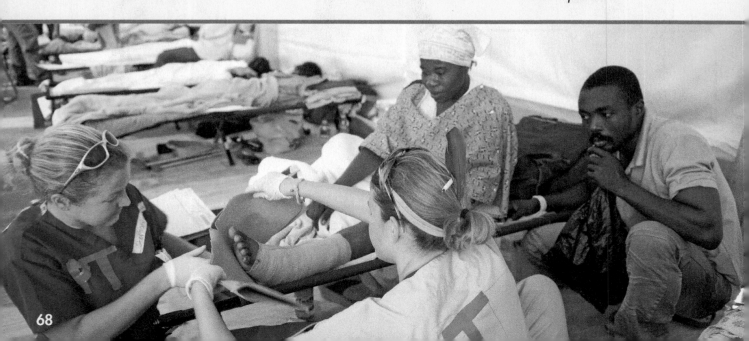

4. Escribe dos ejemplos de continuidad y dos ejemplos de cambio de la Lección 5.

Continuidad y cambio desde la Segunda Guerra Mundial

Continuidad	Cambio
....	....
....	....
....	....
....	....
....	....

¿Entiendes?

5. ⊙ **Secuencia** Escribe los números del 1 al 4 para indicar el orden en que ocurrieron los sucesos.

	Astronautas estadounidenses caminan en la Luna.		Se prohíbe la segregación en las escuelas.
	Crisis de los misiles de Cuba		Comienza la Guerra de Corea.

6. ❓ **Piensa** en algo que haya sido siempre igual en los Estados Unidos durante tu vida. **Explica** por qué te parece algo bueno o algo malo.

mi Historia: Ideas

....

....

⬛ **¡Para!** Necesito ayuda ....

⏸ **¡Espera!** Tengo una pregunta ....

▶ **¡Sigue!** Ahora sé ....

Guía de estudio

América y Europa

- Los arqueólogos estudian artefactos para aprender sobre los pueblos de la antigüedad.
- Los indígenas americanos desarrollaron culturas influidas por el medio ambiente.
- Los europeos exploraron y poblaron las Américas.

Lección 2

Una nueva nación

- En sus inicios, los Estados Unidos eran 13 colonias que lucharon contra Gran Bretaña por su independencia, y la obtuvieron.
- La nueva nación escribió una Constitución que sigue guiándonos.
- El tamaño de los Estados Unidos se duplicó gracias a la Compra de Luisiana.

Lección 3

El crecimiento y la Guerra Civil

- La nación creció cuando los estadounidenses se desplazaron hacia el oeste y los inventos desencadenaron la Revolución Industrial.
- Las profundas divisiones por la esclavitud causaron la Guerra Civil.
- Los afroamericanos obtuvieron derechos durante la Reconstrucción.

Lección 4

Los Estados Unidos se convierten en una potencia mundial

- Gracias a los nuevos inventos y a la nueva ola de inmigración, los Estados Unidos se convirtieron en una nación industrial poderosa.
- La Gran Depresión fue una profunda crisis económica que se produjo en la década de 1930.
- Los Estados Unidos participaron en la Primera Guerra Mundial y en la Segunda Guerra Mundial.

Lección 5

Los Estados Unidos desde la Segunda Guerra Mundial

- Los Estados Unidos se enfrentaron a la Unión Soviética en la Guerra Fría.
- Los estadounidenses lucharon por los derechos civiles de los afroamericanos, entre otros.
- A medida que el siglo XXI avanza, los Estados Unidos enfrentan tanto el cambio como la continuidad.

Repaso y Evaluación

Lección 1

América y Europa

1. Escribe la letra del lugar junto al nombre del explorador para indicar quién lo exploró.

___ Colón   a. la Florida

___ De Soto   b. el río San Lorenzo

___ Champlain   c. el Suroeste

___ Coronado   d. Cuba y las Bahamas

2. Escribe una descripción del intercambio colombino. ....

....

....

Lección 2

Una nueva nación

3. ◉ **Secuencia Escribe** el número correcto junto a estos sucesos para indicar el orden en que ocurrieron.

_____ Victoria de Yorktown

_____ Batallas en Lexington y Concord

_____ Declaración de Independencia

_____ Compra de Luisiana

_____ Convención Constitucional

Lección 3

El crecimiento y la Guerra Civil

4. ¿Qué era el Destino Manifiesto?

....

....

....

....

5. Escribe una descripción breve de cada persona.

Abraham Lincoln ....

....

Jefferson Davis ....

....

Robert E. Lee ....

....

Ulysses S. Grant ....

6. ¿Qué fue la Reconstrucción?

....

....

....

Lección 4

Los Estados Unidos se convierten en una potencia mundial

7. **Escribe** la letra del suceso que corresponde a la causa.

____ Los EE. UU. se involucran en la Segunda Guerra Mundial.

____ Se puede cruzar el territorio de los Estados Unidos en una semana.

____ Empieza la Gran Depresión.

____ Aumenta la diversidad en los Estados Unidos.

a. Llegan millones de inmigrantes.

b. Atacan Pearl Harbor.

c. Los bancos cierran y las empresas quiebran.

d. Se construye el ferrocarril transcontinental.

Lección 5

Los Estados Unidos desde la Segunda Guerra Mundial

8. ¿Qué fue la Guerra Fría?

....

....

....

....

9. **Describe** a una persona que se haya esforzado por conseguir derechos civiles.

....

....

....

....

10. ¿Cómo hemos cambiado y cómo hemos seguido igual a lo largo de nuestra historia?

Usa esta fotografía de la Constitución para pensar más en la Pregunta principal de este capítulo.

a. ¿Cómo cambió la Constitución a la nación?

....

....

....

....

b. ¿Qué siguió igual?

....

....

....

....

 my Story Book

Conéctate en línea para escribir e ilustrar tu **myStory Book** usando **miHistoria: Ideas** de este capítulo.

 PREGUNTA PRINCIPAL

¿Cómo hemos cambiado y cómo hemos seguido igual a lo largo de nuestra historia?

Has aprendido cómo cambiaron las vidas de los estadounidenses a lo largo de la historia de la nación. También aprendiste sobre la continuidad, es decir, sobre una forma de hacer las cosas que asegura que no cambien.

Escribe sobre algo que te gustaría cambiar en el futuro. Puedes escoger algo que cambiaría al país entero. O puedes escoger algo que cambiaría tu propia vida.

....

....

....

....

Ahora, **haz un dibujo** para ilustrar tu descripción.

Mientras estás en línea, dale un vistazo a **myStory Current Events,** donde puedes crear tu propio libro sobre un tema de actualidad.

El gobierno de los Estados Unidos

PREGUNTA PRINCIPAL

¿Qué tiene de especial el gobierno de los Estados Unidos?

Los gobiernos establecen reglas, al igual que tu escuela. ¿Quién establece las reglas en tu escuela? **Escribe** por qué se crearon esas reglas.

....

....

....

....

....

Washington, D.C., es la capital de los Estados Unidos. En la fotografía se muestra el Capitolio, el edificio donde se reúne el Congreso.

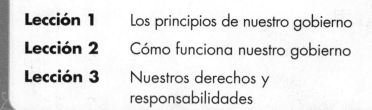

Thurgood Marshall
Magistrado de la Corte Suprema

mi Historia: Video

Thurgood Marshall fue uno de los jueces de la Corte Suprema más respetados del país. La Corte Suprema de los Estados Unidos es el máximo tribunal de la nación. Es la parte del gobierno que toma decisiones importantes sobre si las leyes se ajustan a la Constitución.

Aun antes de ser miembro de la Corte Suprema, Thurgood Marshall luchaba por la justicia y para defender su convicción de que todas las personas son iguales. A lo largo de su vida profesional, demostró que un solo estadounidense basta para cambiar el gobierno.

En 1908, el año en que Thurgood Marshall nació, los Estados Unidos eran distintos de lo que son hoy en día. La segregación era algo común. Segregar significa mantener a las personas separadas debido a su raza o grupo étnico. Muchos estados tenían leyes que mantenían a los blancos separados de los afroamericanos. No podían vivir en los mismos vecindarios, ni asistir a las mismas escuelas, ni comer en los mismos restaurantes.

En aquella época, la Corte Suprema decía que la segregación era legal. En uno de sus casos del año 1896, la Corte Suprema determinó que el principio de "separados pero iguales" para los blancos y los afroamericanos era aceptable. Thurgood Marshall se crio en ese mundo segregado, en Baltimore, Maryland.

Marshall quería asegurarse de que las leyes de los Estados Unidos apoyaran la libertad para todos los estadounidenses.

75

En un principio, Thurgood Marshall aprendió sobre la ley mientras observaba juicios con su padre.

Thurgood Marshall no pudo asistir a la universidad que había escogido para estudiar Derecho porque allí no se aceptaban afroamericanos.

A medida que pasaban los años, Marshall comenzó a interesarse por la ley. Su padre despertó ese interés en él. William Marshall solía llevar a su hijo al juzgado local para presenciar los juicios. De su padre, Marshall también heredó la creencia de que todas las personas son iguales. De su madre, Norma, aprendió a no aceptar nunca un trato injusto de parte de nadie, ni blancos ni afroamericanos.

Cuando terminó la escuela, Marshall quiso ser abogado. Quería estudiar en la Facultad de Derecho de la Universidad de Maryland. Pero esa institución no aceptaba estudiantes afroamericanos. Entonces, fue a la Facultad de Derecho de la Universidad de Howard, en Washington, D.C., y se graduó con las mejores calificaciones de su clase.

Como abogado, Marshall ganó 29 de los 32 casos que presentó frente a la Corte Suprema.

Uno de sus primeros grandes casos como abogado fue contra la Facultad de Derecho de la Universidad de Maryland, la misma a la que había querido asistir. Marshall convenció a un tribunal de Baltimore, Maryland, de que rechazar estudiantes afroamericanos iba contra la ley porque Maryland no tenía una facultad donde se enseñara leyes a los afroamericanos "separados pero iguales". Entonces se ordenó a la facultad que aceptara estudiantes afroamericanos.

En 1936, Marshall empezó a trabajar para la Asociación Nacional para el Progreso de la Gente de Color (NAACP, por sus siglas en inglés). La NAACP estaba formada por un grupo de personas que luchaban para que los afroamericanos y otros grupos recibieran un trato justo. Marshall se dio cuenta de que podía lograr ese objetivo por medio de la ley.

Después de que Marshall ganó el caso *Brown contra la Junta de Educación*, en 1954, la Corte Suprema declaró ilegal la segregación en las escuelas públicas.

Thurgood Marshall fue magistrado de la Corte Suprema de 1967 a 1991. Durante ese tiempo, dictó fallos muy importantes.

En un caso tras otro, Marshall argumentó que la discriminación era ilegal. Así consiguió muchos derechos para los afroamericanos. Y en 1954 se embarcó en su batalla más importante: un caso de la Corte Suprema llamado *Brown contra la Junta de Educación de Topeka*.

En aquella época, muchos estados tenían escuelas separadas para los niños afroamericanos y los niños blancos. Las escuelas estaban segregadas porque la ley decía que el principio de "separados pero iguales" era legal.

Marshall argumentó que ese concepto estaba errado. Le dijo a la Corte Suprema que separados nunca podrían ser iguales. El que las escuelas estuvieran separadas implicaba que los niños blancos y los niños afroamericanos nunca recibirían la misma educación. Solo la misma educación podía garantizar la igualdad. La Corte Suprema coincidió con Marshall, y Marshall ganó el caso. Las escuelas segregadas dejaron de ser legales en los Estados Unidos.

En 1967, Thurgood Marshall fue nombrado miembro de la Corte Suprema. Fue el primer afroamericano en ocupar un cargo en esa corte. Durante los años en que fue magistrado, la Corte Suprema tomó muchas decisiones importantes.

Thurgood Marshall creía en la igualdad y la justicia. Creía en el trabajo en conjunto como forma de resolver problemas. Pero, sobre todo, creía en el poder de la ley para hacer cambios en el gobierno y la sociedad. Marshall fue magistrado de la Corte Suprema durante 24 años. Murió en 1993, a los 84 años de edad.

Piénsalo Según este relato, ¿crees que la ley tiene la capacidad de generar cambios en este país? A medida que lees el capítulo, piensa qué muestra la historia de Thurgood Marshall sobre la ley y el gobierno de los Estados Unidos.

Los principios de nuestro gobierno

¡Imagínalo!

Soy ciudadana de los Estados Unidos y de Pittsburgh, Pennsylvania.

Las personas pueden vivir en tres lugares a la vez: su nación, su estado y su comunidad.

Los Estados Unidos tienen un tipo de gobierno especial. Este gobierno sirve y protege a las personas que viven en el país.

¿Qué es el gobierno?

Nuestro gobierno es el sistema que crea las reglas y las leyes que guían a nuestro país. El gobierno incluye a las personas que redactan las leyes y a las que se aseguran de que esas leyes se cumplan. Nuestro gobierno se basa en el imperio de la ley. Esto significa que todas las personas son iguales ante la ley.

En el mundo, hay distintos tipos de gobierno. Los Estados Unidos son una república. En una **república,** los ciudadanos tienen el poder de escoger a los líderes que crean las leyes y las reglas del país. Un **ciudadano** es un miembro oficial de un país.

Nuestra república es una democracia. En una **democracia,** el poder del gobierno surge del apoyo del pueblo. Los líderes elegidos representan al pueblo. Si el pueblo está descontento con el gobierno, puede escoger líderes nuevos en las siguientes elecciones.

El Cuatro de Julio celebramos la independencia de los Estados Unidos. En este día feriado, se celebra el nacimiento de nuestra nación.

Mi pueblo/ciudad
Mi estado
Mi país

Escribe los nombres de los lugares en donde vives.

DESCIFRA LA PREGUNTA PRINCIPAL ?

Aprenderé los principios en los que se basa nuestro gobierno.

Vocabulario

república	evidente
ciudadano	inalienable
democracia	libertad
soberanía	

Una de las funciones del gobierno es crear leyes y reglas para el bien común del pueblo. Esas leyes y reglas crean condiciones seguras para que las personas puedan vivir y trabajar. Por ejemplo, las leyes de tránsito hacen que las calles sean seguras. Las leyes contra la contaminación permiten que podamos respirar un aire más limpio. Sin estas leyes, los individuos podrían sentirse con mayor libertad de actuar de una forma que moleste a los demás.

El gobierno también brinda servicios y bienes públicos. Estos servicios incluyen el correo que distribuye un empleado del servicio postal. Cuando el empleado de un parque repara un columpio en un área de juego pública o cuando un maestro de una escuela pública enseña historia, también están brindando servicios gubernamentales. Los bienes del gobierno incluyen las autopistas, las naves espaciales y los aviones del ejército.

Las familias, los clubes y las obras benéficas también sirven a la población de nuestro país. Las familias de un vecindario suelen ayudarse entre sí cuando una familia lo necesita. Un grupo de una comunidad puede reunir firmas para que se coloque un semáforo en una esquina transitada. Una obra benéfica local puede recaudar dinero o reunir ropa para ayudar a las víctimas de un terremoto o una inundación.

1. **Escribe** tres tipos de trabajadores que brinden servicios gubernamentales.

....

El ejército sirve a la nación al protegerla contra amenazas mayores.

La Declaración de Independencia

Los gobiernos no son todos iguales. Cada uno tiene distintas reglas. Cada uno se basa en principios o ideas y creencias distintas. Algunos de los principios que guían nuestro gobierno están escritos en la Declaración de Independencia.

Thomas Jefferson y los demás Padres Fundadores de la nación escribieron la Declaración de Independencia. Esos hombres fueron los que trabajaron para conseguir la independencia de Gran Bretaña y fundar una república. La aprobación de la Declaración en el Congreso Continental el 4 de julio de 1776 marcó el nacimiento de los Estados Unidos. Hasta entonces, las colonias norteamericanas habían estado gobernadas por los británicos.

En la Declaración se afirma que las colonias norteamericanas dejan de aceptar la **soberanía,** es decir, el derecho a gobernar, de Gran Bretaña en América. En vez de ello, los estadounidenses formarían su propio gobierno. En la Declaración también se explica cuál debe ser el propósito del gobierno, según la opinión de los Padres Fundadores.

Thomas Jefferson escribió la Declaración de Independencia. El artista pintó a John Adams y a Benjamin Franklin leyéndola para mostrar cómo los demás Padres Fundadores revisaban el trabajo de Jefferson.

Nuestros principios fundadores

La Declaración de Independencia dice que "todos los hombres son creados iguales". También dice que todos nacemos con una serie de derechos básicos que no hace falta demostrar, esto significa que son **evidentes.** Como nadie, ni siquiera el gobierno, puede negarlos, son **inalienables.** Esos derechos incluyen "la vida, la libertad y la búsqueda de la felicidad". La **libertad** es la posibilidad de autogobernarse. Proteger esos derechos es la razón de ser del gobierno. El pueblo consiente, es decir, está de acuerdo, en darle el poder al gobierno para que proteja esos derechos. La Declaración sugiere que, si un gobierno no protege esos derechos, el pueblo es libre de formar un nuevo gobierno.

Estas ideas son importantes. Son las que inspiraron a los estadounidenses que luchaban para independizarse de Gran Bretaña. Luego se retomaron para crear el sistema de gobierno de una nación nueva: los Estados Unidos.

2. Haz una lista de dos ideas que se encuentren en la Declaración de Independencia.

....

....

....

....

....

John Hancock, presidente del Congreso Continental, fue el primero en firmar la Declaración. Luego los delegados firmaron el documento según la región que representaban. Los representantes de los estados del norte firmaron primero. Los representantes de los estados del sur fueron los últimos en firmar.

La Constitución de los Estados Unidos

Después de la Guerra de Independencia, los líderes estadounidenses se reunieron en 1787 para formar un gobierno nuevo. Crearon la Constitución. Este documento consistía en el plan y las leyes para formar un gobierno nacional.

La Constitución tiene una introducción llamada "preámbulo". En el preámbulo se explica que la Constitución se creó para ayudar a los estadounidenses a establecer y dirigir su propio gobierno. Las primeras tres palabras son: "Nosotros, el pueblo". Estas palabras resumen la idea más importante que tenemos sobre nuestro gobierno. En los Estados Unidos nos autogobernamos. Los ciudadanos estadounidenses deciden cómo debe actuar el gobierno.

Las secciones más importantes de la Constitución describen cómo funciona el gobierno. Explican cómo se escogen los líderes del país. Además definen y limitan los poderes del gobierno nacional. Esos poderes incluyen distintas cosas, como crear oficinas postales, recaudar impuestos y declarar la guerra.

Este era un país joven cuando se escribió la Constitución. Los Padres Fundadores comprendieron que tal vez iba a hacer falta modificarla a medida que la nación creciera. Establecieron un proceso que permite hacer enmiendas a la Constitución. Una enmienda es un cambio oficial. Las enmiendas deben contar con la aprobación del Congreso y de los estados. Desde el momento de su creación, se han realizado 27 enmiendas a la Constitución.

Para que la Constitución se convirtiera en la ley de la nación, debía contar con la aprobación de 9 de los 13 estados originales. Se debatió mucho, pero para 1790 todos los estados habían dado su apoyo.

La Declaración de Derechos

Las primeras diez enmiendas a la Constitución forman la Declaración de Derechos. Esas enmiendas enumeran los derechos básicos de todas las personas en los Estados Unidos. Estos derechos incluyen la libertad de expresión, la libertad de culto y el derecho de la prensa a publicar libremente. Las enmiendas también limitan el poder del gobierno.

Esta forma de gobierno ha demostrado ser fuerte y flexible. La Constitución ha mantenido a nuestra república fuerte por más de 200 años.

3.  **Resumir** ¿Cuál es el propósito de las primeras diez enmiendas a la Constitución?

....

....

....

La Primera Enmienda garantiza el derecho de reunirse pacíficamente para protestar.

¿Entiendes?

4. **Secuencia** ¿Cuál de los documentos se escribió primero: La Declaración de Independencia o la Constitución?

....

....

5. **Describe** cómo nos afectan hoy los principios de la Constitución. **mi** Historia: Ideas

....

....

....

¡Para! Necesito ayuda ....

¡Espera! Tengo una pregunta ....

¡Sigue! Ahora sé ....

Identificar fuentes primarias y secundarias

Una **fuente primaria** puede ser el relato de un testigo, la observación de un suceso o un documento de un momento particular de la historia. Las fuentes primarias pueden ser cartas, discursos, documentos, diarios personales o entrevistas. También pueden ser fotografías o dibujos relacionados con un suceso. La Declaración de Independencia es una fuente primaria. Es un documento real de un determinado momento histórico.

"Sostenemos como evidentes estas verdades: que todos los hombres son creados iguales; que son dotados por su Creador de ciertos derechos inalienables; que entre éstos están la vida, la libertad y la búsqueda de la felicidad".

Una **fuente secundaria** es un relato de segunda mano de la historia. Las palabras no pertenecen al momento en que ocurrió el suceso. Por ejemplo, un libro de texto de historia o una biografía son fuentes secundarias. El escritor reúne información sobre un suceso o una persona y la describe con sus propias palabras. Veamos un ejemplo:

Escribir la Declaración de Independencia fue uno de los logros más grandes de Thomas Jefferson. Él formó parte de un grupo de hombres a quienes en 1776 se les pidió que la escribieran. Tiempo después, Jefferson llegó a ser el tercer presidente de nuestro país.

Tanto las fuentes primarias como las secundarias te enseñan la historia. Las fuentes primarias te acercan más a los sucesos. Las fuentes secundarias te facilitan la comprensión de los sucesos.

¡Inténtalo!

Para poder determinar si un texto es una fuente primaria o secundaria, hazte preguntas como las siguientes:

- ¿Esta fotografía, documento, etc. es del suceso en sí? ¿Estuvo presente en el suceso el escritor o el fotógrafo? ¿Usa el escritor palabras como *yo* o *nosotros*, o verbos en primera persona? Si contestaste sí a estas preguntas, entonces el texto probablemente es una fuente primaria.

- ¿Usa el escritor palabras como *él o ella cuando* se refiere a los sucesos? ¿Saca conclusiones sobre cosas que ocurrieron en el pasado? Si contestaste sí a estas preguntas, entonces el texto probablemente es una fuente secundaria.

1. ¿Qué diferencia hay entre el segundo documento de la página opuesta y el primero?

   ....

   ....

2. ¿Qué palabra o palabras del primer documento dan a entender que se trata de una fuente primaria?

   ....

3. ¿Ves las palabras *él* o *ella* en alguno de los documentos? ¿Qué te indica eso? ¿Qué otras palabras clave ves?

   ....

   ....

   ....

   ....

4. **¡Aplícalo!** **Vuelve a mirar** la Lección 1. **Localiza** un ejemplo de palabras de una fuente primaria que no sea la Declaración de Independencia.

   ....

Cómo funciona nuestro gobierno

¡Imagínalo!

La mayoría de los juegos tienen reglas para que el juego sea limpio y justo para todos los jugadores.

La Constitución describe cómo está conformado el gobierno federal, es decir, nacional, de los Estados Unidos. El gobierno está dividido en tres poderes, o tres partes distintas: el poder legislativo, el poder ejecutivo y el poder judicial.

Los tres poderes y sus responsabilidades

El **poder legislativo** del gobierno federal crea leyes, es decir, reglas, que los estadounidenses deben obedecer. Este poder, llamado Congreso, está dividido en dos partes. Una es la Cámara de Representantes y la otra es el Senado. Ambas trabajan juntas para crear y aprobar leyes.

Los ciudadanos de la nación eligen a los miembros del Congreso. Hay elecciones en todos los estados y cada estado elige a dos representantes, llamados senadores, para el Senado. Cada estado también elige a sus representantes para la Cámara. El número de representantes de cada estado en la Cámara depende de la población de cada estado. Así, California, que tiene muchos habitantes, tiene más de 50 representantes en la Cámara. Los estados con menos habitantes tienen menos representantes. Por ejemplo, Alaska solo tiene 1.

El presidente es la cabeza del **poder ejecutivo.** Este poder es la parte del gobierno encargada de ejecutar las leyes confirmadas por el Congreso. El presidente también es el jefe de las Fuerzas Armadas. Los ciudadanos escogen al presidente por medio de elecciones nacionales.

El poder ejecutivo también está compuesto por el vicepresidente y un grupo de funcionarios llamado gabinete. El gabinete asesora al presidente en temas como educación, salud y economía. También lo aconseja en asuntos internacionales, como el comercio internacional y las guerras.

Kelly Ayotte es una senadora republicana por New Hampshire. En los Estados Unidos hay dos partidos políticos principales: demócratas y republicanos.

Escribe qué pasaría si los juegos no tuvieran reglas para controlar a los jugadores.

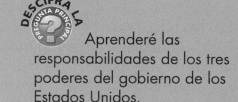

DESCIFRA LA PREGUNTA PRINCIPAL

Aprenderé las responsabilidades de los tres poderes del gobierno de los Estados Unidos.

Vocabulario

poder legislativo

poder ejecutivo

poder judicial

sistema de controles y equilibrios

El **poder judicial** se asegura de que las leyes de la nación respeten la Constitución. El nivel más alto del poder judicial es la Corte Suprema. La Corte Suprema está compuesta por nueve jueces. Estos jueces no se eligen por medio del voto electoral. Los escoge el presidente y los aprueba el Senado. Una vez aprobados, los jueces de la Corte Suprema pueden permanecer en el cargo toda su vida.

1. **Subraya** en el texto de la página anterior la cantidad de senadores que hay por estado y el nombre del grupo que asesora al presidente.

Los tres poderes del gobierno

Judicial
La Corte Suprema

Ejecutivo
La Casa Blanca

Legislativo
El Capitolio Nacional

Sistema de controles y equilibrios

¿Por qué quienes escribieron la Constitución decidieron dividir el gobierno en tres poderes? Pensaban que el gobierno podía hacerse demasiado fuerte y amenazar los derechos de las personas, en especial si una parte del gobierno se hacía mucho más fuerte que las otras. Para evitarlo, crearon un **sistema de controles y equilibrios.**

Al dividir el gobierno en tres partes, lograron equilibrar el poder. Además, cada poder puede controlar, es decir, limitar, las acciones de los otros dos poderes. Esos controles servirían para evitar que alguna de las partes del gobierno tuviera demasiado poder.

El sistema de controles y equilibrios se aplica a todos los poderes. El Congreso, que es el poder legislativo, debe aprobar todas las leyes. Sin este importante poder, el presidente podría actuar como un rey. Sin embargo, las leyes que aprueba el Congreso no pueden contradecir la Constitución. Si lo hacen, el poder judicial puede declararlas inconstitucionales. El poder judicial también puede declarar inconstitucionales las órdenes del presidente.

El sistema de controles y equilibrios evita que una de las partes tenga demasiado poder.

Sistema de controles y equilibrios

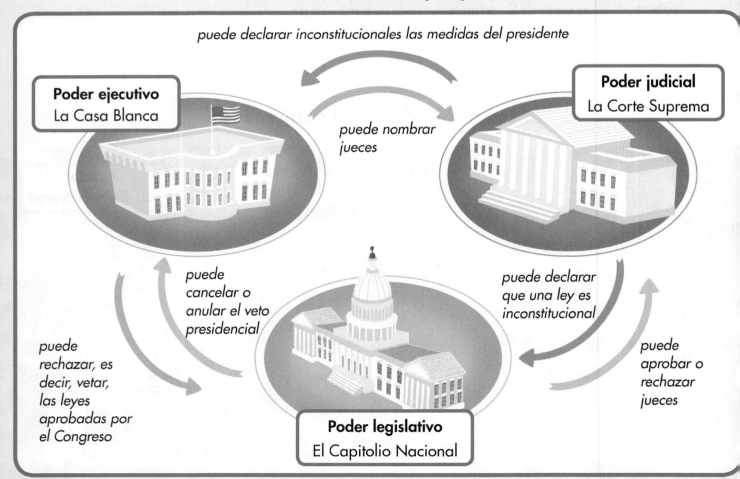

puede declarar inconstitucionales las medidas del presidente

Poder ejecutivo
La Casa Blanca

Poder judicial
La Corte Suprema

puede nombrar jueces

puede cancelar o anular el veto presidencial

puede declarar que una ley es inconstitucional

puede rechazar, es decir, vetar, las leyes aprobadas por el Congreso

puede aprobar o rechazar jueces

Poder legislativo
El Capitolio Nacional

El presidente tiene derecho a vetar, es decir, a rechazar, las leyes que aprueba el Congreso. A su vez, el Congreso puede anular, es decir, cancelar, el veto si dos tercios de sus miembros aprueban la ley. Aunque el presidente puede escoger los miembros de su gabinete y los jueces federales, incluidos los de la Corte Suprema, debe contar con la aprobación del Senado. Así, se controla el poder del presidente.

También existe un sistema de controles y equilibrios dentro de cada poder. Esto se ve claramente en el proceso de aprobación de las leyes. Antes de que el Congreso le envíe una ley al presidente para que la firme, tanto la Cámara de Representantes como el Senado deben votar para aprobarla.

Todo este sistema de controles y equilibrios se conoce como separación de poderes. El sistema ha funcionado bien durante más de 200 años.

La Constitución dice que el presidente debe informar al Congreso sobre el estado de la nación. Los presidentes, como Barack Obama, usan el discurso sobre el Estado de la Unión para persuadir al Congreso y al público sobre los asuntos que apoyan.

2. **Escribe** cómo el Congreso puede controlar, es decir, limitar, el poder del presidente.

....

....

....

Gobierno estatal y local

El gobierno federal es uno de los tres niveles de gobierno que existen en los Estados Unidos. Los otros dos niveles son el estatal y el local.

Cada estado tiene un gobierno estatal. Los gobiernos estatales se rigen tanto por sus propias constituciones estatales como por la Constitución de los Estados Unidos. Al igual que el gobierno federal, los gobiernos estatales tienen tres poderes. Los estados también tienen una capital, sede del gobierno estatal. El gobernador es el jefe del poder ejecutivo. En la mayoría de los estados, el poder legislativo está formado por un senado y una cámara de representantes estatales. Las cortes y los jueces estatales conforman el poder judicial.

El gobierno local abarca el gobierno de pueblos, ciudades y condados. Generalmente, un alcalde o un grupo de funcionarios dirigen el gobierno y crean las leyes locales. Es posible que un gobierno local tenga sus propias cortes.

Los gobiernos locales y estatales crean muchas de las leyes que cumplimos todos los días. El gobierno estatal da a los gobiernos locales el poder de crear y hacer cumplir las leyes. Estas incluyen leyes sobre límites de velocidad, normas para arrojar la basura y cómo administrar tu escuela. Los gobiernos estatales y locales también cobran impuestos, al igual que el gobierno federal. Estos impuestos se usan para pagar los servicios, como la policía, el cuerpo de bomberos, las escuelas y las bibliotecas.

3. **Mira** la tabla. **Encierra** en un círculo la cabeza del poder ejecutivo estatal. **Subraya** el poder legislativo nacional. **Dibuja una estrella** junto al poder judicial del gobierno local.

Es obligatorio que la bandera de los Estados Unidos ondee más alto que cualquier otra, como por ejemplo las banderas de Illinois y Chicago que se muestran en esta foto.

Niveles de gobierno

Poderes	Nacional	Estatal	Local
Ejecutivo	Presidente	Gobernador	Alcalde
Legislativo	Congreso	Cuerpo legislativo estatal	Concejo municipal
Judicial	Corte Suprema	Cortes estatales	Cortes locales

Algunos de los Padres Fundadores no querían que todo el poder se concentrara en el gobierno federal. Querían asegurarse de que cada estado también tuviera voz en el gobierno. Por lo tanto, la Décima Enmienda a la Constitución determina que todos los poderes que no están asignados al gobierno federal en la Constitución quedan reservados para los estados y para el pueblo. Esta forma de dividir y compartir el poder se llama "federalismo".

El Capitolio del estado de Kansas queda en Topeka. Aquí se reúne el cuerpo legislativo estatal.

4. **Resumir** **Escribe** cómo la Constitución divide el poder entre el gobierno federal y los gobiernos estatales.

....

....

....

¿Entiendes?

5. **Secuencia** **Escribe** qué pasa después de que dos tercios del Congreso vota por aprobar un proyecto de ley que el presidente vetó.

....

6. Tu familia abrirá un restaurante en tu ciudad. Tienen preguntas sobre la recolección de la basura. ¿Qué sector del gobierno puede responder sus preguntas? ¿Por qué?

mi Historia: Ideas

....

....

¡Para! Necesito ayuda ....

¡Espera! Tengo una pregunta ....

¡Sigue! Ahora sé ....

Nuestros derechos y responsabilidades

¡Imagínalo!

Este es el símbolo de Wisconsin. Incluye el lema o leyenda estatal y un tejón, que es el animal que representa al estado.

Thomas Paine fue un escritor que apoyó la lucha por la independencia de los Estados Unidos. Tiempo después, en 1794, escribió:

"Siempre... defendí el derecho de todo hombre a tener su opinión, aunque esa opinión sea diferente de la mía".

El gobierno federal protege los derechos y las libertades de los ciudadanos de los Estados Unidos. Alguien que nace en los Estados Unidos es ciudadano estadounidense. Muchos de los que vienen a vivir a nuestro país pueden convertirse en ciudadanos estadounidenses. Para ello, deben seguir un procedimiento y aprobar un examen. La Constitución protege los derechos de los ciudadanos y garantiza que reciban un trato justo.

Ciudadanos y sus derechos

La Constitución determina que el gobierno de los Estados Unidos no puede aprobar ninguna ley que impida a los estadounidenses expresar sus opiniones y sus pensamientos. Los estadounidenses también tienen derecho a escoger su religión. Además, tienen derecho a transitar libremente. Las personas acusadas de haber cometido algún delito tienen derecho a un abogado y a un juicio justo ante un jurado.

Un **jurado** es un grupo de ciudadanos a quienes se llama para que decidan sobre un caso de la corte. El jurado escucha las pruebas que presentan los abogados. La decisión del jurado se basa en esas pruebas y en la ley.

Algunos derechos, como la libertad de expresión, la libertad de prensa y la libertad de culto están garantizados en la Declaración de Derechos. Otros derechos se han transformado en ley con el tiempo debido a las enmiendas a la Constitución.

Piensa en algo que sea importante para tu comunidad. Luego dibuja un símbolo nuevo para tu ciudad o pueblo.

DESCIFRA LA PREGUNTA PRINCIPAL

Aprenderé de qué manera en una democracia los ciudadanos tienen tanto derechos como responsabilidades.

Vocabulario

jurado   petición

candidato

patriotismo

símbolo

Enmiendas amplían derechos de ciudadanos

Cuando se escribió la Constitución, la esclavitud era legal en los Estados Unidos. El 6 de diciembre de 1865, la Decimotercera Enmienda terminó con esa práctica. Esta enmienda determinó que ningún ciudadano estadounidense podía ser esclavizado. La Decimocuarta Enmienda concede a todos los ciudadanos igual protección bajo la ley. La Decimoquinta Enmienda concedió a los hombres afroamericanos el derecho a votar.

Las mujeres no tenían derecho al voto cuando se redactó la Constitución. En 1920, las mujeres obtuvieron ese derecho al aprobarse la Decimonovena Enmienda. Los jóvenes también obtuvieron derechos. En 1971, la Vigesimosexta Enmienda concedió a todos los ciudadanos mayores de 18 años el derecho a votar. Hasta ese momento, la edad mínima para votar era veintiún años en la mayoría de los estados.

1. **Encierra** en un círculo todos los ejemplos de personas que están ejerciendo sus derechos en la ilustración.

NOTICIAS

¡VOTE HOY!

Nuestras responsabilidades

En una democracia como la de los Estados Unidos, las personas tienen derechos y responsabilidades. Para poder funcionar con eficacia, las escuelas, la comunidad y el gobierno necesitan de la colaboración de todos.

Votar es un derecho y una responsabilidad. Las personas no pueden escoger a sus representantes a menos que voten. Los votantes deben informarse sobre los candidatos. Los **candidatos** son las personas que se postulan para un cargo en el gobierno. A través de los periódicos, Internet y la televisión, los ciudadanos pueden informarse acerca de la opinión que los candidatos presidenciales tienen sobre distintos temas. Así, los votantes pueden elegir al candidato con el que están de acuerdo sobre esos temas.

Ser elegido para un cargo es solo una de las formas de participar en el gobierno. También se puede participar si se ha sido designado, es decir, escogido para hacer una tarea específica, como ocurre con los empleados de una agencia gubernamental.

Los estadounidenses también tienen la responsabilidad de cumplir la ley. Si las personas no cumplen la ley, las comunidades son más peligrosas y desordenadas. Los ciudadanos adultos también tienen la responsabilidad de ser jurados. En los Estados Unidos, el derecho a juicio por jurado implica que la mayoría de los adultos deben prestar servicio como jurados.

Pagar impuestos es otra responsabilidad. Un impuesto es el dinero que el gobierno recauda para mantener las calles, los parques, las escuelas, la policía y las cortes. La ley federal determina que debemos pagar un impuesto sobre la renta por el dinero que ganamos. Algunos gobiernos estatales y locales agregan un impuesto sobre la venta por las cosas que compramos, como la ropa, y un impuesto sobre la propiedad por nuestras casas y nuestras tierras.

2. **Completa** la lista de tareas cívicas con cosas que puedas hacer para mejorar tu comunidad y tu escuela.

Mi lista de tareas cívicas

Cuando tenga 18 años, algunas de mis responsabilidades serán	Cuando sea más grande, para fortalecer mi comunidad, podré	Para ayudar a los miembros de mi comunidad, puedo

Las personas también tienen la responsabilidad cívica de participar en sus comunidades resolviendo problemas y tomando decisiones. El civismo es el estudio de los derechos y las responsabilidades de los ciudadanos. Al participar de forma activa en su comunidad, las personas se aseguran de que sus casas, sus pueblos y sus ciudades sean buenos lugares para vivir. Por ejemplo, cuando nieva, las personas pueden quitar la nieve de la acera en sus casas. También pueden trabajar como voluntarios en una iglesia o reunir dinero para la biblioteca de la escuela.

Al igual que los adultos, los jóvenes también tienen responsabilidades. Deben cumplir la ley. Algunas leyes están destinadas especialmente a los niños. Por ejemplo, la ley exige que los niños vayan a la escuela o reciban educación formal en sus casas. Los niños también tienen la responsabilidad de aprender la historia de los Estados Unidos y su gobierno. Así, cuando crezcan, podrán ser ciudadanos activos e informados.

En la escuela, los estudiantes pueden participar en la creación de las reglas para su escuela. Por ejemplo, algunos grupos de estudiantes han ayudado a iniciar programas de reciclaje. Para que la escuela sea un lugar seguro y agradable, puedes ayudar a los estudiantes que son acosados, o maltratados, por otros compañeros. Si te sientes seguro, puedes pedirle al acosador que se detenga. A la hora del almuerzo, puedes invitar a tu mesa al estudiante acosado. O puedes informar a tu maestro sobre la situación.

Todas las personas, sin importar su edad, tienen la responsabilidad de tratar a los demás con respeto. Esto incluye a aquellas personas que son diferentes a ti. En una democracia fuerte y bien desarrollada, todas las personas se benefician de la sociedad que ellas mismas ayudan a crear y a mejorar.

Trabajar como voluntario en un albergue para animales es una forma de ayudar a la comunidad.

3. Subraya una ley que se aplica a los jóvenes.

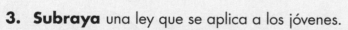

Las escuelas funcionan mejor cuando las personas se sienten parte de un mismo equipo. Puedes colaborar aprendiendo a identificar el acoso escolar y ayudar a evitarlo.

Orgullo nacional

Los estadounidenses están orgullosos de su nación, su pueblo y su gobierno. Este sentimiento de orgullo y apoyo se llama **patriotismo.** Celebramos este orgullo cada Día de la Independencia. El Día de los Veteranos y el Día de los Caídos honramos a los soldados que sirvieron a nuestro país en la guerra. El Día de Martin Luther King y el Día de los Presidentes honramos a las figuras importantes en la historia de nuestra nación.

Los estadounidenses usan símbolos para mostrar este orgullo. Los **símbolos** son imágenes, dibujos o cosas que representan ideas. Por ejemplo, la bandera estadounidense, uno de los símbolos de nuestra nación, tiene 50 estrellas y 13 franjas. Las estrellas representan los 50 estados de la actualidad. Las franjas representan los 13 estados originales de nuestro país.

El Gran Sello de los Estados Unidos, que se muestra abajo, aparece en los billetes de un dólar. El lema de este símbolo, es decir, la leyenda, es *E Pluribus Unum*, que en latín significa "De muchos, uno". Esto quiere decir que muchos estados se unen con el gobierno federal para formar una unión. Los estadounidenses también honran a su país con el Juramento a la Bandera. En este Juramento, las personas expresan su lealtad a la nación y a su símbolo, la bandera.

4. **Mira** el Gran Sello. **Escribe** en qué se parece este símbolo a la bandera estadounidense.

....

....

....

....

El número 13, que representa los 13 estados originales, se repite en las estrellas, las franjas, las flechas y las hojas de las ramas de olivo del Gran Sello.

Los estados también tienen símbolos. Las banderas y los sellos estatales son símbolos oficiales. Algunos estados tienen un animal oficial. La mariquita es el insecto oficial de Nueva York. Pennsylvania tiene su propio juguete oficial, el resorte Slinky, que se inventó en ese estado.

Los símbolos estatales pueden aparecer en documentos oficiales, sitios web y placas de matrícula de carros. Las placas de matrícula a veces incluyen el lema, es decir, la leyenda, del estado. Las placas de Illinois llevan la frase "La tierra de Lincoln" porque el famoso presidente vivió y trabajó casi toda su vida en Illinois.

La placa de matrícula de Nuevo México tiene un sol zía, símbolo del sol para los indígenas americanos.

Los ciudadanos a veces participan en la elección de los símbolos. Por ejemplo, en el año 2005, la orca se convirtió en el mamífero marino oficial del estado de Washington gracias a los estudiantes de la escuela primaria Crescent Harbor. Los estudiantes presentaron una petición para convencer a los funcionarios estatales. Una **petición** es una solicitud formal. Finalmente, los legisladores del estado de Washington aceptaron su pedido y la orca se convirtió en un símbolo oficial del estado.

¿Entiendes?

5. ⦿ **Resumir Escribe** cómo las enmiendas a la Constitución cambiaron nuestra nación.

....

....

....

....

6. ❓ Tienes que diseñar una estampilla de los Estados Unidos que muestre qué tiene de especial este país. ¿Qué símbolo pondrías en la estampilla? ¿Por qué?

mi **Historia: Ideas**

....

....

⬜ **¡Para!** Necesito ayuda ....

⏸ **¡Espera!** Tengo una pregunta ....

▶ **¡Sigue!** Ahora sé ....

Guía de estudio

Lección 1

Los principios de nuestro gobierno

- El gobierno está compuesto por las leyes, las personas y las organizaciones que dirigen el país. El gobierno protege y sirve a todos los estadounidenses.
- Los principios fundadores de los Estados Unidos se encuentran en la Declaración de Independencia y en la Constitución.

Lección 2

Cómo funciona nuestro gobierno

- Nuestro gobierno tiene tres poderes: el poder legislativo, el poder ejecutivo y el poder judicial.
- Cada poder trabaja con los demás poderes y también los limita por medio de un sistema de controles y equilibrios.
- El gobierno tiene tres niveles: el federal, el estatal y el local.

Lección 3

Nuestros derechos y responsabilidades

- Todos los estadounidenses tienen derechos, como la libertad de expresión y la libertad de culto.
- Los ciudadanos tienen responsabilidades, como cumplir la ley.
- Los estadounidenses están orgullosos de su país y honran su historia, sus ideas y a su pueblo por medio de símbolos y días feriados.

Repaso y Evaluación

Lección 1

Los principios de nuestro gobierno

1. **Encierra** en un círculo la persona que trabaja para el gobierno nacional.

   A. bombero

   B. gobernador

   C. alcalde

   D. senador

2. **Completa** los espacios en blanco. Los principios que dieron forma al gobierno de los Estados Unidos se encuentran en documentos como ....

   .... y la

   ....

3. **Escribe** un principio de nuestro gobierno que proviene de la Declaración de Independencia.

   ....

   ....

   ....

   ....

   ....

   ....

   ....

   ....

   ....

Lección 2

Cómo funciona nuestro gobierno

4. **Une** cada poder con el grupo o el lugar correcto.

   _____ la Casa Blanca

   _____ el Congreso

   _____ la Corte Suprema

   A. poder legislativo

   B. poder ejecutivo

   C. poder judicial

5. **Escribe** por qué los distintos estados eligen una cantidad diferente de representantes para la Cámara de Representantes.

   ....

   ....

   ....

   ....

6. ● **Secuencia** **Escribe** qué pasa después de que el presidente escoge un juez para la Corte Suprema.

   ....

   ....

   ....

   ....

Lección 3

Nuestros derechos y responsabilidades

7. ⊙ **Resumir** ¿Cómo afectaron a los derechos de los estadounidenses la Decimonovena Enmienda y la Vigesimosexta Enmienda?

....

....

....

....

....

....

8. ¿Cuál de estas actividades están obligados a hacer por ley los ciudadanos? **Encierra** en un círculo la respuesta correcta.

A. trabajar como voluntario en un hospital

B. trabajar como voluntario en una escuela

C. postularse para un cargo

D. pagar impuestos

9. ¿Cuántas hojas, flechas, estrellas y franjas tiene el Gran Sello? ¿Qué representa ese número?

....

....

....

10. ❓ ¿Qué tiene de especial el gobierno de los Estados Unidos?

Usa la pregunta y el documento para pensar más en la Pregunta principal de este capítulo.

¿Cómo influyen en el gobierno estadounidense actual documentos que tienen más de 200 años?

....

....

....

....

....

....

....

....

Conéctate en línea para escribir e ilustrar tu **myStory Book** usando **miHistoria: Ideas** de este capítulo.

¿Qué tiene de especial el gobierno de los Estados Unidos?

El gobierno de los Estados Unidos se basa en una serie de principios o ideas básicas, establecidas por los Padres Fundadores. Ellos creían que el gobierno debía existir para servir al pueblo y proteger sus derechos. Esos derechos incluyen "la vida, la libertad y la búsqueda de la felicidad".

Piensa en esas ideas y en cómo se reflejan en nuestro gobierno.
Escribe cómo esas ideas afectan tu vida diaria.

....

....

....

Dibuja un símbolo nuevo que represente alguna de las ideas de los Padres Fundadores sobre cómo debe funcionar el gobierno.

Mientras estás en línea, dale un vistazo a **myStory Current Events,** donde puedes crear tu propio libro sobre un tema de actualidad.

La economía de nuestra nación

mi Historia: ¡Despeguemos!

¿Cómo satisface la economía nuestros deseos y nuestras necesidades?

Piensa en las cosas que tú y tu familia tienen en tu casa. ¿Cuáles necesitas? ¿Cuáles no? **Haz una lista** de tres cosas para cada categoría.

....

....

....

....

Pasear perros es una manera en la que los niños pueden ganar dinero.

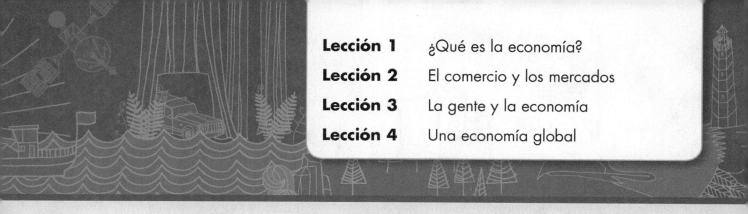

Bill Gates

Cubrir una necesidad

mi Historia: Video

¿Hay una computadora en tu casa? Si la hay, probablemente funciona con un programa desarrollado por Microsoft Corporation. Microsoft es la compañía que inició Bill Gates, un hombre de negocios estadounidense. Gates es un programador de computadoras, es decir, alguien que diseña y escribe instrucciones para las computadoras. En los últimos 30 años, la compañía de Gates se ha transformado en la compañía de *software* para computadoras personales más grande del mundo.

William Henry "Bill" Gates nació en Seattle, Washington, en 1955. Cuando era niño, las computadoras eran algo raro y no las usaban muchas personas. Eran máquinas enormes y costosas que podían ocupar un cuarto entero. Principalmente, las usaban las grandes compañías, el gobierno y las universidades.

Desde los 13 años, Bill Gates fue a una escuela donde había una computadora. Con algunos de sus amigos, aprovechaba cualquier momento libre que tenía para usarla. Leyó todo lo que pudo sobre computadoras y luego escribió su primer programa de computación. El programa era una versión computarizada del juego tres en raya.

Cuando Bill Gates tenía 13 años, él y sus amigos pasaban horas en el laboratorio de computación de la escuela.

Gates comenzó a desarrollar y vender *software* para computadoras mientras todavía estaba en la escuela secundaria.

Mientras estudiaba en la Universidad de Harvard, Gates siguió dedicado a la programación de computadoras.

Gates aprendió cada vez más sobre la programación de computadoras. Cuando todavía estaba en la escuela secundaria, creó una compañía con dos amigos. Vendían *software* a los negocios. El *software* es un conjunto de programas que la computadora usa para realizar ciertas tareas.

Después de graduarse de la escuela secundaria, Gates fue a la Universidad de Harvard, en Massachusetts. Sin embargo, a veces se le hacía difícil concentrarse en sus estudios. Solo pensaba en la programación de computadoras. Por lo tanto, él y su amigo Paul Allen formaron una compañía llamada Microsoft. Empezaron a desarrollar *software* para un nuevo tipo de computadora. Esta nueva computadora pequeña se había diseñado para usarla en la casa y la oficina. Se llamaba computadora personal o PC.

En ese momento, los fabricantes de PC necesitaban un tipo de *software* llamado sistema operativo. Este es el programa básico que necesita una computadora para funcionar. Sin sistema operativo, una computadora no es tan útil. Pero con un sistema operativo, una computadora puede hacer muchas cosas sorprendentes.

Las computadoras personales pequeñas se desarrollaron a mediados de la década de 1970. Bill y su amigo Paul Allen decidieron crear software para esos equipos.

La compañía de Gates, Microsoft, creció rápido y contrató muchos empleados.

Microsoft se transformó en el mayor proveedor de *software* para computadoras personales.

Los sistemas operativos fueron la primera necesidad que Microsoft buscó cubrir. En 1981, la compañía creó un sistema operativo para IBM, uno de los fabricantes de computadoras más grandes del mundo. Otras compañías también comenzaron a usar el sistema operativo de Microsoft.

Durante la década de 1980, Microsoft se transformó en una compañía increíblemente exitosa. El *software* de Microsoft estaba en millones de computadoras de todo el mundo. La compañía daba trabajo a miles de personas, incluyendo programadores de computadoras, diseñadores y contadores. La compañía también comenzó a fabricar distintos tipos de *software* y desarrolló programas nuevos. El procesador de textos Microsoft Word ayudó a la gente a escribir textos en las computadoras. El navegador Internet Explorer permitió que muchos usuarios buscaran información en Internet. Por supuesto, la compañía también siguió desarrollando y mejorando sistemas operativos.

En la actualidad, los productos de Microsoft se usan en todos los continentes. Cubren necesidades de muchas personas y negocios en todas partes. Gracias al éxito de la compañía, Bill Gates se convirtió en uno de los hombres más ricos del mundo. Usa su riqueza para tratar de cubrir algunas necesidades básicas de las personas. Él y su esposa, Melinda, fundaron una organización para ayudar a otras personas. La organización se llama Fundación Bill y Melinda Gates. Esta fundación busca formas de dar alimento, vestimenta, vivienda y cuidados para la salud a los pobres de todo el mundo.

Piénsalo Según este relato, ¿crees que Bill Gates cubrió una necesidad? A medida que lees el capítulo, piensa en cómo se relaciona el relato de Gates con lo que aprendes sobre la economía.

¿Qué es la economía?

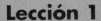

En una economía, se usan recursos como este para fabricar bienes.

Necesidades
• agua potable
•
•
•

Deseos
• limonada
•
•
•

1. **Clasifica** los siguientes elementos como necesidades o deseos y escríbelos en el lugar correcto de la tabla: una mochila, una casa, zapatos, vacaciones, alimentos, clases de danza.

Cuando compras algo o lo usas después de haberlo comprado, participas en nuestra economía. La economía es cómo se producen, entregan y utilizan los recursos de una zona o un país. Cada ciudad, región o estado tiene una economía. Las economías de todo el mundo varían, pero todas tienen algunas cosas en común.

Necesidades y deseos

Las economías se establecen para satisfacer tanto las necesidades como los deseos. Las necesidades son las cosas que te hacen falta para sobrevivir, como el alimento, la vestimenta y la vivienda. Los deseos son las cosas que te gustaría tener, pero que no son esenciales, como una patineta o un boleto para ver una película.

Esos son dos tipos de necesidades y deseos llamados bienes y servicios. Los bienes son productos reales que puedes comprar, como un carro, manzanas o zapatos. Los servicios son cosas que las otras personas hacen por ti, como cortarte el cabello o darte clases de música.

Escoger una opción

Todas las economías producen, es decir fabrican, bienes y ofrecen servicios para que las personas los compren y usen. Una persona o una compañía que fabrica un bien u ofrece un servicio que puede vender a otras personas se llama **productor.** Una persona o una compañía que compra un bien o un servicio se llama **consumidor.**

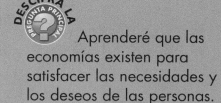

Aprenderé que las economías existen para satisfacer las necesidades y los deseos de las personas.

Vocabulario

productor   economía de
consumidor   mercado
sistema de   economía
libre empresa   dirigida
    propiedad privada

Escribe algunas cosas que podrías hacer con un martillo, madera y clavos.

En este país, hay muchos productores distintos. Eso significa que los consumidores tienen muchas opciones de productos y de lugares adonde ir a comprarlos. Si decides comprar algo, puedes ir a una tienda o comprarlo en línea. Como tienes opciones, es posible que dediques algo de tiempo a decidir qué comprar. Es posible que termines comprando un videojuego en lugar de una pelota de fútbol.

Ser parte de una economía implica escoger entre distintas opciones. Al comprar un videojuego, satisfaces uno de tus deseos. Pero ahora no te queda dinero para comprarte una pelota de fútbol. Al comprar el videojuego quizá perdiste la oportunidad de jugar al fútbol. Los consumidores deben evaluar sus necesidades y sus deseos antes de gastar su dinero.

2. **Identifica** al productor, los productos y al consumidor en estas fotos.

....

....

....

....

....

En una economía de mercado, los negocios deciden qué fabricar, es decir, qué producir. Estos trabajadores de una fábrica sacan pelotas de tenis de una máquina.

Tipos de economías

Todos los tipos de economías responden a tres preguntas básicas: ¿Qué productos y servicios habría que producir? ¿Cómo habría que producirlos? ¿Para quién habría que producirlos?

En todo el mundo, hallarás diferentes respuestas para estas preguntas. En los Estados Unidos, la economía se basa en el sistema de libre empresa. Un **sistema de libre empresa** es aquel en el que los productores tienen el derecho de crear el bien o el servicio que deseen. El gobierno no indica a los productores qué pueden crear o vender. Además, los productores establecen los precios y las cantidades de los bienes o servicios que ofrecen.

Otro nombre para un sistema de libre empresa es **economía de mercado.** En este sentido, *mercado* no se refiere a una tienda. En cambio, se refiere a una zona o un país donde las cosas se compran y se venden libremente.

No todos los países tienen una economía de mercado. Algunos tienen una economía dirigida. En una **economía dirigida,** el gobierno decide qué bienes y servicios pueden producirse o venderse. El gobierno indica a la gente y a los negocios qué cantidad de algo deben producir. Generalmente, es el gobierno, no los productores, el que fija los precios.

3. **Completa** los siguientes espacios en blanco con los detalles sobre cada tipo de economía.

Tipos de economías

Economía de mercado

- Los .... deciden qué producir.
- El gobierno no decide qué cantidad de un producto debe producirse.

Economía dirigida

- El gobierno indica a los productores qué hay que producir.
- El .... decide qué cantidad de un producto debe producirse.

Partes de la economía

En todas las economías, los productores usan recursos para crear bienes y servicios. Estos recursos pueden ser naturales, como los árboles, o pueden ser recursos humanos, como los choferes de camiones. Y hasta pueden ser recursos de capital, que son productos hechos por las personas que se usan para producir bienes y servicios. Por ejemplo, el horno de una panadería es un recurso de capital.

Las distintas partes de la economía de los Estados Unidos usan estos recursos para producir una variedad de bienes y servicios. Nuestra enorme economía se divide en partes, o sectores, importantes.

La parte, es decir el sector, agrícola cultiva la mayoría de los alimentos que comes, mientras que de la minería se obtienen materiales como el carbón para la electricidad. El sector de la producción, es decir, la manufacturación, fabrica muchos de los bienes que compra tu familia. El área del transporte traslada a las personas y los bienes de un lugar a otro en carros, trenes y aviones. El sector de los servicios incluye a todas las personas que brindan servicios a los demás, como los maestros, los médicos y la persona que vende los boletos de cine. El sector del entretenimiento incluye a las compañías y a las personas que componen las canciones y hacen las películas que te gustan.

Algunas partes de la economía son más importantes en distintas regiones. En el Oeste, la industria del entretenimiento es importante para la economía de California. En el Suroeste, los ranchos, es decir, la ganadería, tienen un papel importante en la economía de Texas.

En el Medio Oeste, la manufacturación y el transporte contribuyen a la economía de Michigan. En el Sureste, la minería provee muchos empleos en Virginia Occidental.

El turismo, que es parte del sector de los servicios, es muy importante en la Florida. En el Noreste, los servicios son importantes en lugares como Nueva York. La tabla muestra el empleo de tiempo completo en algunas partes de la economía.

4. **Mira** la tabla. **Escribe** qué parte de la economía provee la mayoría de los empleos.

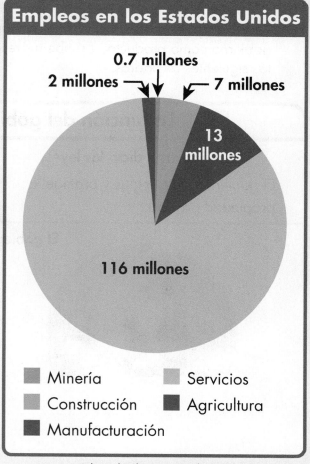

Empleos en los Estados Unidos

0.7 millones
2 millones
7 millones
13 millones
116 millones

- Minería
- Construcción
- Manufacturación
- Servicios
- Agricultura

*Solo empleo de tiempo completo; Fuente: Oficina de Estadística Laboral de los Estados Unidos

El gobierno y la economía

Aunque el gobierno de los Estados Unidos no dirige la economía, de todos modos tiene responsabilidades económicas importantes. Una economía de mercado necesita ciertas reglas. El gobierno proporciona esas reglas. Por ejemplo, las personas quieren que las cosas que poseen estén protegidas, es decir, aseguradas. Entonces el gobierno declara que robar va en contra de la ley. Esta es una de las maneras en las que el gobierno protege la **propiedad privada,** es decir, la tierra, las casas, las tiendas y los bienes que poseen las personas y las compañías. Esto es muy importante en un sistema de libre empresa, porque el sistema se basa en la compra y venta de propiedad privada.

El gobierno también participa en nuestra economía como productor y consumidor. La mayoría de los bienes y servicios que produce el gobierno son públicos. Esto quiere decir que todos pueden usarlos, incluso quienes no pueden pagarlos. Los bienes públicos incluyen cosas como las carreteras o las escuelas. Los servicios públicos incluyen la educación y la distribución del correo. Los ciudadanos pagan por los servicios y los bienes públicos con sus impuestos.

5. **Escribe** cuáles son las actividades que hace el gobierno como productor. Escribe tus respuestas en los siguientes recuadros.

La función del gobierno en nuestra economía

El gobierno dicta las leyes	El gobierno como consumidor
El gobierno dicta reglas y protege la propiedad privada.	El gobierno compra bienes, como computadoras y papel.

El gobierno como productor

 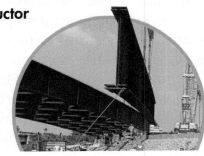

....

....

....

El gobierno también es un consumidor. Como consumidor, compra bienes y servicios de las compañías y los individuos. Por ejemplo, puede comprar aviones para la Armada o carros policiales a una compañía privada. O quizá el gobierno compre los servicios de un maestro para que enseñe en una escuela pública.

En los Estados Unidos, tanto las personas como el gobierno participan en la economía. Ambos son productores y consumidores. Ambos ofrecen los bienes y servicios que necesitamos en la vida diaria.

6. **Subraya** un bien y un servicio que el gobierno compra.

El gobierno paga a compañías privadas para que fabriquen aviones para las fuerzas armadas.

¿Entiendes?

7. Idea principal y detalles ¿Cuál es el propósito principal de una economía?

....

....

....

8. Quieres comenzar tu propio negocio. **Escribe** qué producto o servicio ofrecerías. ¿Cubriría una necesidad o un deseo de tus clientes?

mi Historia: Ideas

....

....

....

¡Para! Necesito ayuda ....

¡Espera! Tengo una pregunta ....

¡Sigue! Ahora sé ....

Comparar gráficas lineales y de barras

Generalmente, la información sobre la economía incluye una gran cantidad de datos, es decir, de números e información. Dos formas de presentarlos con claridad son las gráficas lineales y las gráficas de barras.

Una **gráfica lineal** representa el cambio de los datos a través del tiempo. En el eje horizontal de la gráfica lineal, a la derecha, se muestran las décadas, es decir, los períodos de diez años. En el eje vertical, se muestra la cantidad de personas que trabajan en la construcción. La línea del medio conecta los puntos de datos. Esta línea muestra cómo cambió la cantidad de personas que trabajan en la construcción a lo largo de 30 años, es decir, durante tres décadas. La gráfica lineal presenta datos sobre el período desde 1970 hasta el año 2000.

Al igual que una gráfica lineal, una **gráfica de barras** es una manera de presentar datos. Pero las gráficas de barras sirven más para comparar y contrastar la información que para mostrar cambios a través del tiempo.

Una gráfica de barras usa barras para comparar distintos datos. En la gráfica de barras de la derecha, puedes comparar la cantidad de estadounidenses que trabajaron en la construcción, en la manufacturación y en la minería y tala de bosques en 2009. La gráfica compara grupos de personas con determinados empleos.

Fuente: Oficina de Estadística Laboral de los Estados Unidos

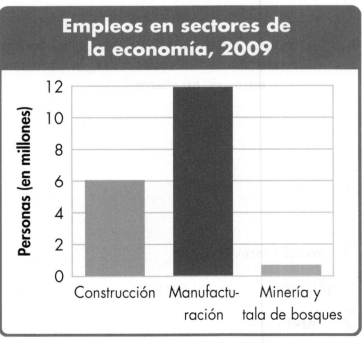

Fuente: Oficina de Estadística Laboral de los Estados Unidos

Objetivo de aprendizaje

Aprenderé cómo obtener información de las gráficas lineales y de barras.

¡Inténtalo!

Para obtener información de una gráfica lineal, primero lee el título. Este te dice qué tipos de datos se muestran en la gráfica. Luego lee los rótulos de cada eje. Después mira la línea que conecta los puntos de datos en la gráfica. ¿Sube o baja? Para obtener información de una gráfica de barras, primero debes leer el título. Luego lee el rótulo del eje vertical. Después mira los rótulos de cada barra de la gráfica. Compara las alturas de las barras para comparar la información.

1. **Mira** la gráfica lineal de la página anterior. ¿Aproximadamente cuántas personas trabajaron en la construcción en 1970 y en 2000?

   ....

2. ¿Aumentó o disminuyó la cantidad de personas que trabajaron en la construcción a lo largo de ese período?

   ....

3. **Mira** la gráfica de barras. ¿Aproximadamente cuántas personas trabajaron en la construcción y producción en 2009?

   ....

   ....

4. ¿Cuál de los empleos de la gráfica de barras ocupó una porción mayor de la economía en 2009? ¿Por qué?

   ....

   ....

5. **Aplícalo Compara** los datos de las dos gráficas. Ambas muestran datos sobre empleos en la construcción. ¿La cantidad de empleos en la construcción aumentó o disminuyó entre 2000 y 2009?

   ....

   ....

El comercio y los mercados

¡Imagínalo!

El dinero y las tarjetas de crédito se usan para comprar bienes y servicios.

Hace mucho tiempo, se usaban objetos como las conchas marinas y las piezas de metal como dinero. En la actualidad, las formas más comunes de moneda corriente son los billetes y las monedas de metal. La **moneda corriente** es el tipo de dinero que se usa en un lugar particular. En los Estados Unidos, la moneda corriente es el dólar estadounidense.

Comercio y dinero

Desde la antigüedad, las personas intercambian cosas para obtener los bienes y los servicios que necesitan y desean. Antes de la aparición del dinero, las personas hacían trueques. **Hacer un trueque** es cambiar un tipo de bien o servicio por otro. Por ejemplo, las pieles de los animales se pueden cambiar por alimentos.

En la actualidad, todavía se hacen trueques. Un maestro de música podría dar clases de guitarra a un panadero a cambio de pan fresco. Así ambos obtienen lo que necesitan.

Sin embargo, hacer un trueque presenta algunos problemas. ¿Qué pasa si la persona que tiene lo que necesitas no está interesada en lo que tienes para comerciar? Te resultaría imposible conseguir lo que necesitas. Por eso, en las economías modernas se usa el dinero para comerciar. El dinero se puede cambiar por cualquier cosa. Además, es fácil de llevar, se puede dividir en cantidades más pequeñas y es uniforme, es decir, cada parte de dinero es igual a otra.

Precio del videojuego antes de la inflación: enero

Las ilustraciones de la derecha muestran cómo cambió el precio de un videojuego a lo largo del año.

Vocabulario

moneda corriente   ingreso
hacer un trueque   oferta
inflación   demanda
ganancia

Haz una lista de al menos tres maneras en las que las personas pueden pagar por las cosas que compran.

Precios e inflación

El poder adquisitivo de nuestra moneda corriente puede cambiar según los cambios en el precio de las cosas. A veces, los precios bajan: un reproductor de MP3 que costaba $50 el año pasado puede costar $40 este año. Otras veces, los precios suben. El año que viene, el MP3 podría costar $60. El aumento en el precio usual de muchos bienes y servicios se llama **inflación**.

Cuando hay inflación, puedes comprar menos cosas con la misma cantidad de dinero. Los reproductores de MP3 son un deseo, no una necesidad; por lo tanto, si aumentaran de precio, eso no sería una amenaza para la vida de las personas. Sin embargo, cuando la inflación hace que los precios de las necesidades suban, puede causar problemas graves. Cuando aumenta el costo de los alimentos, la vivienda o la vestimenta básica, algunas familias pueden tener dificultades para comprar lo que necesitan, sobre todo cuando el dinero que gana una familia disminuye o se mantiene igual.

1. **Escribe** cuánto crees que costará el videojuego en agosto si la inflación continúa al mismo ritmo.

Precio del videojuego después de la inflación: junio

$

Negocios y mercados

Cuando compras algo, tu objetivo es satisfacer un deseo o una necesidad. El objetivo del negocio al que le compras es tener una ganancia. La **ganancia** es el dinero que le queda a un negocio después de pagar todos los costos.

Por ejemplo, un panadero puede tener $370 de costo diario para producir el pan. Este costo incluye los gastos, como el precio de la harina, el alquiler del lugar y el dinero que paga a sus empleados. Los empleados son los trabajadores que preparan y venden el pan. Si la panadería gana $470 al día con las ventas, entonces la diferencia, es decir, la ganancia, es $100. La ganancia que un negocio obtiene durante un período de tiempo determinado, por ejemplo, un año, se llama **ingreso.**

Los negocios quieren tener ganancias. Tratan de bajar los costos porque no siempre pueden aumentar los precios. Esto se debe a que existe competencia. Si un negocio vende un producto a un precio alto, otro negocio puede abrir y vender el mismo producto a un precio más bajo. Si el primer negocio no baja los precios o mejora la calidad de los productos, es probable que pierda clientes. Los negocios que no pueden igualar los precios o la calidad de sus competidores, generalmente deben cerrar.

2. En esta tabla se muestran el ingreso y los costos mensuales de una panadería. **Calcula** la ganancia mensual y escríbela en la tabla.

Panadería de Nelson

Costos mensuales	
Alquiler	$3,500
Sueldo de los trabajadores (empleados)	$4,200
Ingredientes y paquetes	$2,100
Alquiler de equipos	$800
Electricidad y gas	$425
Costos totales (Gastos)	$11,025
Ventas totales	$14,100
Ganancia (Ventas − Costos)	$ ....

Empresarios

Los negocios pueden fracasar por muchas razones. La competencia es solo una de ellas. Abrir un negocio nuevo implica asumir un riesgo. Debes gastar dinero para alquilar un lugar, pagar los materiales y contratar empleados. Si el negocio fracasa, todo ese dinero se pierde.

La persona que asume un riesgo y abre un negocio se llama empresario. Un empresario cree que sus ideas para un negocio pueden producir dinero y que vale la pena correr el riesgo. Los empresarios iniciaron muchas de las compañías más importantes del país. Algunos empresarios piden dinero prestado a un banco o a inversionistas para iniciar su negocio. Un inversionista es alguien que presta dinero con la esperanza de obtener una ganancia cuando el nuevo negocio haya crecido.

Los niños también pueden ser empresarios. Imagina que deseas iniciar un negocio de revistas de historietas. Es posible que gastes dinero en papel, materiales de arte y tinta para la impresora. Si no vendes muchas historietas, no recuperarás ese dinero. Sin embargo, si tus historietas se venden bien, recuperarás el dinero y obtendrás una ganancia. Los empresarios tienen buenas ideas. Están dispuestos a tomar riesgos para que su negocio tenga éxito.

3. Subraya algunos de los costos de abrir un negocio nuevo.

Cecilia Cassini es una empresaria del mundo de la moda. A los seis años, le pidió a su madre una máquina de coser. Hoy, a los 11 años, sus prendas se venden en varias tiendas.

Oferta y demanda

Un sistema de libre empresa, como el de los Estados Unidos, se basa en la oferta y la demanda. La **oferta** es la cantidad de un producto que el negocio tiene para vender. La **demanda** es la cantidad de un producto que los consumidores desean comprar. Los empresarios tienen que analizar bien estas dos cosas para tener éxito.

Los negocios más exitosos son los que crean productos o servicios con mucha demanda. Por ejemplo, si hay un producto que tiene mucha demanda en tu comunidad, es más probable que las personas paguen un precio más elevado por él. Un negocio puede cobrar un precio bastante más elevado que el costo del producto. Esto tendría como resultado mayores ganancias.

Si hay poca demanda para un producto o servicio, la situación es al revés. Las personas no querrán pagar un precio elevado por ese artículo. El negocio se verá obligado a bajar los precios para atraer clientes. La ganancia del negocio puede ser pequeña.

En general, la oferta dependerá de la demanda.

4. **Escribe** por qué la tienda de la izquierda ofrece rebajas.

....

....

....

Demanda: baja

Esta tienda ofrece rebajas en la ropa que vende.

Demanda: alta

Los clientes vinieron a esta tienda a comprar provisiones antes de una gran tormenta.

Si la oferta es baja y la demanda es alta, el precio del artículo aumentará. Cuando es posible obtener grandes ganancias vendiendo un artículo, los negocios aumentan la oferta del producto. Por ejemplo, un empresario podría expandir su negocio para fabricar más cantidad. Entonces, la cantidad ofrecida podría aumentar demasiado y los precios probablemente bajarían.

5. **Subraya** la oración que explica qué sucede si la oferta es baja y la demanda es alta.

Estas personas están en fila para ir a una gran venta de rebajas. Una rebaja puede aumentar la demanda de productos.

¿Entiendes?

6. ● **Idea principal y detalles** **Escribe** por qué los empresarios están dispuestos a asumir el riesgo de poner dinero en un negocio nuevo.

....

....

....

....

7. ❓ **Piensa** en el producto de un negocio que te gustaría comenzar.   mi Historia: Ideas
Explica por qué habría demanda de ese producto.
Describe el tipo de clientes que podrían comprarlo.

....

....

....

⬜ **¡Para!** Necesito ayuda ....

⏸ **¡Espera!** Tengo una pregunta ....

▶ **¡Sigue!** Ahora sé ....

Lección 3

La gente y la economía

¡Imagínalo!

Prometiste a tu amigo que irías al cine, pero tu equipo de fútbol juega un partido a la misma hora.

La economía te da bienes necesarios, como alimentos y vestimenta, y también otras cosas, como películas y música grabada. Todos los días, tú y tu familia forman parte de la economía al consumir y producir.

La economía y tú

Cuando te vistes por la mañana, la ropa que usas es el resultado de una actividad económica. Un negocio produce la ropa. Tú o alguien que conoces escogió comprarla. Cuando te sientas a la mesa, tu desayuno también es el resultado de la actividad económica y de algunas decisiones. Alguien trabajó para ganar el dinero para pagar los alimentos. Alguien también escogió un alimento, como tu cereal preferido, en lugar de otro alimento.

Las decisiones económicas que tomas son personales. Escoges tus alimentos o tu ropa todo el tiempo. ¿Deberías comprar el par de zapatos caro? ¿Quizá deberías comprar el más barato? Después de todo, en un par de meses tal vez hayas crecido y no te queden bien. En ese caso, sería bueno ahorrar el dinero.

A medida que creces, irás tomando decisiones sobre asuntos económicos más importantes. ¿Cómo pagarás por tus necesidades básicas? ¿Qué tipo de trabajo tendrás para ganar dinero? ¿En qué tipo de casa vivirás?

1. **Escribe** el nombre de un objeto que tu familia compra y tú ayudas a escoger.

....

....

Nuestra economía nos ofrece muchas opciones. ¿Qué gafas de sol escogerán estas niñas?

DESCIFRA LA PREGUNTA PRINCIPAL

Aprenderé que tanto los individuos como las familias toman decisiones económicas.

Vocabulario

escasez

costo de oportunidad

incentivo

publicidad

interés

¿Cómo pasarás el día? ¿Dejarás de lado el fútbol o la película? Explica por qué escogiste esa opción.

Las cosas que deseamos

Debido a la escasez, nunca podemos satisfacer todos nuestros deseos y nuestras necesidades. La **escasez** significa que la cantidad de un recurso es limitada. Por ejemplo, el agua en un desierto es escasa. Quizá tengas sed y quieras llenar tu botella con agua, pero el agua que hay disponible es limitada.

El trabajo también puede ser escaso. Durante la siembra de primavera, un granjero quizá contrate a tres trabajadores para que lo ayuden. Al llegar el otoño, es posible que esos mismos trabajadores no estén disponibles para ayudarlo con la cosecha.

¿Qué pasaría si tu equipo favorito jugara el *Super Bowl*? Como hay una cantidad determinada de asientos en el estadio y miles de aficionados que desean ir al partido, los asientos también serán escasos. Además, la escasez de esos asientos puede hacer que resulten muy costosos.

Para muchos consumidores, el recurso que puede ser escaso es el dinero. Quizá tengas una lista interminable de cosas que desearías comprar, pero el dinero para comprarlas es limitado, es decir, escaso. Si ganaras dinero paleando nieve, ¿cómo lo gastarías?

2. Palear nieve es una manera de ganar dinero para comprar las cosas que deseas. **Escribe** otra manera de ganar dinero.

....

....

myworldsocialstudies.com ▶ **Experimentar** ▶ **Presentación**

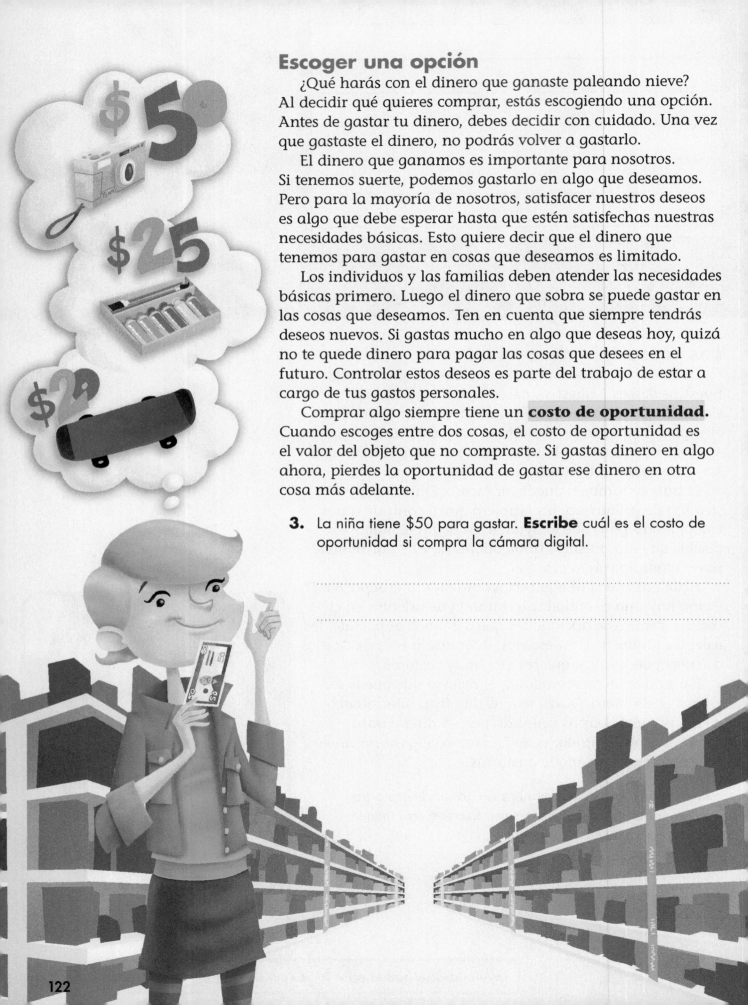

Escoger una opción

¿Qué harás con el dinero que ganaste paleando nieve? Al decidir qué quieres comprar, estás escogiendo una opción. Antes de gastar tu dinero, debes decidir con cuidado. Una vez que gastaste el dinero, no podrás volver a gastarlo.

El dinero que ganamos es importante para nosotros. Si tenemos suerte, podemos gastarlo en algo que deseamos. Pero para la mayoría de nosotros, satisfacer nuestros deseos es algo que debe esperar hasta que estén satisfechas nuestras necesidades básicas. Esto quiere decir que el dinero que tenemos para gastar en cosas que deseamos es limitado.

Los individuos y las familias deben atender las necesidades básicas primero. Luego el dinero que sobra se puede gastar en las cosas que deseamos. Ten en cuenta que siempre tendrás deseos nuevos. Si gastas mucho en algo que deseas hoy, quizá no te quede dinero para pagar las cosas que desees en el futuro. Controlar estos deseos es parte del trabajo de estar a cargo de tus gastos personales.

Comprar algo siempre tiene un **costo de oportunidad.** Cuando escoges entre dos cosas, el costo de oportunidad es el valor del objeto que no compraste. Si gastas dinero en algo ahora, pierdes la oportunidad de gastar ese dinero en otra cosa más adelante.

3. La niña tiene $50 para gastar. **Escribe** cuál es el costo de oportunidad si compra la cámara digital.

....

....

Incentivos

¿Por qué escogemos un producto o servicio en lugar de otro? Los incentivos juegan un papel muy importante en nuestras decisiones. Un **incentivo** nos anima a hacer algo, como una compra. Las rebajas y los cupones son incentivos. El precio bajo de un artículo es un incentivo monetario para que las personas lo compren. Monetario quiere decir que tiene que ver con el dinero. Un incentivo negativo puede ser una multa por un libro que se devolvió tarde a la biblioteca.

Generalmente, las personas se enteran de las rebajas por la publicidad. La **publicidad** es el uso de avisos al público para atraer la atención hacia un producto o servicio. Los anuncios pueden aparecer en periódicos y revistas, en carteles y carteleras, o en la radio, la televisión e Internet.

La publicidad también usa incentivos no monetarios para hacer que un producto parezca atractivo o genial. Algunos anuncios tratan de convencer a los consumidores de que algo que desean en realidad es una necesidad. Los anuncios apelan a las emociones y te hacen pensar que te sentirás mejor si compras un producto o un servicio. Los paquetes llamativos pueden hacer que un producto parezca más atractivo que otro.

La ubicación también es un incentivo. Es posible que el dueño de un restaurante escoja una calle con un buen espacio para estacionar como incentivo para atraer clientes. Los productores tratan de que sus productos estén en buenas ubicaciones dentro de las tiendas, como en exhibidores cerca de las cajas registradoras. Esta ubicación hará que los compradores vean el producto y lo puedan comprar al momento de pagar.

4. **Mira** los incentivos que se muestran en las siguientes fotos. **Rotula** cada uno como *monetario* o *no monetario*.

Estudiar y aprender destrezas nuevas puede ayudar a los estudiantes a conseguir un empleo.

Los cajeros automáticos imprimen un recibo. Ese recibo puede ayudarte a tener un control del dinero que ahorras y retiras del banco.

Ganarse la vida

Para pagar sus necesidades y deseos, la mayoría de las personas deben tener un ingreso, que es el dinero que ganan por su trabajo o por una propiedad o negocio que poseen. Sin un ingreso, la mayoría de las personas sufrirían. La necesidad de tener dinero es un incentivo para buscar trabajo.

Los incentivos también juegan un papel en la elección del trabajo. La ubicación del trabajo es uno de ellos. Muchas personas prefieren trabajos cerca de sus casas. El ingreso es otro incentivo. Las personas en general prefieren trabajos donde les pagan más dinero. Sin embargo, el ingreso de una persona depende de muchas cosas. Los trabajos con sueldos altos generalmente demandan destrezas especiales y educación. Por ejemplo, los médicos necesitan muchos años de estudio en la universidad y mucho entrenamiento para desarrollar sus destrezas. Los estudiantes que continúan sus estudios y aprenden destrezas nuevas aumentan sus posibilidades de hallar un empleo después de terminar la escuela.

Bancos y ahorros

La mayoría de las personas guardan sus ingresos en el banco. Los bancos son lugares seguros para que las personas ahorren su dinero. Los bancos también son negocios que prestan dinero. Los bancos reciben el dinero que las personas ahorran y lo dan en forma de préstamos a prestatarios, quienes deben devolverlo al cabo de un período de tiempo. Este dinero prestado puede usarse, por ejemplo, para comprar una casa o para pagar la educación.

Como los bancos necesitan dinero de los ahorristas para prestarlo, ofrecen un incentivo. Cuando dejas el dinero en un banco, el banco te paga un dinero adicional llamado **interés.** El interés se suma a tu cuenta periódicamente, generalmente una vez al mes. Por eso, ahorrar dinero puede ser una mejor opción que gastarlo.

Algunas personas usan sus ahorros para comprar acciones, es decir, porciones de una compañía. Las acciones son riesgosas porque su valor puede cambiar. Los tenedores de acciones pueden ganar dinero si venden las acciones cuando el valor está alto, pero pueden perder dinero si las venden cuando el valor está bajo.

Ahorros

Préstamos

BANCO

Interés

Pagos del préstamo más intereses

AHORRISTA

PRESTATARIO

5. **Escribe** cómo el banco beneficia a los ahorristas, a los banqueros y a los prestatarios.

....

....

....

¿Entiendes?

6. Idea principal y detalles ¿Qué tienen en común los paquetes atractivos y las rebajas de las tiendas?

....

....

7. **Piensa** en el producto o servicio que ofrecerás. ¿Qué incentivos podrías usar para animar a los clientes a comprar?

mi Historia: Ideas

....

....

¡Para! Necesito ayuda ....

¡Espera! Tengo una pregunta ....

¡Sigue! Ahora sé ....

Lección 4

Una economía global

Cada uno de estos músicos aprendió a tocar bien un instrumento.

En el pasado, muchos bienes se transportaban en barcazas, es decir, botes con fondo plano. Las mulas tiraban de la barcaza.

Algunos de los bienes que tu familia usa probablemente se producen en tu comunidad. Es posible que la leche se produzca en una tienda de lácteos local o que el pan se haga en la panadería del vecindario. Sin embargo, la mayoría de los bienes se producen en otros lugares. Tu comunidad está conectada con todo el mundo en una red de comercio.

Comercio, antes y ahora

El transporte es lo que permite el comercio y los servicios entre distintos lugares. Los productos agrícolas pueden traerse del campo a la ciudad. Los bienes de las fábricas pueden llevarse de la ciudad al campo. Los duraznos de Georgia pueden comprarse en Illinois. Un paquete de Texas puede enviarse a un negocio en Michigan. Ningún lugar puede proporcionar todo lo que necesitan las personas que viven allí. Cada región depende de las demás.

En la actualidad, muchos bienes se envían en contenedores enormes dentro de grandes buques de carga.

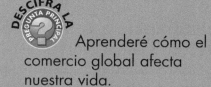
¿Sería mejor que cada músico aprendiera a tocar todos los instrumentos o un solo instrumento?

Vocabulario

innovación   especialización

importación   productividad

exportación   subcontratación

división del
trabajo

El comercio ha existido durante miles de años. Sin embargo, mientras que antes las barcazas, los furgones y las diligencias tardaban semanas o meses en hacer una entrega, en la actualidad un avión puede recorrer esas mismas distancias en horas. Los buques de carga actuales pueden transportar muchos más bienes que antes. Además, pueden transportarlos a un precio mucho más barato. Se envían y reciben más bienes en todo el mundo que en ningún otro momento de la historia.

Nuevas tecnologías

Algunos medios de transporte como los barcos supergigantes, los aviones jumbo y los trenes de alta velocidad son **innovaciones,** es decir, inventos o formas nuevas de hacer las cosas. Esas innovaciones han ayudado a unir al mundo.

Las innovaciones también cambiaron las comunicaciones, es decir, la forma de compartir la información. Las computadoras, Internet y el correo electrónico hicieron que la comunicación global sea más rápida y barata. La información puede viajar de un lugar a otro de manera casi instantánea.

Tanto las innovaciones en las comunicaciones como en el transporte permiten a las compañías hacer negocios con países de todo el mundo. Pueden comprar recursos en lugares distintos. Los negocios pueden tener fábricas en diferentes países. Hace años, los jefes de las compañías quizá tardaban horas en ir a sus fábricas. Hoy, pueden dirigirlas con una videocámara.

Estas innovaciones influyen en nuestra vida cotidiana. Es posible que tu computadora se haya fabricado en China con partes hechas en los Estados Unidos. Puedes comer fresas en invierno porque se cultivan en alguna parte del mundo donde es verano.

1. **Haz una lista** con dos innovaciones en las comunicaciones que han aumentado la globalización.

   ....

   ....

   ....

   ....

Globalización e interdependencia

El proceso por el cual los bienes y las ideas se distribuyen entre los distintos países se llama globalización. Recientemente, la importación y exportación de bienes y servicios en todo el mundo hizo crecer el comercio. Las **importaciones** son los bienes que se traen desde otro país para venderlos aquí. Las **exportaciones** son los bienes que se envían a otros países para que se vendan allá. Por ejemplo, es posible que se importen bananas e higos a los Estados Unidos, mientras que quizá se exporten trigo y manzanas a otros países.

La globalización hace que los consumidores y los productores de distintos países estén más conectados. Una compañía puede usar partes o servicios de todo el mundo para fabricar un producto, como el carro del mapa de abajo.

Para hacerlo, la compañía puede tener fábricas y trabajadores en muchos sitios fabricando el producto. Después, puede vender el producto a consumidores de casi cualquier parte. Con la globalización, el mundo se ha transformado en un mercado gigante. Esta conexión económica entre los países se llama interdependencia. Quiere decir que la economía de un país depende de la economía de otros países para crecer.

2. ◉ **Idea principal y detalles** En el mapa se muestra un carro que se fabrica en Michigan. **Escribe** por qué el carro es un ejemplo de globalización.

....

....

....

....

....

....

....

Fabricación de carros

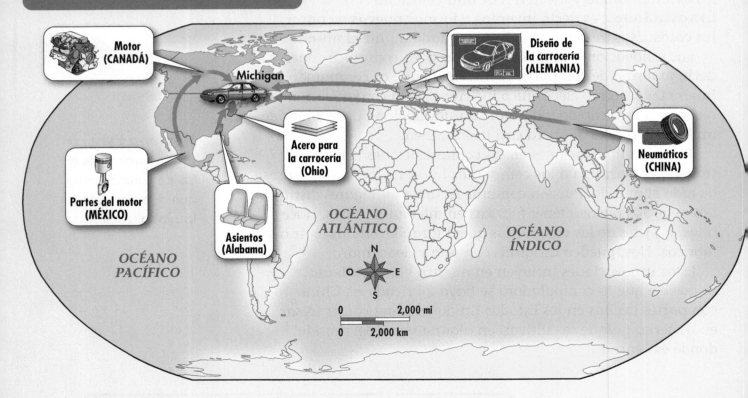

Motor (CANADÁ)

Michigan

Diseño de la carrocería (ALEMANIA)

Acero para la carrocería (Ohio)

Neumáticos (CHINA)

Partes del motor (MÉXICO)

Asientos (Alabama)

OCÉANO ATLÁNTICO

OCÉANO PACÍFICO

OCÉANO ÍNDICO

N O E S

0   2,000 mi
0   2,000 km

Especialización y productividad

El mapa de la fabricación del carro también es un ejemplo de **división del trabajo,** es decir, de la separación de un proceso de trabajo en trabajos distintos. En una fábrica de carros, un grupo monta el motor, mientras que otro pinta la carrocería. La tarea de fabricar el carro se dividió en distintos pasos.

La división del trabajo es lo que permite la **especialización.** La especialización es la habilidad de una compañía, un grupo o una persona de concentrarse en una sola tarea. Concentrarse en un solo trabajo ayuda a las personas a ser más rápidas y estar mejor preparadas en lo que hacen. Las personas que montan motores de carros no tienen que aprender a pintar el carro correctamente. La especialización muchas veces lleva a la innovación. Un experto en un producto o proceso probablemente estará más capacitado para descubrir formas de mejorarlo.

La especialización y la división del trabajo también pueden provocar un aumento en la **productividad.** La productividad es la cantidad que una compañía puede producir con una cierta cantidad de trabajo. Una persona que solo pinta carros puede pintar más rápido que una persona que también hace otros trabajos.

Cuando hay mayor productividad, puede haber un mayor crecimiento económico. Una compañía de carros que aumenta su productividad puede ofrecer más carros en la misma cantidad de tiempo. Por eso, probablemente será más barato producir esos carros. El ahorro en los costos se transfiere a los consumidores, lo que aumenta la demanda del carro. También significa que los consumidores tienen más dinero para gastar en otros bienes, como alimentos y ropa.

3. Mira la foto. Luego **encierra** en un círculo los distintos trabajos que crea la división del trabajo.

Beneficios y costos de la globalización

La globalización tiene muchos beneficios. Para los consumidores, la globalización implica tener más opciones. En el centro comercial, puedes escoger entre una gran selección de prendas y artículos electrónicos. Debido a la división del trabajo de la globalización, muchas veces puedes comprar estos bienes por menos dinero del que pagarías si se hubieran fabricado completamente en los Estados Unidos. Si una parte se puede fabricar a un menor costo en otro país, eso disminuye el costo del producto entero.

La globalización también puede aumentar la cantidad de empleos. Si los consumidores de otros países compran bienes estadounidenses, las compañías estadounidenses deberán contratar más trabajadores para fabricar, vender y enviar esos bienes.

La globalización también tiene sus costos. Aumenta la competencia entre las ventas y los trabajos. Por ejemplo, los granjeros que cultivan fresas en los Estados Unidos deben competir en las ventas con granjeros que cultivan fresas en México. Aunque se crean algunos empleos, también se pierden otros. Si los trabajadores de otro país trabajaran por menos dinero que los trabajadores de los Estados Unidos, las compañías estadounidenses quizá trasladarían algunos trabajos a ese país. Este proceso de contratar gente para que trabaje fuera de la compañía se llama **subcontratación.** La globalización ha provocado la competencia entre distintos países por una parte del trabajo mundial. La globalización también tiene costos ambientales. Por ejemplo, el combustible para los aviones, que se usan para llevar bienes a través del océano, contamina el aire.

4. **Mira** el mapa. **Encierra** en un círculo el socio comercial más importante de los Estados Unidos.

Los socios comerciales más importantes de los Estados Unidos, 2010

OCÉANO GLACIAL ÁRTICO

ALEMANIA 5

REINO UNIDO 6

FRANCIA 8

CANADÁ 1

ESTADOS UNIDOS

MÉXICO 3

OCÉANO PACÍFICO

OCÉANO ATLÁNTICO

BRASIL 10

CHINA 2

JAPÓN 4

COREA DEL SUR 7

TAIWÁN 9

OCÉANO ÍNDICO

Fuente: Oficina del Censo de los Estados Unidos

En el mapa se muestran los socios comerciales clave de los EE. UU. En 2010, los Estados Unidos importaron y exportaron la mayor cantidad de bienes con estas naciones.

5. Haz una lista de beneficios y costos de la globalización.

Globalización

Beneficios	Costos

6. ⊙ **Causa y efecto** ¿De qué manera la especialización provoca una mejora en la calidad de los productos?

....

....

....

....

7. ❓ **Piensa** en tu nuevo negocio. ¿Qué materiales o trabajadores necesitas para crear tu producto o tu servicio?

mi Historia: Ideas

....

....

....

⬜ **¡Para!** Necesito ayuda ....

⏸ **¡Espera!** Tengo una pregunta ....

▶ **¡Sigue!** Ahora sé ....

Guía de estudio

Lección 1

¿Qué es la economía?

- La economía satisface las necesidades y los deseos de las personas.
- Cada economía responde a tres preguntas: ¿Qué habría que producir? ¿Cómo habría que producirlo? ¿Para quién habría que producirlo?
- Los Estados Unidos tienen una economía de mercado.

Lección 2

El comercio y los mercados

- En la economía moderna, el dinero se cambia por bienes y servicios.
- Los negocios satisfacen la demanda de bienes y servicios.
- Los empresarios asumen riesgos al comenzar un nuevo negocio con la esperanza de obtener una ganancia.

Lección 3

La gente y la economía

- Los individuos y las familias toman decisiones económicas todos los días.
- Nuestras decisiones están moldeadas por nuestras necesidades y nuestros deseos, y también por la escasez.
- Los bancos cumplen un papel importante en nuestra economía al conectar a los ahorristas con los prestatarios.

Lección 4

Una economía global

- Las innovaciones en el transporte y las comunicaciones permitieron el aumento del comercio entre los países.
- La especialización y la división del trabajo aumentaron la productividad.
- La globalización tiene beneficios y costos.

Lección 1

¿Qué es la economía?

1. **Subraya** los deseos de la siguiente lista. **Encierra** en un círculo las necesidades.

   - alimentos

   - boletos de cine

   - vivienda

   - lecciones de patinaje

2. **Escribe** el nombre de cinco partes, o sectores, de la economía y los estados en los que son particularmente importantes.

   ....

   ....

   ....

   ....

   ....

   ....

3. **Encierra** en un círculo la letra del enunciado sobre el sistema de libre empresa que es verdadero.

   A. El gobierno decide qué bienes se pueden vender.

   B. El gobierno decide qué servicios se pueden ofrecer.

   C. Los productores pueden decidir qué bienes o servicios vender.

   D. Los productores no pueden decidir qué cantidad producir.

Lección 2

El comercio y los mercados

4. **Completa** los espacios en blanco. Un .... está dispuesto a asumir .... con la esperanza de que su negocio obtenga una ganancia.

5. ◉ **Idea principal y detalles**
   Escribe sobre un problema que tenía el sistema de trueque que se resolvió con el uso de una moneda corriente.

   ....

   ....

   ....

   ....

   ....

   ....

   ....

6. **Une** cada palabra con su definición.

   _____ inflación   A. suba en el precio de muchos bienes y servicios

   _____ moneda corriente   B. cantidad de un producto que los negocios tienen para vender

   _____ oferta   C. tipo de dinero que se usa en un lugar en particular

Lección 3

La gente y la economía

7. Completa los espacios en blanco. Un _____ paga intereses a los ahorristas. Da _____ a los prestatarios.

8. Encierra en un círculo la letra del enunciado que representa un incentivo monetario.

A. paquetes llamativos

B. una rebaja del 50%

C. un anuncio en la televisión

D. un cartel en la autopista

Lección 4

Una economía global

9. Escribe una "H" si la oración es un hecho. **Escribe una "O"** si es una opinión.

- Debido a las innovaciones en el transporte, los bienes se pueden entregar más rápido en la actualidad que en el pasado. _____

- Los productos que se fabrican en la misma comunidad son mejores que los que se fabrican a millas de distancia. _____

10. Escribe cómo la especialización puede ayudar a un trabajador a mejorar sus destrezas.

....

....

....

....

11. ❓ **¿Cómo satisface la economía nuestros deseos y nuestras necesidades?**

Describe cómo en la foto se muestra una necesidad o un deseo que cubre la economía.

....

....

....

....

....

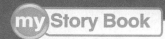

Conéctate en línea para escribir e ilustrar tu **myStory Book** usando **miHistoria: Ideas** de este capítulo.

¿Cómo satisface la economía nuestros deseos y nuestras necesidades?

La economía de los Estados Unidos ayuda a las familias y a las personas a satisfacer sus necesidades básicas y muchos de sus deseos. Participar en esta economía significa tomar decisiones sobre tus gastos, tu profesión y tus destrezas.

Piensa en el papel que tendrás en la economía de los Estados Unidos en el futuro. **Escribe** cómo puedes prepararte para formar parte de ella.

....

....

....

....

Haz un dibujo que te muestre en una actividad que forma parte de la economía.

Mientras estás en línea, dale un vistazo a **myStory Current Events,** donde puedes crear tu propio libro sobre un tema de actualidad.

Las regiones: El Noreste

mi Historia: ¡Despeguemos!

¿Cómo influye el lugar donde vivimos en quiénes somos?

A principios del siglo XVII, comenzaron a llegar al Noreste personas de Europa que buscaban una nueva vida. ¿Qué cambia cuando una persona se va a vivir muy lejos, a un nuevo hogar?

....

....

....

....

Central Park está en el centro de Manhattan.

La Ciudad de Nueva York

Una ciudad interesante y variada

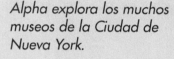

Alpha tiene diez años y está orgulloso de ser neoyorquino. Vive en Staten Island, uno de los cinco distritos municipales, o las partes, que forman la Ciudad de Nueva York. Alpha piensa que esta es una de las mejores ciudades para vivir. "¿Saben por qué me encanta esta ciudad?", pregunta Alpha. "Porque es muy emocionante. Cada vecindario tiene su historia, y hay cosas divertidas para ver y para hacer en todas las esquinas".

Alpha visita algunos vecindarios del distrito de Manhattan. Manhattan es famosa por sus edificios altos. Aquí viven más de 1 millón de personas y muchas más vienen a trabajar. También hay decenas de museos, como el Metropolitano, o el "Met". "El Met es fantástico. Adentro hay momias, caballeros con armaduras y, ¡claro!, muchas pinturas", dice Alpha. Manhattan también tiene teatros famosos, como el Apollo.

Alpha explora los muchos museos de la Ciudad de Nueva York.

137

En muchas tiendas y restaurantes de la Pequeña Italia se sirven alimentos que puedes encontrar en Italia.

Muchas personas visitan el Barrio Chino para ir de compras y a comer.

La Estatua de la Libertad es un símbolo de esperanza para muchos de los recién llegados.

En algunos aspectos, la Ciudad de Nueva York no se parece a ninguna otra ciudad del mundo, pero en otros, es semejante a muchas ciudades del Noreste. Al igual que otras ciudades de la región, como Filadelfia, en Pennsylvania, la Ciudad de Nueva York se fundó como una ciudad portuaria. Y, tal como Boston, Massachusetts, es conocida por su historia y su cultura.

En el siglo XIX, Nueva York fue una puerta de entrada para las personas que querían mudarse a los Estados Unidos. Muchos de estos inmigrantes vinieron a este país a través del Centro de Inmigración de la isla Ellis, en la bahía de Nueva York. Desde la punta de Manhattan, mirando sobre el agua, Alpha ve el mismo sitio de interés que millones de inmigrantes vieron por primera vez cuando llegaban a Nueva York: la Estatua de la Libertad. "Probablemente hayan visto fotos de la Estatua de la Libertad, pero es aún más increíble en persona", dice Alpha.

Muchos inmigrantes se quedaron en la Ciudad de Nueva York y construyeron comunidades como la Pequeña Italia y el Barrio Chino. Estas comunidades continúan creciendo en la actualidad, y se distinguen por los idiomas, la cultura y las comidas de las personas que se establecieron en ellas. A Alpha le gusta caminar por las calles estrechas y disfrutar de los paisajes, los sonidos y los sabores de las diferentes comunidades. "El Barrio Chino está en el Lower East Side de Manhattan; es un vecindario antiguo", dice Alpha. "Me gusta oír a la gente que habla diferentes idiomas, ¡y me encanta probar la comida!".

Wall Street es un centro bancario desde el siglo XIX.

Alpha viaja en tren subterráneo para recorrer la Ciudad de Nueva York.

No muy lejos del Barrio Chino está Wall Street. Es el corazón de la industria bancaria de la Ciudad de Nueva York, y también uno de los centros bancarios más grandes del mundo. "Aquí, millones de dólares cambian de manos todos los días", dice Alpha. En este lugar está la Bolsa de Valores de Nueva York y también parte de la Reserva Federal, el sistema bancario central de los Estados Unidos.

Como hay tantas personas que trabajan y que viven en la Ciudad de Nueva York, desplazarse puede resultar difícil. Es más fácil porque parte del tráfico circula bajo tierra, y la Ciudad de Nueva York tiene el sistema de trenes subterráneos más grande de los Estados Unidos. Más de 5 millones de personas toman el subterráneo cada día, de lunes a viernes. "A veces hay demasiada gente", admite Alpha. "Pero es mucho más rápido que quedar atrapado en un embotellamiento".

En su viaje hacia el norte de Manhattan, Alpha disfruta de la tranquilidad de Central Park. Central Park tiene más de 800 acres de espacio abierto. "No es un parque común", dice Alpha. "Además de columpios, toboganes y estanques, también tiene una pista de patinaje sobre hielo, un teatro al aire libre y mi lugar favorito: un zoológico".

La Ciudad de Nueva York alberga muchos sitios de interés y también a millones de personas. Al igual que Alpha, aquí la gente puede disfrutar de diferentes culturas, caminar por sitios históricos, y relajarse o estar en el centro de la acción.

Piénsalo Según esta historia, ¿en qué se parecen y en qué se diferencian el lugar donde vive Alpha y tu ciudad o pueblo? A medida que lees el capítulo, piensa en cómo influye el lugar donde vivimos en quiénes somos.

La tierra del Noreste

Lección 1

¡Imagínalo!

Las cataratas del Niágara, en Nueva York, son uno de los muchos accidentes geográficos únicos que se pueden ver en el Noreste.

En algunas partes de Pennsylvania, la tierra se usa para la agricultura y la ganadería.

Muchas personas escogen vivir en la región Noreste de los Estados Unidos. ¿Qué hace tan especial a esta región? ¿Es la tierra? ¿La gente? ¿La historia? En realidad, son todas estas cosas.

Bienvenidos al Noreste

La región Noreste es una región variada. Es famosa por la belleza de su paisaje. Tiene colinas ondulantes, montañas, granjas y bosques espesos. Tiene ciudades grandes y activas, y también pueblos pequeños y tranquilos. Cerca de sus playas hay numerosas ciudades costeras. La región tiene ríos rápidos, lagos y las cataratas del Niágara, con sus estruendosas aguas. También hay árboles con colores brillantes en el otoño. En el invierno, las tormentas suelen cubrir la tierra de nieve. Toda esta variedad se puede encontrar en la región más pequeña de los Estados Unidos.

Vocabulario

faro   glaciar

península

sonda

Escribe el nombre de un lugar del Noreste que te gustaría visitar.

El Noreste está formado por 11 estados: Maine, New Hampshire, Vermont, Massachusetts, Rhode Island, Connecticut, Nueva York, Nueva Jersey, Pennsylvania, Maryland y Delaware. De estos estados, ocho están entre los más pequeños del país. Al este de la región se encuentra el océano Atlántico. Al norte está el Canadá. El Noreste también limita con dos de los cinco Grandes Lagos.

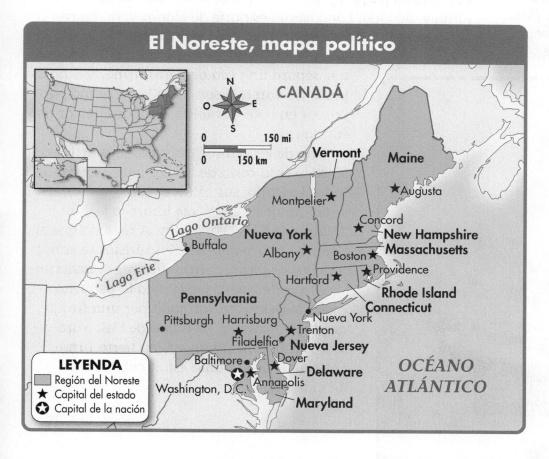

El Noreste, mapa político

CANADÁ

Vermont

Maine

★Augusta

Montpelier ★

Concord

Lago Ontario

★

Nueva York

New Hampshire

• Buffalo

Massachusetts

Albany ★

Boston ★

Lago Erie

Hartford ★

• Providence

Pennsylvania

Rhode Island
Connecticut

Pittsburgh

Harrisburg

Nueva York

•

★

• Trenton

Filadelfia •

Nueva Jersey

Baltimore •

Dover

OCÉANO
ATLÁNTICO

Washington, D.C.

★

Delaware

Annapolis

LEYENDA
- Región del Noreste
- ★ Capital del estado
- ✪ Capital de la nación

Maryland

0   150 mi

0   150 km

1. **Encierra** en un círculo los límites norte y oeste de la región. Luego **escribe** el nombre de los lagos que forman parte del límite noroeste de la región.

....

....

....

....

La costa atlántica

Todos los estados del Noreste, menos Pennsylvania y Vermont, limitan con el océano Atlántico. La costa atlántica es extensa e irregular porque las bahías modelan la tierra. En muchos estados, como Maine, hay islas cerca de la costa.

La costa de Maine es conocida por la belleza de sus formaciones. También es famosa porque allí está el punto más oriental de la nación: el Parque Estatal Quoddy Head. En Quoddy Head y en otros lugares de la costa atlántica, las olas se estrellan contra las rocas y los acantilados. Docenas de faros bordean la costa. Un **faro** es una torre que tiene una luz brillante en la parte superior, llamada linterna. La linterna brilla para guiar a los barcos que navegan por el mar durante la noche.

Algunos de los barcos que viajan a lo largo de la costa atlántica atracan en uno de los puertos de Massachusetts. La gente también viene al estado para visitar el cabo Cod. El Cabo, como se lo suele llamar, se adentra en el océano Atlántico. Es una **península**, es decir, una porción de tierra que está casi toda rodeada de agua.

Un poco más al sur, cerca de la costa, está Long Island, que en español quiere decir "isla alargada". En el mapa de la próxima página puedes ver que se llama así por su forma larga y delgada. Long Island es parte de Nueva York. Entre Long Island y la costa de Connecticut se encuentra la sonda de Long Island. Una **sonda** es un canal de agua que separa una isla de tierra firme. Muchas personas van a la sonda de Long Island para pasear en bote. También van para pescar en sus aguas.

Uno de los centros turísticos más activos del Noreste es la costa de Nueva Jersey. Durante todo el verano, sus cálidas playas de arena se llenan de turistas, que también visitan Atlantic City y el cabo May. A medida que el tiempo se hace más frío, los turistas se van, y muchos negocios cierran durante el invierno.

Al sur de Nueva Jersey está la pequeña costa de Delaware, formada por una franja de playa de arena. La bahía de Delaware se adentra profundamente en tierra firme. Las orillas de la bahía están cubiertas de marismas.

En el invierno, las tormentas llamadas "nor'easters", es decir, las del noreste, azotan la costa de la región. Recibieron ese nombre porque durante las tormentas soplan vientos del noreste. Estas tormentas suelen traer viento, fuertes olas y mucha nieve.

El Noreste, mapa físico

0 — 150 mi
0 — 150 km

N
O — E
S

R. San Lorenzo

CANADÁ

Monte Katahdin
5,267 pies (1,605 m)

Monte Mansfield
4,393 pies (1,339 m)

ME

Montes White

West Quoddy Head

Lago Champlain
Monte Marcy
5,344 pies (1,629 m)

VT

Montes Green

Monte Washington
6,288 pies (1,917 m)

Montes Adirondack

NH

Lago Ontario

R. Hudson

Buffalo

Cataratas del Niágara

NY

Bahía de Massachusetts

Boston

Lago Erie

MONTES APALACHES

Montes Catskill

CT RI

Cabo Cod

MA

Bahía Naragansett
Sonda de Long Island

Montes Allegheny

Montaña Bear
1,284 pies (391 m)

PA

Long Island
Nueva York

OCÉANO ATLÁNTICO

Monte Davis
3,213 pies (979 m)

Filadelfia

NJ

Atlantic City

MD

DE

Cabo May

Bahía de Delaware

Washington, D.C.

Bahía de Chesapeake

LEYENDA
▢ Región Noreste
▲ Pico montañoso

La cordillera de los montes Apalaches

En el Noreste se encuentran unas de las montañas más antiguas de la Tierra. Son los montes Apalaches. Esta cordillera se extiende cerca de 2,000 millas desde Alabama, en la región Sureste, hasta el Canadá, al norte.

La cordillera de los montes Apalaches está formada por varias cordilleras más pequeñas. En el Noreste, la forman los montes White de New Hampshire, los montes Green de Vermont, los montes Catskill de Nueva York y los montes Allegheny de Pennsylvania.

En los montes White está el monte Washington, la montaña más alta del Noreste. Esta montaña también es considerada el lugar con el peor clima de la región y de la nación. Debido a su gran altitud y a que está ubicada en el camino de las tormentas, en esa montaña a menudo soplan fuertes vientos. Tan fuertes que en 1934 ¡los vientos superaron las 200 millas por hora!

Los montes Green atraviesan Vermont de norte a sur. Recibieron ese nombre por los árboles de hojas perennes que cubren gran parte de las laderas. Las intensas nevadas invernales que se producen en los montes Green y en los montes White los convierten en lugares favoritos para practicar deportes de invierno.

2. **Localiza** los picos montañosos. **Encierra** en un círculo las montañas más altas de los estados de Nueva York y New Hampshire.

Oso negro en los montes Adirondack

3. ⊙ **Hacer generalizaciones**
Completa la oración.
La gente visita las montañas del Noreste

....

....

La navegación en rápidos es una actividad muy popular en el Noreste.

Los montes Catskill están al norte de la Ciudad de Nueva York. Los valles de estas montañas son empinados y rocosos, y sus laderas son boscosas. Tanto los caminantes como los esquiadores disfrutan de sus hermosas vistas. Algunos artistas también visitan la zona para tomar fotografías o pintar cuadros.

Otra de las principales cordilleras de Nueva York son los montes Adirondack. Hace mucho tiempo, los **glaciares,** es decir, enormes mantos de hielo, tallaron estas y otras montañas en toda la región. A medida que los glaciares se fueron derritiendo, se formaron lagos y lagunas. También se formaron bosques. Gran parte de la tierra de los Adirondack forma parte de un parque estatal protegido. De hecho, el parque Adirondack es el parque estatal más grande de los Estados Unidos. Visitantes de todos lados se acercan para acampar, nadar, hacer excursiones y patinar sobre hielo. Además, hay mucha vida silvestre para observar, como alces, osos negros y gatos monteses.

Muchas personas también viajan a los montes Allegheny. Estas montañas se extienden de norte a sur, desde Pennsylvania hasta Virginia. También son conocidas por sus vistas majestuosas. Allí los turistas pueden practicar el esquí a campo traviesa, hacer caminatas, pescar y ver venados de cola blanca.

Lagos y ríos

En el Noreste abundan los arroyos, ríos y lagos. El lago Erie, el lago Ontario y el lago Champlain son algunos de los lagos más grandes del Noreste. A estos y otros lagos de la región no solo se los valora por su belleza y las actividades recreativas, sino también porque son recursos naturales. Los lagos proporcionan agua potable.

Los cuatro ríos más grandes de la región, entre ellos el río Hudson, desembocan en el océano Atlántico. Al igual que los lagos, los ríos del Noreste se usan para nadar y pasear en bote. Algunos ríos también se usan para la navegación en rápidos.

Los ríos del Noreste se han usado para el transporte desde hace muchos años. En los siglos XVII y XVIII, los ríos eran las principales rutas de transporte de los colonos. Muchas ciudades, como la Ciudad de Nueva York, Nueva York, y Baltimore, Maryland, se construyeron en las desembocaduras de los ríos. La desembocadura es el lugar donde un río entra en una masa de agua más grande, como una bahía o un océano. Estas ciudades eran puertos importantes para llevar personas y bienes al otro lado del océano Atlántico desde y hacia Europa.

En la actualidad, las personas siguen transportando bienes por los ríos de la región. Grandes barcos de carga transportan vehículos, petróleo, frutas y otros bienes por ríos como el Delaware y el Hudson.

El río Hudson

¿Entiendes?

4. ⊙ **Hacer generalizaciones Escribe** una generalización sobre el Noreste.

....

....

....

5. ❓ Tú y tu familia deciden viajar al Noreste. **Escoge** un lugar para visitar durante tu viaje y descríbelo. ¿Por qué escogiste ese lugar?   **mi Historia: Ideas**

....

....

....

⬛ **¡Para!** Necesito ayuda ....

⏸ **¡Espera!** Tengo una pregunta ....

▶ **¡Sigue!** Ahora sé ....

Lección 2

Los recursos del Noreste

¡Imagínalo!

Estas imágenes muestran recursos naturales y productos del Noreste.

Vermont y Nueva York son los dos estados con mayor producción de miel de maple. En un año, los dos estados produjeron más de 1 millón de galones de miel de maple.

Al igual que en otros lados, la gente del Noreste depende de los recursos naturales para vivir. Por suerte, esta región tiene muchos recursos para ofrecer. Varios de esos productos provienen de los bosques del Noreste.

Recursos forestales

La gente ha usado recursos forestales de muchas maneras diferentes. En el pasado, los indígenas americanos usaban la madera de los árboles para construir casas y vallas. También tallaban botes de madera. En el siglo XVII, los colonos también construían cosas con madera. Además, talaban los bosques para despejar el suelo y establecer granjas.

Maine, New Hampshire y Vermont son los estados con más bosques de la región. Allí la industria maderera es importante. Los trabajadores de esa industria talan árboles para obtener madera, papel y otros productos.

Los arces azucareros son otro recurso forestal. Estos árboles crecen por todo el Noreste. De ellos se obtiene la miel de maple. Para hacer la miel, se perforan los troncos de los árboles y se colocan picos en los orificios. Así se puede recoger la savia que sale. Luego la savia se hierve en grandes recipientes. Después de muchas horas, el agua se evapora y lo que queda es la miel de maple.

1. ◉ **Secuencia** **Escribe** los pasos en el orden correcto.

.... Recoger la savia de los árboles en cubetas.

.... Perforar los troncos de los árboles y colocar picos en los orificios.

.... Hervir la savia hasta que lo único que queda es la miel de maple.

146

1. árboles

_____

2. vacas lecheras

_____

3. manzanas

_____

Escribe el nombre de un producto que se puede hacer con cada uno de los ejemplos.

Aprenderé que el Noreste es rico en recursos naturales y que allí se hacen muchos productos.

Vocabulario

mineral	ciénaga
cantera	turista
sobrepesca	

Recursos de la tierra

Algunos de los recursos naturales más valiosos del Noreste se encuentran en la tierra. Por ejemplo, Pennsylvania tiene depósitos subterráneos de carbón. El carbón se usa como combustible. En la región también hay minerales valiosos. Un **mineral** es un material sin vida que se encuentra en la tierra. La mayoría de las piedras o rocas, como el granito y el mármol, están formadas por minerales. Estos materiales se suelen usar en la construcción.

New Hampshire es famoso por sus canteras de roca. Una **cantera** es un lugar donde la roca se extrae de la tierra, ya sea desenterrándola, cortándola o por medio de explosiones. De hecho, el sobrenombre del estado es Estado del Granito.

Vermont también tiene grandes cantidades de granito y mármol. La primera cantera de mármol de Vermont se creó en Dorset, en 1785. El mármol de Vermont se ha usado en sitios de interés muy famosos, como la Biblioteca Pública de Nueva York y el edificio de las Naciones Unidas, en la Ciudad de Nueva York.

Los dos lados angostos del edificio de las Naciones Unidas están recubiertos con mármol de Vermont.

Recursos hídricos

El océano Atlántico es otro recurso importante del Noreste. Durante cientos de años, la pesca ha sido una manera de ganarse la vida en la costa. Con el tiempo, los pescadores mejoraron sus equipos y sus barcos. Esto les permitió permanecer en el océano por más tiempo y capturar más peces. En la década de 1970, el número de las poblaciones de peces disminuyó drásticamente en muchas zonas del Noreste. Uno de los principales motivos fue que en esas aguas había sobrepesca. La **sobrepesca** ocurre cuando se capturan peces sin dar tiempo a que los procesos naturales puedan reemplazarlos. Al haber menos peces, menos personas podían vivir de la pesca. En la actualidad, se buscan soluciones para la sobrepesca. A menudo se fijan límites a la cantidad de peces que se pueden capturar.

La gente del Noreste también pesca otros animales marinos, como los mariscos y los cangrejos. El estado de Maine es conocido por sus langostas. Muchos pescadores de langostas usan la misma técnica desde hace años. Primero sumergen en el agua una trampa con carnada. Algunos días más tarde, los pescadores recogen las trampas y se llevan las langostas. Maryland, en la bahía de Chesapeake, es famosa por sus cangrejos azules. Los pescadores usan redes o jaulas con carnada para atraparlos.

Cangrejo azul de Maryland

Los ríos son otro recurso. Muchos ríos del Noreste se usan como fuente de agua potable. Las aguas del río Niágara, cerca de las cataratas del Niágara, se usan para generar electricidad en plantas de energía. El río Niágara proporciona electricidad a gran parte de Nueva York.

2. ⊙ **Causa y efecto** **Completa** el diagrama con el efecto que falta.

La sobrepesca en el Noreste

Efecto

Causa

| Había sobrepesca en las aguas. |

→

→ Se redujo la industria pesquera del Noreste.

Agricultura en el Noreste

Los estados del Noreste en los que hay más granjas son Nueva York y Pennsylvania. De hecho, aproximadamente un tercio de los espacios abiertos de ambos estados es tierra de cultivo. Las granjas de Nueva York producen varios tipos de cultivos, como manzanas y uvas. Nueva York también tiene muchas granjas lecheras. En Pennsylvania, se crían vacas lecheras, ganado vacuno, cerdos, pollos y ovejas.

En Nueva Jersey, New Hampshire y Vermont también hay muchas granjas. Los agricultores de Nueva Jersey cultivan muchos tipos de frutas y verduras. La mayoría de las granjas de Vermont son lecheras. De hecho, Vermont es uno de los principales productores de leche del Noreste.

En algunas partes de la región, como en Maine, el suelo es rocoso y poco fértil para la mayoría de los cultivos. Además, el clima es más frío. Pero ciertos cultivos, como las papas y los arándanos azules, crecen bien.

En Massachusetts, los arándanos rojos son uno de los principales cultivos. Estas bayas rojas y ácidas crecen en zonas húmedas y pantanosas llamadas **ciénagas.** Las ciénagas que están cerca del cabo Cod son perfectas para cultivarlas.

Para cosechar los arándanos rojos, los agricultores inundan las ciénagas.

3. **Estudia** el mapa y la leyenda del mapa. **Encierra** en un círculo los cultivos que crecen en climas fríos o en pantanos húmedos.

El Noreste, uso de la tierra

0   150 mi
0   150 km

CANADÁ

VT

ME

Lago Ontario

NH

Lago Erie

NY

MA

RI

CT

PA

NJ

OCÉANO ATLÁNTICO

MD   DE

LEYENDA
- Agricultura
- Bosque
- Área urbana
- Miel de maple
- Peces/mariscos
- Roca/mármol
- Productos lácteos
- Verduras
- Frutas
- Papas
- Arándanos rojos

Visitantes del Noreste

Vermont es un estado con muchas montañas y abundante nieve. En ciertas partes de los montes Green, cae aproximadamente un promedio anual de 10 pies de nieve. En algunos estados, esa cantidad de nieve podría representar un problema. En Vermont, es un recurso. La nieve atrae a los **turistas,** es decir, a los visitantes, que quieren practicar el esquí. Los esquiadores son importantes para mantener la industria del turismo estatal. Esta industria incluye centros de esquí, hoteles y restaurantes. Estos lugares están activos en el verano y en el invierno, al servicio de los esquiadores, los caminantes y otros visitantes.

La industria del turismo también es importante en otros estados del Noreste. Los montes Adirondack, y las montañas y los lagos de New Hampshire atraen turistas todo el año. Lo mismo ocurre con ciudades como Boston, Massachusetts, y la ciudad de Nueva York, Nueva York. Las comunidades costeras, desde Maine hasta Maryland, atraen a muchos turistas durante el verano.

Muchas personas de todo el Noreste dependen del turismo para vivir. Los trabajadores de la industria del turismo hacen muchos trabajos diferentes. Limpian las habitaciones de los hoteles y sirven la comida. Operan las telesillas y organizan visitas guiadas. También venden camisetas y alquilan bicicletas.

4. ⊙ **Hacer generalizaciones Subraya** una oración que tenga una generalización sobre la industria del turismo en el Noreste.

En Rhode Island, los turistas hacen visitas guiadas a los edificios históricos.

5. Esta foto muestra a unos niños que practican *snowboard* en el Noreste. **Escribe** una leyenda que explique cómo ayudan a las industrias de la región.

....

....

....

....

....

6. ⊙ **Hacer generalizaciones Haz** una generalización sobre la sobrepesca en el Noreste.

....

....

....

7. ❓ ¡Buenas noticias! Tu familia se mudará al Noreste porque tus padres consiguieron trabajo allí. ¿Dónde vivirá tu familia y qué trabajo tendrán tus padres?

mi **Historia: Ideas**

....

....

....

....

◻ **¡Para!** Necesito ayuda ....

❚❚ **¡Espera!** Tengo una pregunta ....

▶ **¡Sigue!** Ahora sé ....

Lección 3

La cuna de nuestra nación

¡Imagínalo!

Estas imágenes muestran cómo se vestían los indígenas americanos wampanoags y los colonos ingleses en el siglo XVII.

Plimoth Plantation es una reproducción de una de las primeras aldeas inglesas. Allí se puede ver cómo puede haber sido el asentamiento en 1627. También muestra una reproducción de la vivienda wampanoag, llamada wetu (arriba).

Muchos de los sucesos que dieron origen a la nación ocurrieron en el Noreste. De hecho, una de las primeras colonias estaba situada en lo que ahora es Massachusetts. En 1620, algunos ingleses llegaron a la costa. Construyeron un asentamiento al que llamaron Plymouth. Al poco tiempo, hubo un invierno muy frío. Muchos de los pobladores lograron sobrevivir gracias a la ayuda de los wampanoags, un grupo de indígenas americanos.

Indígenas americanos del Noreste

Mucho antes de que los pobladores ingleses llegaran a Plymouth, había muchos grupos diferentes de indígenas en la región. Vivían en los bosques y a lo largo de la costa. Cada grupo tenía creencias, idioma, gobierno y forma de vida propios.

Los wampanoags construían sus aldeas en los bosques. Cada aldea tenía su propio jefe, o **sachem.** Las familias vivían en **wetus** que construían con postes y cubrían con cortezas de árboles o tapetes de caña. Vestían ropa hecha de pieles de venado y de otros animales. Los wampanoags cazaban, pescaban y cultivaban maíz y otras verduras.

Los wampanoags enseñaron a los colonos a plantar, pescar y cocinar como ellos. Estas destrezas ayudaron a los colonos a adaptarse a la tierra. Los ingleses habían traído consigo bienes de Europa, como armas, herramientas de metal y telas. Los wampanoags no conocían esas cosas.

Aprenderé que muchos de los sucesos que llevaron a la formación de los Estados Unidos ocurrieron en el Noreste.

Vocabulario

sachem

wetu

sufragio

¿Qué diferencias ves? Escríbelas en el recuadro.

Al principio, los wampanoags y los pobladores ingleses se ayudaban e intercambiaban objetos. Con el tiempo, más colonos llegaron a la región. Muchos de ellos se establecieron en las tierras donde vivían y cazaban los wampanoags. En 1675 se desató una guerra. En un año de lucha, murieron miles de wampanoags, narragansets y otros indígenas, y otros fueron obligados a irse de sus aldeas.

Tierra adentro vivían los mohawks, los oneidas, los onondagas, los cayugas y los senecas. En el siglo XVII, estos cinco grupos se unieron. Formaron la Confederación Iroquesa. La confederación los ayudó a vivir en paz. También los fortaleció en las batallas contra los colonos ingleses y de otros países europeos. Por muchos años, los iroqueses pudieron mantener a los demás fuera de su tierra.

1. **Marca** con una X dónde vivían los wampanoags. **Encierra** en un círculo los cinco grupos que formaban la Confederación Iroquesa.

Indígenas americanos del Noreste

LEYENDA
Región Noreste
El mapa muestra los límites actuales.

Penobscots
Abenakis
Mohawks
Pennacooks
L. Ontario
Senecas
Cayugas
Onondagas
Oneidas
Mohicanos
Pocomtucs
Massachusetts
Lago Erie
Pequots
Wampanoags
Narragansets
Susquehannocks
Montauks
Delawares
OCÉANO ATLÁNTICO
Conoys
0   150 mi
0   150 km
Nanticokes

Las colonias se independizan

Los ingleses siguieron estableciendo colonias en América del Norte. Hacia fines del siglo XVIII, había trece colonias inglesas a lo largo de la costa atlántica. Ocho de ellas estaban en lo que ahora es el Noreste. Cada colonia se había formado por una razón diferente. Rhode Island, Connecticut y New Hampshire fueron creadas por colonos de Massachusetts. Nueva York era una colonia neerlandesa que tomaron los pobladores ingleses. Pennsylvania fue fundada por William Penn. Penn quería una colonia donde las personas tuvieran libertad religiosa. Delaware se formó al separarse de Pennsylvania. El rey de Gran Bretaña entregó a líderes ingleses las colonias de Nueva Jersey y Maryland.

Las colonias pertenecían a Gran Bretaña. Sin embargo, los colonos seguían la tradición de autogobierno que habían aprendido de los primeros colonos. Los colonos tenían reuniones comunales para debatir y votar sobre distintos asuntos. Por su parte, los líderes británicos aprobaban leyes sobre las cuales no se les permitía votar a los colonos. Muchos colonos sentían que las leyes eran injustas y protestaron en su contra. Algunas de las primeras protestas vinieron de colonos del Noreste. En Boston, Massachusetts, Samuel Adams quería que los colonos se opusieran a las leyes.

Las tensiones entre los colonos y los líderes británicos aumentaban. Al poco tiempo, el rey tuvo que enviar soldados británicos a Boston para mantener el orden. En un enfrentamiento entre soldados y colonos, los disparos mataron a cinco personas. El primero que murió fue Crispus Attucks. El enfrentamiento se conoció como la Masacre de Boston, y provocó aún más protestas y enojo contra Gran Bretaña.

2. Estos retratos muestran a personajes importantes de las colonias. **Escribe** una oración por cada leyenda que falta.

Samuel Adams	Crispus Attucks	Abigail Adams
		Adams escribió cartas a favor de la libertad.

En 1775 se produjo la primera batalla de la Guerra de Independencia en la región del Noreste. Tuvo lugar en Lexington, un pueblo cercano a Boston, Massachusetts. Un año más tarde, los líderes coloniales se reunieron en otro lugar del Noreste, en Filadelfia, Pennsylvania. Allí escribieron la Declaración de Independencia. Este documento marcó el nacimiento de los Estados Unidos de América.

Un nuevo plan de gobierno

En 1787, tras el fin de la Guerra de Independencia, los líderes de los estados volvieron a reunirse en Filadelfia. Esta vez lo hicieron para lograr que los estados de la nación estuvieran más unidos. Los líderes pasaron tres meses redactando la Constitución de los Estados Unidos. Benjamin Franklin, de Pennsylvania, tuvo un papel fundamental. A los 81 años, era un líder respetado. Ayudó a resolver los desacuerdos entre los estados.

Una vez formado el gobierno de los Estados Unidos, la primera capital de la nación se estableció en el Noreste, en la Ciudad de Nueva York. Aquí George Washington prestó juramento como el primer presidente. En 1790, la capital se trasladó a Filadelfia. Estuvo allí hasta el año 1800, cuando se trasladó a la recientemente construida ciudad de Washington, D.C.

3. ◉ **Hacer generalizaciones**

Escribe una generalización sobre los sucesos que ocurrieron en el Noreste.

....

....

....

....

....

....

....

Joseph Brant

Brant fue un líder mohawk. Luchó contra los estadounidenses durante la Guerra de Independencia.

Benjamin Franklin

Phillis Wheatley

Wheatley, una poetisa de Boston, creció en la esclavitud. Su poesía celebraba el nacimiento de la nueva nación.

Los abolicionistas

Así como el Noreste desempeñó un papel importante en el comienzo de la nación, también lo hizo en la lucha de los estadounidenses por la igualdad de derechos. La Declaración de Independencia establece que "todos los hombres son creados iguales". Dice que todas las personas tienen derechos, incluido el derecho a "la vida, la libertad y la búsqueda de la felicidad". Sin embargo, cuando se escribió la Declaración, muchos estadounidenses no eran libres. Había africanos que trabajaban como esclavos en las colonias desde los primeros días de su asentamiento. En 1776, la esclavitud estaba permitida en los 13 estados.

Entre 1777 y 1827, la mayoría de los estados del Noreste, menos Maryland y Delaware, aprobaron leyes para terminar con la esclavitud. Muchas personas del Noreste querían abolir, o eliminar, la esclavitud en todos los Estados Unidos.

William Lloyd Garrison fue un líder abolicionista. En 1833, ayudó a formar en Filadelfia la Sociedad Antiesclavista Americana. Garrison era franco y valiente. Escribió "No retrocederé ni una sola pulgada... ¡Y HARÉ QUE ME ESCUCHEN!".

Muchos afroamericanos libres y antiguos esclavos formaban parte del movimiento. Frederick Douglass y Sojourner Truth habían sido esclavos. Viajaban y hablaban sobre cómo era la vida de un esclavo. Sus discursos convencieron a muchos de unirse en la lucha para terminar con la esclavitud. En 1865, se añadió la Decimotercera Enmienda a la Constitución de los Estados Unidos. La enmienda hacía ilegal la esclavitud en los Estados Unidos.

Stanton habló ante las casi 300 personas reunidas en la Convención de Seneca Falls.

Los derechos de la mujer

Muchas de las personas que trabajaban para terminar con la esclavitud también trabajaban para que las mujeres tuvieran igualdad de derechos. En el siglo XIX, las mujeres no tenían los mismos derechos que los hombres. No podían votar y, en la mayoría de los estados, no podían tener propiedades.

En 1848, Elizabeth Cady Stanton y Lucretia Mott organizaron una reunión pública para hablar sobre los derechos de la mujer. Fue una gran convención para este propósito especial. Tuvo lugar en Seneca Falls, Nueva York. Fue la primera convención por los derechos de la mujer organizada en los Estados Unidos.

En la Convención de Seneca Falls comenzó el movimiento por los derechos de la mujer. Susan B. Anthony fue una líder fundamental de este movimiento. Lideró la lucha por el **sufragio**, es decir, el derecho a votar, para las mujeres. En 1878 se presentó por primera vez en el Congreso una enmienda para otorgar el sufragio femenino. Sin embargo, la Decimonovena Enmienda de la Constitución de los Estados Unidos, que otorgó a las mujeres el derecho a votar, no se aprobó sino hasta 1920.

Al igual que muchos abolicionistas, Frederick Douglas apoyó los derechos de la mujer en Seneca Falls.

4. ⦿ **Secuencia** ¿Qué se logró primero: el fin de la esclavitud o el sufragio de la mujer?

....

¿Entiendes?

5. ⦿ **Idea principal y detalles** En la historia del Noreste hay ejemplos de conflictos y ejemplos de personas que trabajaron juntas. **Escribe** un ejemplo de cada caso.

....

....

....

....

6. ❓ El pueblo del Noreste en el que vives está cerca del lugar donde se peleó una batalla de la Guerra de Independencia. **Describe** qué podrías ver en el pueblo que muestre su historia.

mi Historia: Ideas

....

....

....

▢ **¡Para!** Necesito ayuda ....

❚❚ **¡Espera!** Tengo una pregunta ....

▶ **¡Sigue!** Ahora sé ....

El crecimiento y el cambio en el Noreste

¡Imagínalo!

La Estatua de la Libertad, en la bahía de Nueva York, indicaba a los recién llegados que estaban en los Estados Unidos.

Los inmigrantes han venido a los Estados Unidos desde hace cientos de años. Los pobladores que formaron las colonias eran inmigrantes. Después de que los Estados Unidos se convirtieron en una nación, vinieron muchos inmigrantes más.

Inmigrantes llegan al Noreste

Desde los comienzos del siglo XIX, llegaron al Noreste inmigrantes de muchas partes de Europa. De 1820 a 1860, la mayoría de los inmigrantes venían de Irlanda, Alemania y Gran Bretaña. Los inmigrantes que vinieron de una parte del norte de Europa llamada Escandinavia llegaron entre 1860 y 1890. Muchos de ellos se mudaron al Medio Oeste. Luego, de 1890 a 1910, llegaron inmigrantes de países del sur y del este de Europa.

1. **Marca** con una X la flecha del mapa que muestra la ola de inmigración más reciente.

Inmigración europea

AMÉRICA DEL NORTE

Nueva York

ESTADOS UNIDOS

OCÉANO ATLÁNTICO

0   1,000 mi
0   1,000 km

N O E S

Escandinavia

GRAN BRETAÑA

ALEMANIA

IRLANDA

EUROPA

ÁFRICA

LEYENDA

Desde Gran Bretaña, Irlanda y Alemania 1820–1860

Desde Escandinavia 1860–1890

Desde el sur y el este de Europa 1890–1910

El mapa muestra las fronteras actuales.

Aprenderé que los inmigrantes y el crecimiento de las industrias trajeron cambios en el Noreste.

Vocabulario

barco de vapor
patente
taller donde se explota al obrero
sindicato

¿Cómo piensas que se sentían cuando veían la estatua? Escribe tres palabras que podrían describir sus sentimientos.

Al igual que hoy, los inmigrantes venían a los Estados Unidos por muchas razones diferentes. Algunos buscaban empleo. En el Noreste, las ciudades crecían rápido y había mucho trabajo en las fábricas. Otros venían para cultivar su propia tierra. También había un grupo que quería escapar de la guerra o de una vida difícil en su país de origen. A todos los inspiraba la esperanza de un futuro mejor.

Muchos inmigrantes llegaban a las grandes ciudades portuarias del Noreste, como Boston y la Ciudad de Nueva York. El puerto de Nueva York era el más activo. En 1892, se abrió una estación de inmigrantes en la isla Ellis, en la bahía de Nueva York. Millones de inmigrantes atravesaron las puertas de la estación. Allí, los empleados del gobierno verificaban sus documentos de identificación y otros papeles. Examinaban los ojos y la garganta de los recién llegados para asegurarse de que estuvieran sanos. Muchos no tuvieron problemas para comenzar su nueva vida. Aquellos que no pasaron las revisiones sanitarias fueron enviados de regreso a sus países de origen.

2. ◉ **Hacer generalizaciones Haz** una generalización sobre por qué los inmigrantes venían a los Estados Unidos.

Isla Ellis

Las contribuciones de los inmigrantes

Los inmigrantes han hecho muchas contribuciones a la región Noreste y a la nación. En los siglos XIX y XX, los inmigrantes trabajaron en las fábricas y colocaron las vías de los ferrocarriles. También sembraron y recogieron las cosechas.

Otros inmigrantes hicieron contribuciones al estudio de las ciencias, los negocios y las artes. Un inmigrante muy famoso es Albert Einstein, el científico alemán. Irving Berlin vino de Rusia. Escribía canciones. Alexander Graham Bell, el inventor del teléfono, era de Escocia.

Inventos y auge de la industria

El teléfono fue solo uno de los muchos inventos nuevos que cambiaron la manera en que los estadounidenses vivían y trabajaban. En 1807, Robert Fulton puso en marcha el primer servicio de barcos de vapor del Noreste. Un **barco de vapor** es un barco con un motor que funciona a vapor. Los barcos de vapor permitían a las personas viajar más rápido de un lugar a otro.

En 1879, Thomas Edison inventó un foco eléctrico. En Menlo Park, Nueva Jersey, Edison y sus ayudantes trabajaron durante más de dos años con la luz y la electricidad. Después de muchos experimentos fallidos, tuvieron éxito. Edison solicitó una patente. La **patente** le daba el derecho de fabricar y vender el invento. Lewis Latimer, un inventor afroamericano, logró que los focos duraran más. Al poco tiempo, los focos iluminaban las casas y las calles de las ciudades.

Fulton, Edison y Latimer no fueron los únicos inventores que cambiaron el mundo. El primer automóvil a gasolina de la nación apareció en 1893. Poco después, nuevas carreteras unieron las ciudades. Estos y otros inventos nuevos ayudaron a que la nación entrara en la edad moderna. Cambiaron la forma de vida estadounidense.

3. **Completa** la línea cronológica con los inventos que llevaron a los Estados Unidos a la edad moderna.

Foco de Edison

Thomas Edison

1807
Primer servicio
de barcos de vapor

1800

1793
Desmotadora
de algodón

Los nuevos inventos y los avances de la tecnología ayudaron a crecer a la industria. Este cambio se produjo primero en el Noreste, donde ya había muchas fábricas. En Massachusetts, Francis Cabot Lowell construyó una hilandería. Su hilandería estuvo entre las primeras que usaron un telar mecánico para tejer las telas.

En Pennsylvania, el inmigrante escocés Andrew Carnegie usó el proceso Bessemer para fabricar acero. Esto llevó a un rápido crecimiento de la industria del acero. Con este metal se fabricaban carros, vías de ferrocarril y puentes. También se usaban vigas de acero para construir edificios altos. Después de que Elisha Otis, de Vermont, inventó en 1853 un dispositivo de freno para los elevadores, los edificios pudieron alcanzar nuevas alturas. Las personas podían usar elevadores para llegar fácilmente a los pisos superiores. La gente llamó "rascacielos" a los edificios más altos.

Trabajadora en una hilandería Lowell

El crecimiento de la industria tuvo consecuencias útiles y dañinas. Las fábricas y las hilanderías daban trabajo a los inmigrantes y a los estadounidenses. Los trabajadores convertían los recursos naturales en bienes. A medida que la cantidad de bienes aumentaba, muchos bajaban de precio.

Sin embargo, el crecimiento industrial también creaba problemas. Los inmigrantes inundaban las ciudades en busca de empleo. Las ciudades crecían tan rápido que no había suficientes viviendas. La mayoría de los recién llegados vivían en edificios precarios e inseguros. A menudo, familias enteras vivían amontonadas en una o dos habitaciones. Algunos no tenían calefacción ni agua caliente. En esas malas condiciones, las enfermedades se propagaban con facilidad.

4. **Causa y efecto Escribe** un efecto útil y un efecto dañino del crecimiento industrial.

....

....

Inventos del Noreste

1853
Frenos para los elevadores

1879

1850

1900

1851
Máquina de coser perfeccionada

1893

Los bomberos de la Ciudad de Nueva York trataron de rescatar a los trabajadores de la fábrica de blusas Triangle.

Movimientos para lograr reformas

Las condiciones de trabajo eran malas en la mayoría de las hilanderías y fábricas. En la Ciudad de Nueva York, casi todas las fábricas de tela estaban tan sucias y llenas de gente, y eran tan inseguras, que se las conocía como **talleres donde se explota al obrero.** A menudo los trabajadores cobraban muy poco y trabajaban muchas horas. Los sueldos eran tan bajos que incluso los niños trabajaban para ayudar a sus familias. Los niños obreros no podían ir a la escuela y muchas veces se lastimaban con las máquinas con las que trabajaban.

El 25 de marzo de 1911, las condiciones peligrosas de un taller de confección, o fábrica de ropa, provocaron una tragedia. Se desató un incendio en la fábrica de blusas *Triangle*, en la Ciudad de Nueva York. El fuego se extendió por los pisos superiores del edificio de diez pisos. Muchos trabajadores no pudieron escapar porque las puertas estaban cerradas con llave. Corrieron hacia las ventanas, pero las escaleras de los bomberos eran muy cortas. Muchas personas murieron, en su mayoría jóvenes mujeres inmigrantes.

Ese incendio mortal hizo enojar a mucha gente de todo el país. Las personas que querían reformar, o mejorar, la sociedad decidieron trabajar juntas. A esas personas se las solía llamar reformistas. Los reformistas pedían leyes para proteger a los trabajadores. Algunos grupos de trabajadores también se unieron para formar sindicatos. Un **sindicato** es un grupo de trabajadores que intenta obtener mejores sueldos y condiciones de trabajo. Después del incendio en la fábrica de blusas *Triangle*, muchas personas se afiliaron al Sindicato Internacional de Trabajadores de Ropa para Damas (ILGWU, por sus siglas en inglés) y apoyaron sus demandas de lugares de trabajo más seguros.

Los trabajadores se afiliaron a los sindicatos.

A medida que la industria crecía en el Noreste, los reformistas continuaban resolviendo los problemas de ese crecimiento. Exigían leyes contra el trabajo infantil. En Massachusetts, el reformista Horace Mann trabajó para mejorar las escuelas públicas. En la Ciudad de Nueva York, los reformistas abrieron centros comunitarios en vecindarios pobres, donde vivían muchos inmigrantes. Allí ofrecían servicios de cuidado de niños, clases de inglés y otros tipos de ayuda a los inmigrantes.

5. ⊙ **Sacar conclusiones** ¿Cómo cambiaron la vida de los inmigrantes los centros comunitarios?

....

....

....

Los inmigrantes podían aprender inglés en la escuela.

¿Entiendes?

6. ⊙ **Causa y efecto** **Escoge** un invento o desarrollo industrial del siglo XIX. **Escribe** sobre sus efectos.

....

....

....

7. ❓ Tienes un nuevo amigo. Sus abuelos son inmigrantes de Europa que vinieron al Noreste. ¿Qué preguntas te gustaría hacerles sobre su experiencia?

mi Historia: Ideas

....

....

....

⬜ **¡Para!** Necesito ayuda ....

⏸ **¡Espera!** Tengo una pregunta ....

▷ **¡Sigue!** Ahora sé ....

Colaboración y creatividad

Trabajar en equipo

Un equipo es un grupo de personas que trabajan juntas para alcanzar una meta. En los Estados Unidos, muchas personas han trabajado en equipo para cambiar la nación. Los grupos de mujeres, los sindicatos y los reformistas han trabajado en equipo para alcanzar sus metas.

Formar parte de un equipo puede ser divertido, pero también puede ser un reto. Los proyectos escolares, los deportes de equipo, los grupos para estudiar la naturaleza: todas estas actividades son más exitosas cuando las personas trabajan juntas. Los siguientes pasos te ayudarán a trabajar en equipo.

1. Identifica la meta del grupo. Asegúrate de que todos los miembros del equipo están de acuerdo con la meta.

2. Con tus compañeros, comenta qué cosas se deben hacer. Tomen turnos para hablar y para escuchar. Haz una lista de las tareas o los trabajos que se deben llevar a cabo.

3. Con ayuda del grupo, decide quién hará cada tarea. Trata de que las responsabilidades se dividan en partes iguales.

4. Mantén la comunicación con los demás mientras trabajas. Haz preguntas, da ideas útiles y asegúrate de que los plazos se cumplan.

5. Reúnete con los otros estudiantes para comprobar si todos los trabajos se llevaron a cabo.

En la escuela, los estudiantes suelen trabajar en equipo.

(¡Inténtalo!)

Imagina que te han dado la tarea de abajo. **Lee** la tarea. **Agrega** tu nombre al equipo. Luego **responde** las preguntas.

> Trabaja en equipo para crear un periódico sobre personas y sucesos famosos de la historia del Noreste. ¡Usa la creatividad! Debes entregar el trabajo en tres semanas.
>
> Miembros del equipo: _____, Katie, Vanessa, Brad

1. ¿Cuál es la meta de tu equipo?

   ....

   ....

   ....

2. Vanessa sugiere hacer una lluvia de ideas para escribir una lista de temas para los artículos. Luego cada uno podrá escoger el tema que le guste. ¿Por qué es una buena idea?

   ....

   ....

3. Brad le dice al resto del grupo que no quiere escribir artículos. Dice que no escribe muy bien. ¿Qué podrías decirle?

   ....

   ....

   ....

4. Los miembros del equipo se comunican con Katie el día anterior a la fecha de entrega del periódico. Katie ni siquiera ha comenzado su artículo. ¿Qué puede hacer el equipo?

   ....

   ....

Lección 5

El Noreste en la actualidad

¡Imagínalo!

Esta fotografía de los Estados Unidos se tomó por la noche desde el espacio. Encuentra la región Noreste y enciérrala en un círculo.

Desde el siglo xx, las ciudades del Noreste han seguido creciendo. En la actualidad, cuando las personas piensan en la región, suelen pensar en las grandes ciudades. Se imaginan edificios altos, aceras llenas de gente y calles agitadas. El Noreste es famoso por sus ciudades porque tiene algunas de las ciudades más grandes y antiguas del país.

El crecimiento de las ciudades

Las tres ciudades más grandes del Noreste son la Ciudad de Nueva York, Boston y Filadelfia. En sus comienzos, las tres fueron ciudades portuarias de las colonias. El comercio con Europa era importante para las colonias. Los barcos traían personas y bienes a las colonias, y llevaban pieles, madera y otros recursos naturales a otros países. Las ciudades se convirtieron en centros de comercio. El **comercio** es la compra y venta de bienes. Con el comercio también crecieron ciudades más pequeñas, como Providence, Rhode Island, y Baltimore, Maryland.

A medida que los pobladores se desplazaban hacia el oeste, fundaban ciudades a orillas de las vías de navegación disponibles tierra adentro. Buffalo, Nueva York, es una ciudad portuaria del lago Erie. Pittsburgh, Pennsylvania, está ubicada en un lugar donde se cruzan tres ríos. Los barcos llevaban personas, animales y bienes a esas ciudades. De esa manera, las ciudades crecían.

El Noreste también tiene áreas rurales. En las áreas **rurales** hay menos gente. En las partes rurales del Noreste hay pueblos pequeños y granjas. La mayoría de las personas viven en casas con patio. Usan carros o camionetas para llegar a donde quieren ir.

Puerto de Nueva Jersey

DESCIFRA LA
PREGUNTA PRINCIPAL
?

Aprenderé que las ciudades del Noreste son centros de comercio y cultura.

Vocabulario

comercio   densidad
rural   demográfica
urbano

¿Qué muestran los grupos de luces acerca del Noreste?

Las áreas urbanas son diferentes. Las áreas **urbanas** están en las ciudades o cerca de ellas. En las áreas urbanas, la mayoría de las personas viven en edificios de apartamentos o en casas con poco espacio. Mucha gente usa los sistemas de transporte público para desplazarse por la ciudad. Los niños juegan en parques y tal vez toman el autobús o el tren subterráneo para ir a la escuela.

1. ◉ **Hacer generalizaciones Completa** cada oración con una generalización sobre cómo vive la gente en las áreas rurales y urbanas.

   En las áreas urbanas ....

   En las áreas rurales ....

Transporte público de Boston

Centros de población y comercio

En las áreas urbanas, las personas viven cerca unas de otras. Cuanto más cerca viven las personas, más densa es la población. El número de personas que hay en una área de tierra es la **densidad demográfica** del área. En los lugares donde la densidad demográfica es alta, en cada milla cuadrada de tierra vive mucha gente.

La densidad demográfica del Noreste varía de un lugar a otro. Como muestra el mapa, el área más densamente poblada está sobre la costa atlántica. El área incluye Boston, la Ciudad de Nueva York, Filadelfia y Washington, D.C. La capital nacional mantiene lazos muy estrechos con las ciudades del Noreste. Eso aumenta la densidad demográfica de la región.

Muchas personas viven en el Noreste porque sus ciudades son centros de actividades. La Ciudad de Nueva York es un centro portuario. De hecho, es el puerto más activo de la costa este. Cada año, pasan por ese puerto miles de millones de dólares en exportaciones e importaciones. Las importaciones son bienes que se traen al país para vender. Las exportaciones son bienes que se envían a otros países para vender. Buffalo, Nueva York, también es un puerto muy importante. Muchos de los bienes que vienen del Canadá o van hacia ese país lo hacen a través de Buffalo.

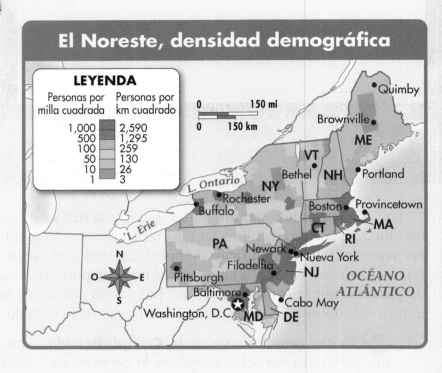

El Noreste, densidad demográfica

LEYENDA

Personas por milla cuadrada	Personas por km cuadrado
1,000	2,590
500	1,295
100	259
50	130
10	26
1	3

0 150 mi
0 150 km

Quimby · Brownville · ME · VT · Bethel · NH · Portland · L. Ontario · NY · Rochester · Buffalo · Boston · Provincetown · L. Erie · CT · MA · RI · PA · Newark · Nueva York · Filadelfia · NJ · Pittsburgh · OCÉANO ATLÁNTICO · Baltimore · Cabo May · Washington, D.C. · MD · DE

N O S E

2. **Encierra** en un círculo el área sobre la costa atlántica donde la densidad demográfica es alta. Luego **marca** con una X la ciudad del área que tiene la menor densidad demográfica.

Camden Yards

Las ciudades del Noreste son también el centro de otros negocios. En Wall Street, en la Ciudad de Nueva York, están las compañías financieras y los bancos más importantes del mundo. Muchas empresas de alta tecnología, como las compañías de *software* para computadoras, también se encuentran en las áreas urbanas del Noreste. Filadelfia es líder en la investigación médica y de la salud. Boston es líder en la enseñanza superior. Allí hay muchas universidades.

Sitios de interés de las ciudades

Cada una de las ciudades del Noreste tiene sitios de interés que la hacen única. En Boston, la gente pasea por el parque Boston Common, o el Common, como se lo suele llamar. El Common es el parque público más antiguo de la nación. Desde el Common se puede caminar por el Sendero de la Libertad para recorrer sitios de interés histórico de la Guerra de Independencia.

En Maryland, el estadio Oriole Park de Candem Yards es uno de los lugares más visitados. Este estadio de béisbol está ubicado en el centro de Baltimore. ¡En el estadio caben cerca de 50,000 personas!

En la Ciudad de Nueva York, los visitantes pueden subir en elevador hasta la parte más alta del edificio Empire State. También pueden visitar Central Park o ver un espectáculo en Broadway, el famoso distrito teatral de la ciudad.

En Filadelfia, mucha gente visita el Salón de la Independencia. Es el lugar donde se firmaron la Declaración de Independencia y la Constitución. Cerca de allí está la famosa Campana de la Libertad.

3. Rotula cada foto con la inicial de la ciudad a la que corresponde. Por ejemplo, escribe N al lado de un sitio de interés de Nueva York.

Salón de la Independencia

Edificio Empire State

Los tiempos cambian, las ciudades también

Las ciudades del Noreste han cambiado con el tiempo. Uno de los mayores cambios ha sido económico. La industria manufacturera ya no es tan importante como antes. Las industrias de servicios han ganado importancia. La banca y el cuidado de la salud son industrias de servicios. Las industrias de alta tecnología también están creciendo. Se basan en tecnologías que eran desconocidas hace un siglo.

Pittsburgh es un buen ejemplo de cómo han cambiado las ciudades del Noreste. A principios del siglo XIX, la ciudad producía tanto hierro que se la conocía como la Ciudad de Hierro. Las minas de carbón de la región proporcionaban el combustible para los hornos que se usaban para producir el hierro. La mena de hierro se traía en barco y en ferrocarril desde el Medio Oeste.

Luego Pittsburgh comenzó a producir acero. El acero trajo dinero y trabajo a la ciudad durante unos 100 años. También trajo mucha contaminación. El humo ensuciaba el aire y oscurecía el cielo. Se decía que los hombres que trabajaban en la ciudad debían cambiar sus camisas blancas una vez al día porque el hollín las ensuciaba.

Así se veía Pittsburgh en el siglo XIX. El humo salía de las fábricas.

Pittsburgh en la actualidad

Después de la Segunda Guerra Mundial, la demanda de acero comenzó a disminuir. La ciudad aprobó leyes para limpiar el aire. Pittsburgh cambió una vez más. En la actualidad ya no existe la industria del acero en la ciudad. En cambio, hay industrias de alta tecnología, como las empresas que fabrican *software* para computadoras, robots y equipos médicos. Las industrias de servicios también son importantes. Al igual que el resto de las ciudades del Noreste, Pittsburgh ha cambiado con el tiempo.

4. ◉ **Causa y efecto** **Completa** el diagrama con la causa que falta para mostrar cómo ha cambiado Pittsburgh.

Efectos de la industria

Causa	Efecto
	El aire de Pittsburgh estaba muy contaminado.

¿Entiendes?

5. ◉ **Hacer generalizaciones** **Escribe** una generalización sobre los ríos de la región.

....

....

6. ❓ A uno de tus padres le han ofrecido trabajo en una compañía de alta tecnología. Eso significa que deberás mudarte de tu casa rural a Pittsburgh. **Describe** qué piensas sobre la mudanza. ¿Quieres vivir en una ciudad? ¿Por qué?

mi Historia: Ideas

....

....

....

◻ **¡Para!** Necesito ayuda ....

❚❚ **¡Espera!** Tengo una pregunta ....

▶ **¡Sigue!** Ahora sé ....

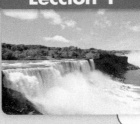

La tierra del Noreste

- La región del Noreste incluye 11 estados.
- El Noreste tiene una costa atlántica extensa. Tiene varias cordilleras tierra adentro.
- El Noreste tiene muchos ríos y lagos.

Lección 2

Los recursos del Noreste

- Algunos recursos del Noreste son los bosques, el suelo, los minerales y el agua.
- El Noreste es famoso por la miel de maple, las manzanas, los arándanos rojos, las papas, las langostas y los cangrejos azules.
- El turismo es importante en todo el Noreste.

Lección 3

La cuna de nuestra nación

- Hace mucho tiempo, en el Noreste vivían muchos grupos de indígenas americanos.
- Algunas personas y lugares del Noreste desempeñaron un papel importante en la Guerra de Independencia y en la redacción de la Constitución.
- El Noreste fue la cuna de la igualdad de derechos para muchas personas.

Lección 4

El crecimiento y el cambio en el Noreste

- Entre 1820 y 1910, millones de inmigrantes llegaron al Noreste desde Europa. Querían tener una vida mejor.
- Las industrias del Noreste crecieron rápidamente a lo largo del siglo XIX.
- Muchos inmigrantes vivían y trabajaban en condiciones inseguras.

Lección 5

El Noreste en la actualidad

- Las ciudades más grandes del Noreste son Nueva York, Filadelfia y Boston. Buffalo y Pittsburgh también son ciudades importantes.
- El comercio ayudó a que crecieran las ciudades del Noreste.
- Las ciudades del Noreste son centros de comercio y cultura.

Repaso y Evaluación

Lección 1

La tierra del Noreste

1. **Une** cada cordillera con su estado.

   _____ Montes Adirondack   a. New Hampshire

   _____ Montes White   b. Pennsylvania

   _____ Montes Green   c. Nueva York

   _____ Montes Allegheny   d. Vermont

2. ◉ **Hacer generalizaciones**
   Completa la oración.
   La costa del Noreste es

   ....

   ....

Lección 2

Los recursos del Noreste

3. ¿Qué tres productos hacen las personas con los recursos forestales del Noreste?

   a. ....

   b. ....

   c. ....

4. En el Noreste, ¿de qué manera se usan como recurso algunos ríos?

   ....

   ....

Lección 3

La cuna de nuestra nación

5. **Explica** por qué cada lugar fue importante en la historia de nuestra nación.

   a. Plymouth, Massachusetts

   ....

   ....

   ....

   b. Lexington, Massachusetts

   ....

   ....

   ....

   c. Filadelfia, Pennsylvania

   ....

   ....

   ....

   ....

   ....

   d. Seneca Falls, Nueva York

   ....

   ....

   ....

Lección 4

El crecimiento y el cambio en el Noreste

6. Encierra en un círculo la mejor respuesta. La mayoría de las personas que inmigraron a las ciudades del Noreste

   A.   fueron inventores y científicos.

   B.   trabajaban en fábricas e hilanderías.

   C.   siguieron viaje hacia el Medio Oeste para ser granjeros.

   D.   vinieron a este país en contra de su voluntad.

7. ¿Qué industria creció rápidamente debido al proceso Bessemer?

....

8. Completa el diagrama sobre el incendio de la fábrica *Triangle* con el efecto que falta.

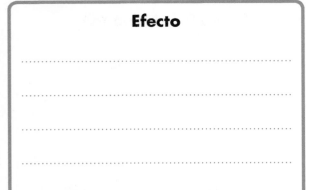

Causa
Muchos trabajadores murieron en el incendio.

Efecto

....

....

....

....

Lección 5

El Noreste en la actualidad

9. La industria manufacturera ya no es tan importante como antes en las ciudades del Noreste. ¿Qué dos industrias hoy son más importantes?

....

....

10. ¿Cómo influye el lugar donde vivimos en quiénes somos?

Al Noreste siguen llegando inmigrantes de países de todo el mundo. En tu opinión, ¿en qué se parece la experiencia que tienen los niños inmigrantes en la actualidad a la experiencia de los niños inmigrantes del siglo XIX? **Escribe** una semejanza y una diferencia.

....

....

....

....

....

....

....

....

Conéctate en línea para escribir e ilustrar tu **myStory Book** usando **miHistoria: Ideas** de este capítulo.

¿Cómo influye el lugar donde vivimos en quiénes somos?

El lugar donde las personas viven influye en ellas. La tierra, el clima y los recursos influyen en la ropa, los juegos y los trabajos de las personas. Lo que hay a nuestro alrededor también modela nuestros valores y nuestras creencias. Piensa en cómo sería vivir en un lugar con una historia muy rica. ¿Cómo influiría ese ambiente en ti?

Escoge un lugar del Noreste sobre el que has leído. **Imagina** que te has mudado allí. Luego **escribe** sobre cómo ha influido la mudanza en las actividades que haces.

....

....

....

Ahora **haz un dibujo** para ilustrar lo que escribiste.

Mientras estás en línea, dale un vistazo a **myStory Current Events,** donde puedes crear tu propio libro sobre un tema de actualidad.

Las regiones: El Sureste

mi Historia: ¡Despeguemos!

¿Cómo influye el lugar donde vivimos en quiénes somos?

Los primeros asentamientos europeos permanentes del país estuvieron en el Sureste. Por su tierra y su clima, la región era un buen lugar para la agricultura. **Escribe** cómo el clima y la tierra influyen en los trabajos que hacen las personas de tu región.

....

....

....

....

El Sureste tiene una historia y una cultura muy ricas. Por ejemplo, si visitas la región en la actualidad, verás casas magníficas que fueron construidas hace muchos años.

La bahía de Mobile

Un puerto muy activo con belleza natural

mi Historia: Video

El Sureste tiene una larga línea costera que rodea una gran parte de la región. Comienza en el Atlántico, orientada hacia el este, y llega hasta la costa del golfo de México, orientada hacia el sur. La ciudad de Mobile, en Alabama, está sobre la costa del Golfo.

Rosales y su familia viven en Mobile. Les pareció divertido explorar algunos de los lugares más interesantes de la zona de Mobile. La primera parada es el museo del *USS Alabama* en el Parque Battleship Memorial.

El *USS Alabama* es un buque de guerra que estuvo en servicio durante la Segunda Guerra Mundial. "¡Este buque es muy grande!", dice Rosales. Se divierte subiendo y bajando las escaleras que van a distintas partes del buque. Aprende sobre cómo vivían los marinos a bordo. "Aquí es donde comían los marinos", señala Rosales. Ve que el mostrador tiene un borde alto a su alrededor. Era para que los platos no se cayeran cuando el mar estaba bravo.

En el Parque Battleship Memorial de Mobile, en Alabama, los visitantes pueden aprender sobre cómo vivían los soldados a bordo de un enorme buque de guerra.

El buque *USS Alabama* estuvo en servicio durante la Segunda Guerra Mundial. Actualmente, está en el Parque Battleship Memorial, donde los visitantes pueden caminar en sus cubiertas.

En la Reserva de la Bahía de Weeks, los visitantes pueden ver todo tipo de plantas, árboles, animales y aves. Estas aves se llaman pelícanos.

En la Reserva de la Bahía de Weeks, los visitantes como Rosales pueden ver un gran mapa que los informa sobre la zona de la bahía de Weeks.

Mobile es uno de los puertos más grandes del Sureste. Se ubica en la costa de la bahía de Mobile. La bahía de Mobile es una ensenada de la costa del Golfo en Alabama. Una ensenada es una abertura angosta en una costa. Hay varios ríos que llegan a la bahía de Mobile. Alrededor hay pequeñas comunidades. El clima es subtropical. Eso significa que los inviernos son moderados y los veranos son cálidos y húmedos.

Rosales y sus padres conducen por el lado este de la bahía de Mobile. Van hacia la Reserva Nacional de Investigación Estuarina de la Bahía de Weeks. Un estuario es un lugar donde el agua dulce de un río se mezcla con el agua salada del océano. Un ambiente así puede ser el hogar de muchos tipos de plantas y animales.

En la bahía de Weeks, nacen y crecen peces, camarones, ostras y cangrejos. Rosales descubre que los pescadores que trabajan en la bahía no pescarían mucho si no existiera el estuario. También aprende que cuando él y su papá van a pescar, algunos de los peces que pescan vienen de este estuario.

Rosales explora el camino que serpentea entre los árboles. "¡Este es un gran lugar para ver la naturaleza!", exclama Rosales. "¡También hay muchas aves!". La bahía de Weeks es el lugar perfecto para aprender más sobre la vida silvestre de la costa del Golfo.

La mansión y jardines Bellingrath fue hace tiempo
el hogar de la familia Bellingrath. Ahora es un
lugar que pueden visitar los turistas.

Entre los jardines Bellingrath hay un jardín
asiático-americano especial. Una de sus
atracciones es un bello puente rojo.

Al otro lado de la bahía de Mobile está la mansión
y jardines Bellingrath. En otra época, este lugar era un
campamento de pesca. La familia Bellingrath compró el
terreno y lo convirtió en un lugar de vacaciones. Cuando
construyeron una casa allí, quisieron que tuviera el mismo
estilo que las demás casas de la región. Reutilizaron ladrillos
y metales de edificios antiguos de la zona. La casa también
tenía balcones y porches, como las casas cercanas. Para
Rosales, su parte favorita de la casa son los jardines.

A la señora Bellingrath le gustaba mucho el mundo
natural de la zona de Mobile y creó unos bellísimos jardines.
Gracias al clima templado de Mobile, "aquí casi siempre hay
plantas en flor", dice Rosales. Descubre que los jardines le
darán una idea de qué tipos de plantas podría cultivar en
el jardín de su propia casa.

Rosales disfruta explorar el Rosedal y un gran espacio
llamado Gran Jardín. Otro de sus lugares favoritos es el Jardín
Asiático-Americano. Allí encuentra un gran puente rojo que
puede cruzar. Se llama Puente de la Luna.

Hay mucho más para explorar, pero los padres de Rosales
le dicen que ya es hora de ir a casa. "No sabía que había
tantos lugares divertidos para ver tan cerca de donde vivo",
dice Rosales.

Piénsalo Si quisieras saber más sobre el mundo natural de la
zona donde vives, ¿qué lugares visitarías? A medida que lees
el capítulo, piensa en cómo las diferencias de la tierra y el clima
influyen sobre la vida silvestre del Sureste. Piensa también en cómo
interactúan las personas con su ambiente.

La tierra y el agua del Sureste

¡Imagínalo!

Los ríos fluyen cuesta abajo. Donde hay un descenso muy marcado del terreno, el agua del río hace lo mismo. Allí se forma una catarata.

Las islas barrera se ubican entre la tierra firme y el océano.

océano Atlántico

isla barrera

tierra firme

El Sureste de los Estados Unidos se compone de 12 estados. Virginia, Virginia Occidental, Kentucky, Tennessee, Arkansas, Luisiana, Mississippi, Alabama, Georgia, Carolina del Sur, Carolina del Norte y la Florida son parte del Sureste. Uno de los aspectos que hacen único al Sureste es que tiene dos costas.

Las dos costas

El océano Atlántico forma el límite oriental del Sureste. El golfo de México forma el límite sur. Miles de millas de playas se ubican en toda la línea costera. En algunas áreas, sin embargo, la costa se compone de humedales. Un **humedal** es una zona que a veces está cubierta por agua. Los pantanos, las marismas y las ciénagas son tipos de humedales.

El Sureste tiene muchos humedales. La costa de Luisiana tiene muchos humedales. Otra zona grande de humedales es el pantano Dismal. Este pantano está entre Virginia y Carolina del Norte.

Cerca de la costa del Sureste hay grupos de islas largas y angostas llamadas islas barrera. Las **islas barrera** se ubican entre la tierra firme y el océano. Comenzaron como dunas de arena a lo largo de la costa hace miles de años. Luego, cuando los glaciares se derritieron, las aguas del océano subieron y las dunas se convirtieron en islas.

1. **Completa** los espacios en blanco con los accidentes geográficos que faltan: En las dos costas del Sureste se encuentran miles de millas de .... arenosas. Sin embargo, algunas zonas de las costas del Sureste tienen .... , como la costa de Luisiana.

Describe lo que le está ocurriendo al agua en la ilustración. Dibuja una línea donde hay un descenso marcado del terreno y el agua cae.

DESCIFRA LA PREGUNTA PRINCIPAL

Aprenderé que la geografía del Sureste es variada, desde los montes Apalaches hasta las costas del Golfo y del Atlántico.

Vocabulario

humedal	cuenca
isla barrera	hidrológica
piedemonte	especie en peligro
línea de	de extinción
cascadas	extinguirse

De la costa a las montañas

Cuando uno se aleja de la costa tierra adentro, el terreno es plano. Esa es la Llanura Costera de los Estados Unidos. Se extiende a lo largo del océano Atlántico y del golfo de México. En la Llanura Costera hay humedales, como el pantano Dismal.

A medida que aumenta la elevación, aparecen suaves colinas cubiertas de bosques. Esta zona se llama **piedemonte.** Se llama así porque está al pie de un monte o una montaña. El piedemonte es un terreno alto que está al pie de los montes Apalaches.

Los ríos fluyen desde las montañas hasta el océano. Entre las tierras más altas del piedemonte y las tierras más bajas de la Llanura Costera hay un descenso marcado. En los lugares de descenso marcado, los ríos caen en cataratas. Las cataratas forman una línea donde el piedemonte se encuentra con la Llanura Costera. Esta línea de descenso marcado se llama **línea de cascadas.** Varias ciudades del Sureste crecieron a lo largo de la línea de cascadas, donde el agua que caía proporcionaba energía a las fábricas.

2. **Subraya** en el mapa los nombres de los estados del Sureste que no tienen línea costera.

El Sureste, mapa político

0   100 mi
0   100 km

Virginia Occidental
★ Charleston   Richmond ★
Frankfort
Kentucky   **Virginia**
★ Nashville   Raleigh ★
Arkansas   **Tennessee**
Columbia ★
★ Little Rock   Atlanta ★   **Carolina del Norte**
Alabama   **Carolina del Sur**
Montgomery
N
Luisiana   ★ Jackson   **Georgia**   **OCÉANO ATLÁNTICO**
O   E   **Mississippi**
S   Baton Rouge ★   ★ Tallahassee
● Nueva Orleans
Florida

LEYENDA
▢ Región Sureste
— Línea de cascadas
★ Capital del estado

Golfo de México

● Miami

Montes Apalaches

Los montes Apalaches cruzan casi todos los estados del Sureste. Algunas partes de la cordillera tienen su propio nombre. Las cadenas montañosas Allegheny, Great Smoky y Blue Ridge están en el Sureste.

Las montañas contienen ricos recursos naturales. En la actualidad, un tercio del carbón del país proviene de la región de Apalachia, la tierra de las montañas. Los bosques de la región proporcionan madera desde hace mucho tiempo.

Cada año, miles de caminantes recorren el Camino de los Apalaches. El camino tiene más de 2,000 millas de largo. Comienza en Maine y termina en Georgia. Se dice que hay que dar 5 millones de pasos para recorrer todo el camino. Muchos de esos pasos se dan en el Sureste.

3. En el mapa, **localiza** los montes Apalaches. Luego, **localiza** el río Mississippi y **dibuja** una línea a lo largo de su recorrido. Después, haz lo mismo con el río Savannah. ¿Qué río está al este de los Apalaches? ¿En qué masa de agua desemboca?

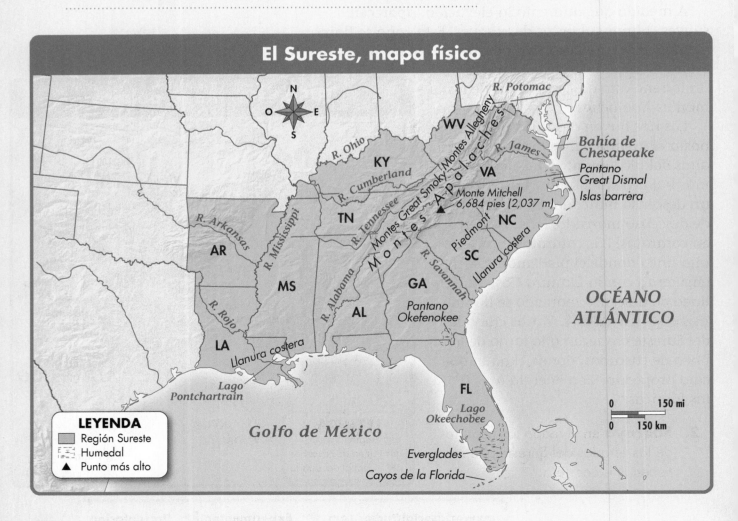

El Sureste, mapa físico

182

Ríos del Sureste

El río más grande de los Estados Unidos pasa por el Sureste de camino hacia el golfo de México. El río Mississippi es largo, profundo y ancho. Es una carretera acuática que cruza el centro del país. Buques y barcas transportan cargas por el río hacia el océano.

En las elevaciones altas, hay cuencas hidrológicas. Una **cuenca hidrológica** es una zona en la que toda el agua se drena en una dirección. Al este de los Apalaches, los ríos fluyen hacia el Atlántico. Del otro lado de los Apalaches, los ríos fluyen hacia el oeste. El río Tennessee, por ejemplo, viaja hacia el oeste, desde los Apalaches hasta el río Ohio. El río Cumberland hace lo mismo. Luego, el río Ohio fluye hacia el oeste hasta el Mississippi. Para cuando el Mississippi llega al Golfo, lleva el agua de muchos ríos a lo largo de su recorrido.

Bluegrass de Kentucky

En el norte de Kentucky, hay una región muy hermosa llamada Bluegrass. La región es conocida por la riqueza de su suelo. El territorio está cubierto en gran parte por pasturas de "pasto azul", o *bluegrass* (que no es realmente azul). Allí se cría ganado y también caballos de carrera. Es el hogar de las ciudades más grandes de Kentucky, como Louisville. Y también de la capital del estado, Frankfort.

4. En el texto, **subraya** los nombres de dos ríos que fluyen hacia el oeste hasta el río Ohio.

El río Mississippi es uno de los ríos con mayor actividad del mundo.

La región de Bluegrass, en Kentucky, es famosa por sus granjas de caballos.

183

Los pájaros carpinteros de cresta roja comen insectos que viven en pinos antiguos.

Animales y aves del Sureste

Tal vez pienses que estás en peligro si ves un caimán. Pero hasta no hace mucho tiempo, eran los caimanes los que estaban en peligro. Hacia fines de la década de 1960, los caimanes eran una especie en peligro de extinción. Una **especie en peligro de extinción** es un tipo de planta o animal que corre riesgo de desaparecer.

En esa época, las personas mataban demasiados caimanes para comerlos o para usar su piel. Actualmente, la caza de caimanes está controlada. En la actualidad, hay más de 1 millón de caimanes americanos. Casi todos viven en el Sureste. Muchos viven en los humedales, ríos y canales de la Florida y Luisiana.

El Sureste alberga muchos tipos de aves diferentes. Algunas están en peligro de extinción. El pájaro carpintero de cresta roja es una de ellas. Estas aves dependen de ciertos tipos de pinos muy antiguos que crecían en el Sureste. Allí hacen sus nidos y buscan alimento en árboles de más de 80 años de edad. Pero cada vez se talan más de esos árboles. Entonces, el pájaro carpintero de cresta roja está en peligro de **extinguirse,** o desaparecer.

5. ◎ **Comparar y contrastar Escribe** una oración en la que compares la vida silvestre de dos de las regiones de la ilustración.

....

....

El Sureste es el hogar de muchos tipos diferentes de plantas y animales.

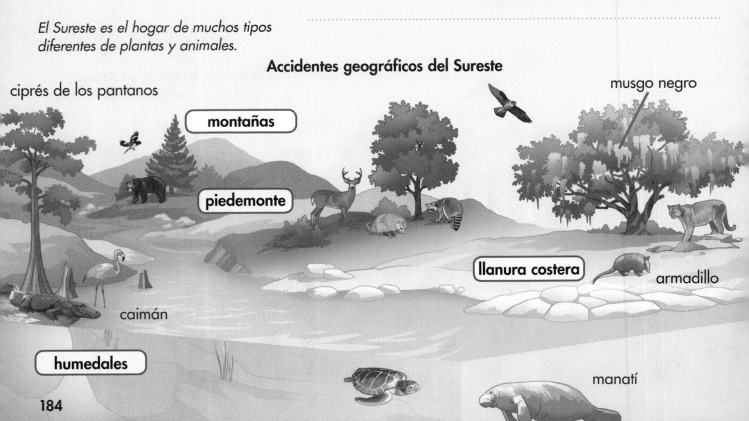

Accidentes geográficos del Sureste

ciprés de los pantanos

musgo negro

montañas

piedemonte

llanura costera

armadillo

caimán

humedales

manatí

Árboles, plantas y flores

En el Sureste crecen aproximadamente 250 tipos de árboles. Son un recurso muy valioso. De hecho, algunos agricultores cultivan árboles. La madera de los árboles de la región se usa para fabricar muebles y construir casas. Parte de la madera se muele y se usa para hacer papel.

Algunos árboles, plantas y flores crecen particularmente bien en el Sureste. El clima cálido y húmedo es bueno para el musgo negro, por ejemplo. Los árboles que tienen ese musgo son a veces un símbolo de la región.

Las camelias vienen de los climas cálidos de Asia. Crecen bien en el Sureste. La camelia es la flor del estado de Alabama.

6. ⦿ **Hechos y opiniones** **Subraya** un hecho sobre la camelia en la leyenda de la foto.

¿Entiendes?

7. ⦿ **Resumir** Resume las principales características físicas del Sureste.

....

....

....

8. ❓ Te han contratado para que crees un anuncio para el Sureste. Tu objetivo es atraer nuevos negocios. Muestra por qué la tierra de la región sería un buen lugar para un negocio.

mi **Historia: Ideas**

....

....

....

⬛ **¡Para!** Necesito ayuda ....

⏸ **¡Espera!** Tengo una pregunta ....

▶ **¡Sigue!** Ahora sé ....

Destrezas de mapas

Usar un mapa de carreteras y una escala

Es divertido explorar nuevos lugares. En un viaje en carro, un mapa de carreteras es la herramienta perfecta para encontrar el camino. Puedes encontrar un mapa de carreteras en un atlas, en Internet o en un Sistema de Posicionamiento Global (GPS, por sus siglas en inglés). Un mapa de carreteras muestra las autopistas y otras carreteras, así como la ubicación de los lugares importantes. Los mapas de carreteras también muestran las distancias.

Imagina que tu familia va a Georgia. Este mapa de carreteras podría ayudarte en tu viaje. Comienzas en el Parque Stone Mountain. Quieres conducir hasta el Parque Grant. ¿Qué camino tomas? Localiza el Parque Stone Mountain en el mapa. Decides tomar la Autopista 78 hasta una carretera más importante, la Interestatal 285. Luego, vas al sur hasta la Interestatal 20. Después, vas al oeste hacia el Parque Grant.

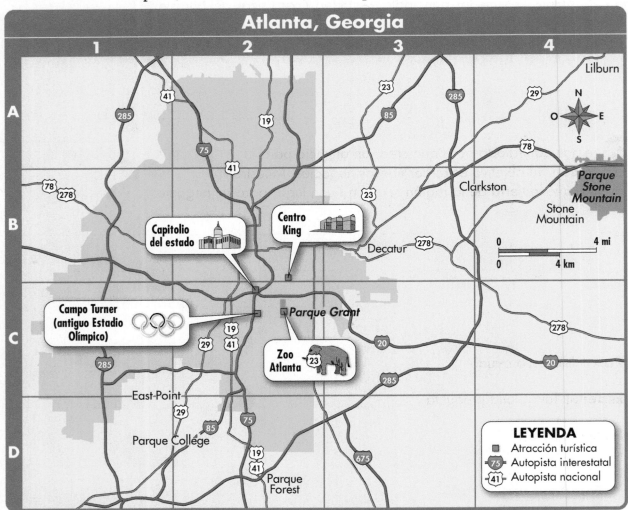

Para hallar la distancia en un mapa, necesitas usar la escala del mapa. En este mapa, 1 pulgada del mapa equivale a 4 millas de tierra. Usa una regla o un trozo de papel para medir la distancia de tu viaje entre el Parque Stone Mountain y la Interestatal 285. Descubrirás que son unas 21 millas.

Muchos mapas de carreteras tienen cuadrículas. Una cuadrícula es un diseño de recuadros rotulados con números y letras. El índice del mapa te indicará el número y la letra del recuadro en el que puedes localizar un lugar en el mapa.

¡Inténtalo!

En Atlanta, quieres visitar muchos sitios distintos. Usa el mapa, la escala y la cuadrícula para responder estas preguntas.

1. **Localiza** el Capitolio del estado en el mapa. **Encierra** en un círculo este edificio.

2. Luego quieres visitar el Centro King. Es un monumento en honor al Dr. Martin Luther King, Jr. **Marca** el Centro King en el mapa.

3. **Dibuja** la ruta descrita en la página 186, que tu familia tomará para conducir desde el Parque Stone Mountain hasta el Parque Grant.

4. Usa la escala del mapa para hallar cuántas millas hay entre el Campo Turner y el Centro King. **Escribe** tu respuesta a continuación.

....

5. ¿En qué recuadro de la cuadrícula está el Parque Grant?

....

6. Aplícalo Ahora dibuja un mapa de tu escritorio en una hoja de papel. Usa una regla para medir la longitud y el ancho de tu escritorio en pulgadas. Crea una escala para tu mapa en la que una pulgada de tu mapa sea igual a cuatro pulgadas de tu escritorio. Ahora, coloca dos objetos en tu escritorio. Mide los objetos con tu regla. Luego, dibújalos en tu mapa a escala.

El clima del Sureste

¡Imagínalo!

OK TN AR MS AL GA TX LA FL

OCÉA. ATLÁNT

Golfo de México

0   2
0   200 km

En el espacio hay cámaras que toman fotografías para mostrar el tamaño de las grandes tormentas. Esta es una fotografía de una gran tormenta de 2005.

El clima moderado del Sureste lo convierte en un excelente lugar para pasar tiempo al aire libre.

"Ir hacia el sur" es algo que a muchos estadounidenses les gusta hacer en invierno. Un día frío de enero en Chicago es probablemente un día cálido de enero en Miami. Sin embargo, el clima del Sureste no es todo igual. Cambia de la costa a las montañas. Cambia del norte al sur. Y cambia de una estación a otra.

El clima del Sureste

El clima del Sureste es moderado. En la mayor parte del Sureste, las temperaturas promedio de enero están por encima del punto de congelación. Si el clima es cálido, la temporada de cultivo es larga. Una **temporada de cultivo** es la parte del año en la que la temperatura es lo suficientemente cálida como para que crezcan las plantas. En algunas partes del Sureste, la temporada de cultivo puede durar hasta 300 días al año.

1. Sacar conclusiones **Encierra** en un círculo la temperatura promedio más baja de la tabla. ¿Cuánto más fría es que la temperatura promedio de Miami en enero?

Temperaturas promedio de enero y julio		
	Enero	**Julio**
Charleston, WV	33.5 °F	74 °F
Little Rock, AR	40 °F	82 °F
Miami, FL	68 °F	83.7 °F

Halla el centro de la tormenta, en rojo. Usa la escala para medir el tamaño del centro de la tormenta, y escríbelo arriba.

DESCIFRA LA PREGUNTA PRINCIPAL

Aprenderé que la ubicación del Sureste le da a la región un clima cálido y estados del tiempo variados.

Vocabulario

temporada de cultivo	marejada ciclónica
cayo	dique
huracán	evacuación

Vivir en un clima moderado

En todo el Sureste, las personas pueden disfrutar de estar al aire libre durante gran parte del año. Cazan, pescan, realizan caminatas y juegan en las playas.

Como tiene tantas millas de línea costera, el Sureste es un lugar ideal para practicar deportes acuáticos. El cabo Hatteras, en Carolina del Norte, fue la primera costa marina nacional. Allí, los visitantes nadan, acampan y exploran unos 30,000 acres de territorio. En Virginia Beach, Virginia, todos los años hay competencias de surf.

Key West es otro lugar muy visitado. Un **cayo** es una isla baja. Key West es uno de los cayos de una serie de cayos que están cerca de la costa sur de la Florida. Más de 1 millón de personas lo visitan todos los años. Llegan para bucear en las aguas cálidas, comer pescado y juntar caracoles.

El clima también influye en cómo las personas construyen sus hogares. En la Florida, muchas casas tienen un porche con mosquitero conocido como "habitación de la Florida". Es como estar dentro y fuera de la casa al mismo tiempo. Pero a veces hace demasiado calor para estar afuera. Las personas encienden el aire acondicionado para resolver ese problema.

2. **Subraya** en el texto tu actividad favorita para hacer al aire libre. Luego, en una hoja aparte, dibújate haciendo esa actividad.

En el golfo de México hay una gran industria pesquera, pero las personas también pescan por deporte.

Los huracanes crean las grandes olas de una marejada ciclónica. Las marejadas ciclónicas pueden causar daños en las costas.

Huracanes

A veces, el clima del Sureste es peligroso. Los huracanes golpean el Sureste con más frecuencia que a cualquier otra región. Un **huracán** es una tormenta muy potente. Los huracanes se forman en zonas cálidas, como las aguas cercanas al Sureste. El aire cálido sube desde el océano y choca con el aire más frío de arriba. La diferencia de temperatura puede crear vientos muy fuertes.

Los huracanes comienzan como tormentas tropicales. El Servicio Nacional de Meteorología da un nombre a cada tipo de tormenta. Cuando el viento alcanza 74 millas por hora, la tormenta se convierte en un huracán. Cada año, unas seis tormentas se convierten en huracanes. En 2005, hubo un huracán muy grave. Se llamó huracán Katrina.

Los vientos de un huracán se mueven en círculo. En el centro está el ojo de la tormenta. Los vientos fuertes pueden causar una **marejada ciclónica.** Esto ocurre cuando el nivel del océano sube porque el agua es empujada hacia la costa. Los huracanes también traen fuertes lluvias y grandes olas. La lluvia, las olas y las marejadas ciclónicas suelen causar inundaciones.

3. Los centros de huracanes registran la potencia y el camino de cada huracán. En este mapa, **marca** el lugar donde Katrina tocó tierra como tormenta de categoría 4.

Camino del huracán Katrina

LEYENDA
Tormenta tropical
Velocidades del viento del huracán
Categoría 1 (74–95 mph)
Categoría 2 (96–110 mph)
Categoría 3 (111–130 mph)
Categoría 4 (131–155 mph)
Categoría 5 (más de 155 mph)

TN

MS

AL

LA

Nueva Orleans

Mobile

MÉXICO

Golfo de México

FL

OCÉANO ATLÁNTICO

BAHAMAS

Miami

0   200 mi
0   200 km

N
O   E
S

Efectos de los huracanes

La temporada de huracanes se extiende desde junio hasta fines de noviembre. Durante este período, se forman huracanes en el Atlántico y en el golfo de México. Algunos son pequeños. Algunos se alejan de la tierra. Otros pierden fuerza. Pero algunos causan daños graves cuando llegan al Sureste.

De vez en cuando, un huracán grave pasa por la región. El huracán Andrew tuvo un paso muy destructivo por la Florida en 1992. Causó daños por más de 26,000 millones de dólares. En 2005, el huracán Katrina se convirtió en el desastre natural más costoso de toda la historia de los Estados Unidos. Cuando tocó tierra en Mississippi, la marejada ciclónica medía más de 26 pies de altura. En Nueva Orleans, la tormenta causó inundaciones terribles. Más de 1 millón de personas tuvieron que irse de la zona. En total, más de 1,800 personas murieron como resultado del huracán Katrina. Fue una tormenta terrible.

Después de Katrina, personas de todo el país quisieron ayudar. Más de 1 millón de personas se ofrecieron como voluntarios para reconstruir Luisiana y Mississippi. Algunos ayudaron a construir casas. Otros prestaron atención médica. Muchos ayudaron dando dinero o sirviendo comida.

4. 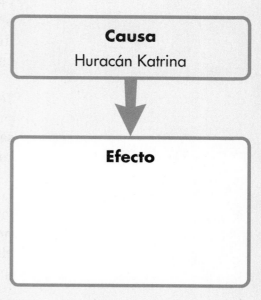 **Causa y efecto**
Completa el espacio en blanco de este organizador gráfico con un efecto del huracán Katrina.

Causa
Huracán Katrina

↓

Efecto

Los voluntarios donaron millones de horas de servicio después del huracán Katrina.

191

Manejo de las inundaciones

Los huracanes no son el único momento en el que el agua puede ser un peligro. El río Mississippi cruza cinco estados del Sureste. Algunas veces, se desborda. Cuando el río más grande del país se desborda, puede haber grandes problemas.

A lo largo del río Mississippi, las personas han construido diques. Un **dique** es una pared de tierra o de concreto que evita que el agua desborde las orillas de un río. Sin embargo, cuando sube demasiado, el agua puede desbordar un dique o romperlo.

¿Por qué sube el agua? Muchas veces las lluvias fuertes hacen crecer el río. La inundación de 1927 fue una de las peores de la historia del país. Las lluvias fuertes comenzaron a fines de 1926. Hacia enero de 1927, el río Mississippi había inundado 27,000 millas cuadradas. En mayo, el agua del río cubría 70 millas de tierra cerca de Memphis, Tennessee.

En mayo de 2010, hubo terribles inundaciones en Tennessee, Kentucky y Mississippi. Cayeron más de 13 pulgadas de lluvia en solo dos días. El río Cumberland se desbordó y las aguas inundaron Nashville, Tennessee, causando grandes daños.

Muchas personas se movilizan cuando se desborda un río. El servicio Nacional de Meteorología alerta a las personas que viven cerca del río cuando sube. Trabajadores y voluntarios nacionales, estatales y locales apilan bolsas de arena para elevar los diques. Cuando se inundan las ciudades, algunos grupos como la Cruz Roja Americana también ayudan.

5.  **Hechos y opiniones Lee** las afirmaciones. **Subraya** la opinión.

Creo que las inundaciones son peores que los huracanes.

La inundación de 1927 fue una de las peores en la historia de los Estados Unidos.

Prepararse

Casi siempre, las personas del Sureste disfrutan del buen tiempo. Cuando el estado del tiempo es malo, están preparadas.

En la actualidad, se pueden recibir noticias sobre el clima de manera fácil y rápida. La televisión, las computadoras e incluso los teléfonos celulares pueden alertar sobre cambios en el estado del tiempo. Cuando hay peligro, los funcionarios pueden pedir la **evacuación** de una zona. Eso significa que se lleva a las personas a un lugar seguro.

En las zonas costeras, las personas necesitan protegerse de los huracanes. Necesitan casas que puedan soportar los vientos fuertes o las olas altas. En la Florida y las Carolinas, las casas nuevas tienen techos y ventanas especiales. Cualquiera sea el tiempo, las personas del Sureste están preparadas.

Las casas cercanas a las playas tienen diseños especiales. A veces se construyen a cierta altura para evitar los daños causados por una marejada ciclónica.

¿Entiendes?

6. ⊙ **Hacer generalizaciones** **Escribe** un enunciado general sobre el tiempo en el Sureste y sobre cómo cambia.

....

....

....

7. ⑦ Tienes un nuevo trabajo en el Sureste. Estás trabajando en el canal de meteorología más importante del país. **Escribe** un breve informe meteorológico de un día en el que se está formando un huracán en el Atlántico.

mi **Historia: Ideas**

....

....

....

◻ **¡Para!** Necesito ayuda ....

⏸ **¡Espera!** Tengo una pregunta ....

▷ **¡Sigue!** Ahora sé ....

Lección 3

Una tierra de muchos recursos

¡Imagínalo!

El maní crece en la tierra, no en los árboles. Es un cultivo muy importante del Sureste.

Da un paseo por Nueva Iberia, en Luisiana. Verás una imagen de los tantos recursos distintos del Sureste. Cerca, en la isla Avery, verás campos cubiertos de pimientos rojos picantes. Puedes visitar una fábrica de salsa picante. Luego, puedes conducir hasta el golfo de México. En el camino, puedes hablar con personas que viven de la pesca y ver a los trabajadores que van hacia su trabajo en las plataformas petrolíferas del Golfo. Al igual que todo el Sureste, Nueva Iberia es rica en recursos.

Usar la tierra y el agua

La tierra y el agua del Sureste ofrecen recursos muy valiosos. Estos recursos varían según la zona. En la Llanura Costera hay amplias extensiones de buenas tierras de cultivo. Los árboles cubren la mitad del territorio de casi todos los estados del Sureste. En las montañas, hay minas de carbón. De la zona de la costa del Golfo se obtienen petróleo y gas natural. En el Atlántico y el golfo de México, los barcos pesqueros capturan los recursos del mar.

Los recursos ofrecen más que alimentos y productos. Crean trabajos. Las personas del Sureste ganan dinero con esos trabajos.

Las aguas de las dos costas del Sureste tienen muchos peces. La industria pesquera del Sureste es muy importante.

1. ⦿ **Idea principal y detalles**
   Subraya en el texto tres recursos del Sureste.

194

El científico George Washington Carver descubrió cientos de usos para el maní. ¿Cuántos se te ocurren? Dibuja uno aquí.

Vocabulario

maderero	combustible
pulpa	fósil
agroindustria	energía
ganado	hidroeléctrica
	herencia

Recursos forestales

Gran parte de la tierra del Sureste está arbolada, es decir, cubierta con árboles. En casi todos los estados del Sureste, al menos la mitad de la tierra está arbolada. Los bosques proporcionan madera. La madera se obtiene de los árboles que se cultivan y se cortan. Gran parte de la madera del Sureste viene de las numerosas granjas de árboles de la región.

La industria **maderera,** o de la madera, planta millones de acres de árboles. La mayoría son pinos que crecen rápido y bien en esta región de tierra arenosa. La industria maderera proporciona a la región miles de trabajos y miles de millones de dólares.

La madera de la región es una materia prima. Se usa para fabricar muchos productos. En los aserraderos, los árboles se convierten en madera que se usa para construir casas. La madera también se muele en máquinas para producir pulpa. La **pulpa** es una mezcla de astillas molidas, agua y productos químicos. La pulpa se usa para numerosos productos, desde papel y cartón hasta pañales.

Los árboles del Sureste también son importantes para el ambiente. Producen oxígeno y ayudan a enfriar la Tierra. Son el hogar de aves y otros animales.

2. ◎ **Hechos y opiniones** Los árboles son un recurso importante. **Escribe** un hecho sobre uno de los usos de los árboles.

....

....

El pino taeda es un árbol que crece en todo el Sureste.

Una gran región para la agricultura

La Llanura Costera del Sureste tiene todas las condiciones para la buena agricultura. El terreno es plano, las temperaturas son cálidas y llueve mucho. En la larga temporada de cultivo, los agricultores pueden cultivar muchas cosas distintas. Muchos de esos cultivos, como el algodón y la caña de azúcar, no crecen bien en regiones más frías.

Hay muchas granjas familiares en el Sureste. También es una buena región para la agroindustria. La **agroindustria** es la industria de la agricultura. Algunas empresas tienen grandes granjas. Envían productos agrícolas a todo el país y al mundo. Por ejemplo, la Florida produce aproximadamente 8 millones de toneladas de cítricos cada año. Algunos cítricos son las naranjas, los limones y las toronjas. Los habitantes de la Florida no pueden comer todas esas frutas ni beber todo ese jugo. Las empresas envían la mayor parte fuera del estado.

Cultivo de alimentos

Los estados del Sureste son los productores principales de algunos cultivos. En Georgia se cultivan más maníes y pacanas que en cualquier otro estado. Arkansas y Luisiana son los principales productores de arroz. De hecho, casi la mitad de todo el arroz que se cultiva en los Estados Unidos viene de Arkansas.

Otros cultivos importantes son frutas como las fresas, y cereales como el maíz y la soya. La soya se usa para hacer comida para el ganado, para producir aceite vegetal y para otros alimentos.

Los días en los que el algodón era casi el único cultivo de la región han terminado. Pero algunos estados como Georgia y Alabama siguen cultivando mucho algodón. A causa de esto, en el Sureste hay algunos fabricantes textiles. El término textil se refiere a la tela que se usa para hacer ropa. En las fábricas, los trabajadores producen tela y ropa hechas de algodón sureño.

3. ◉ **Causa y efecto** **Localiza** dos relaciones de causa y efecto en el texto. **Encierra** en un círculo la causa. **Subraya** el efecto. Luego **dibuja** una flecha desde la causa hasta el efecto.

Georgia produce más de 130 millones de libras de durazno al año.

Cría de animales

La tierra y el clima del Sureste también lo convierten en una buena región para criar animales. En Virginia, por ejemplo, más de dos tercios del dinero de la agricultura proviene de la cría de ganado. El **ganado** son animales que se crían para vender. Georgia, Arkansas y Alabama son los principales productores de pollos de engorde del país. Carolina del Norte también es un productor importante de cerdos y pavos. El ganado vacuno también es importante en varios estados del Sureste.

Kentucky dice tener más granjas de caballos purasangre que cualquier otro lugar del mundo. Los purasangres son los caballos de carrera. Kentucky incluso tiene un caballo oficial del estado. Como habrás imaginado, es el purasangre.

Este ganado de Virginia se cría para obtener carne.

4. **Localiza** los estados que cultivan duraznos y **encierra** en un círculo esos estados.

El Sureste, uso de la tierra

LEYENDA
- Agricultura
- Bosque
- Zona urbana
- Humedal
- Carne vacuna
- Algodón
- Pescados/mariscos
- Naranjas
- Duraznos
- Maníes
- Pollos
- Arroz
- Tabaco

0   200 mi
0   200 km

WV
VA
KY
NC
TN
AR
SC
MS
AL
Atlanta
GA
LA
OCÉANO ATLÁNTICO
Nueva Orleans
FL
Golfo de México
Miami

N
O   E
S

La construcción de represas es un modo en el que las personas cambian su medio ambiente para cubrir sus necesidades. Las plantas de energía hidroeléctrica están dentro de represas como esta.

Recursos energéticos

El carbón es uno de los recursos energéticos más importantes de los Estados Unidos. La electricidad viene de una planta de energía, y casi la mitad de nuestras plantas de energía usan carbón. En el Sureste, el carbón se obtiene de las minas de Apalachia.

En el Sureste, hay carbón, petróleo y gas natural debajo de la tierra y debajo del agua. Cada uno de ellos es un **combustible fósil,** formado en la tierra a partir de los restos de plantas o animales. Los combustibles fósiles tienen millones de años de antigüedad. Son un recurso no renovable.

Otra fuente de energía es el agua que cae. Las plantas de energía capturan la energía del agua que cae y la convierten en electricidad. La electricidad que se crea por la fuerza del agua que cae se llama **energía hidroeléctrica.**

5. ◎ **Comparar y contrastar Escoge** dos estados de la región. Compara y contrasta sus recursos energéticos.

....

....

....

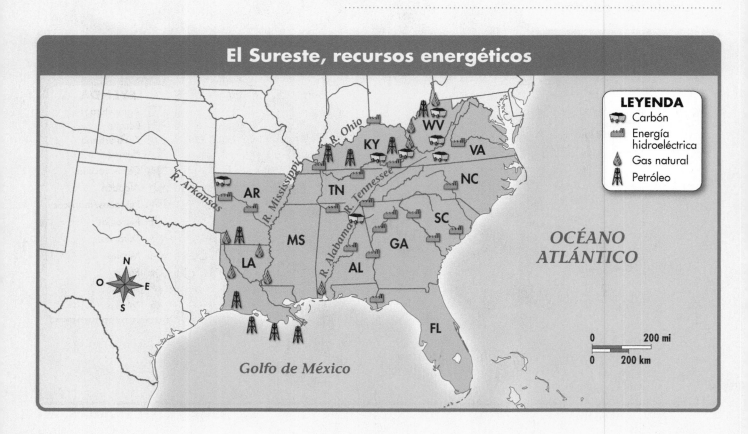

El Sureste, recursos energéticos

LEYENDA
- Carbón
- Energía hidroeléctrica
- Gas natural
- Petróleo

R. Ohio
R. Arkansas
R. Mississippi
R. Tennessee
R. Alabama

WV
KY
VA
AR
TN
NC
MS
SC
LA
GA
AL
FL

OCÉANO ATLÁNTICO

Golfo de México

N O E S

0   200 mi
0   200 km

El turismo y la tierra

La tierra del Sureste también es un recurso de otro tipo. Su belleza atrae turistas a la región. Hay parques nacionales en muchos de los estados del Sureste. Algunos son tan especiales que han sido declarados Patrimonio Cultural de la Humanidad. Eso significa que se conservan como parte de la herencia cultural de todas las personas del mundo. Tu **herencia** son las creencias y las costumbres que se pasan de generación en generación. Hay 21 sitios declarados Patrimonio Cultural de la Humanidad en los Estados Unidos. Cuatro están en el Sureste.

El Parque Nacional Montes Great Smoky está en Carolina del Norte y Tennessee. Ha sido declarado Patrimonio Cultural de la Humanidad.

¿Entiendes?

6. **Resumir** Escoge un recurso del Sureste. Resume su importancia para la región.

....

....

....

....

....

7. Vas a abrir un negocio en el Sureste usando uno de los recursos de la región. **Describe** tu negocio. ¿Qué recursos usarás?

mi Historia: Ideas

....

....

¡Para! Necesito ayuda ....

¡Espera! Tengo una pregunta ....

¡Sigue! Ahora sé ....

Lección 4

Cómo se pobló el Sureste

¡Imagínalo!

llegada

salida

Cruzar los montes Apalaches era muy difícil. Los viajeros tenían que hallar un camino si querían llegar al oeste.

En el pueblo de Cherokee, en Carolina del Norte, las personas hablan el idioma cheroquí, y puedes oír a los narradores que transmiten las tradiciones cheroquíes. Mucho antes de que llegaran personas desde Europa y África, esta tierra era de los cheroquíes.

Indígenas americanos del Sureste

En el Sureste viven indígenas americanos desde hace miles de años. Antes de la llegada de los europeos, el Sureste ya tenía muchos pobladores. Diferentes grupos vivían en la región. Por ejemplo, los cheroquíes vivían en el sur de Apalachia. Los powhatanos vivían en la costa de Virginia. Estos y otros grupos desarrollaron diferentes culturas.

Al igual que otros grupos de la región, los cheroquíes vivían en pueblos. Sus vidas estaban determinadas por su medio ambiente. Construían casas de madera y arcilla. Para comer, cazaban, pescaban y cultivaban la tierra. Hacían su ropa con la piel de los animales que cazaban.

Los cheroquíes modernos mantienen viva su cultura. Esta mujer cheroquí está tejiendo una canasta.

Exploradores y colonos

A principios del siglo XVI, el mundo de los indígenas cambió. Fue el momento en el que los europeos comenzaron a explorar América del Norte. Muchas de las primeras exploraciones comenzaron en el Sureste. Juan Ponce de León y Hernando de Soto llegaron primero a la Florida. En 1513, Ponce de León reclamó la Florida para España. En la década de 1560, se asentaron exploradores españoles y franceses a lo largo de la costa del Atlántico.

DESCIFRA LA PREGUNTA PRINCIPAL

Aprenderé que el Sureste tiene una historia de crisis y reconstrucción.

Vocabulario

siervo por contrato

plantación

pionero

emancipación

En la ilustración, dibuja la ruta más fácil desde la salida hasta la llegada. Luego escribe lo que ves en tu viaje.

Aproximadamente 20 años después, los ingleses se asentaron cerca de la costa de la actual Carolina del Norte. Luego, en 1682, llegó el explorador francés Robert de La Salle. Navegó por el río Mississippi. Reclamó todo el valle del Mississippi para Francia. En 1718, los franceses se asentaron en Nueva Orleans.

Los europeos conocieron a los indígenas que vivían allí. A veces, los encuentros eran pacíficos. Otras veces, había conflictos. Los indígenas se veían amenazados por los recién llegados. A diferencia de los indígenas, los europeos tenían armas de fuego y armaduras de acero.

En general, los primeros exploradores solo pasaron por la región. Algunos querían asentarse. Otros siguieron adelante. Pero dejaron algo mortal: los gérmenes. Las enfermedades europeas mataron a miles de indígenas.

1. ⊙ Secuencia **Escribe** estos asentamientos en orden, desde el más antiguo hasta el más reciente: *Nueva Orleans, Jamestown, San Agustín.*

....

....

El Sureste, 1513–1718

R. Mississippi

Powhatanos

Jamestown, 1607

Roanoke, 1585

Chickasaws

Cheroquíes

0   150 mi

0   150 km

Caddos

Creeks

Choctaws

Charlesfort, 1562

Fuerte Caroline, 1564

San Agustín, 1565

Nueva Orleans, 1718

Timucuas

OCÉANO ATLÁNTICO

Golfo de México

LEYENDA
← Ponce de León, 1513
← De Soto, 1539–1542
← La Salle, 1682
■ Asentamiento inglés
■ Asentamiento francés
■ Asentamiento español
El mapa muestra los límites actuales.

N O E S

CUBA

Las colonias inglesas

En 1607, un grupo de 104 hombres y jóvenes ingleses establecieron una colonia en lo que hoy es Virginia. La llamaron Jamestown, por el rey de Inglaterra (en español, se conoce al rey James como Jacobo). Los primeros tiempos de la colonia fueron difíciles. Los powhatanos, un grupo de indígenas, ayudaron a los colonos. Intercambiaron alimentos con ellos. Jamestown se convirtió en la primera colonia inglesa exitosa de América del Norte.

A principios del siglo XVIII, los ingleses ya tenían 13 colonias a lo largo del Atlántico. Cuatro estaban en el Sureste: Virginia, Carolina del Norte, Carolina del Sur y Georgia.

Las colonias crecieron a medida que los europeos empezaban sus nuevas vidas en América del Norte. Muchos vinieron como siervos por contrato. Un **siervo por contrato** firmaba un contrato en el que prometía trabajar sin paga durante cierto período. Otros vinieron a América contra su voluntad. Muchos africanos esclavizados trabajaban en grandes granjas llamadas **plantaciones.** Ellos ayudaron a construir la economía y la cultura de las colonias desde el principio.

Según la Constitución, el poder siempre estará en manos del pueblo ☐

. . . la honestidad es siempre la mejor política. ☐

Tres virginianos

Hacia fines del siglo XVIII, las colonias iban en camino a la independencia. Muchas mujeres y hombres del Sureste fueron importantes en ese viaje. Tres hombres de Virginia estuvieron entre los líderes de la creación de una nueva nación.

George Washington lideró al ejército colonial durante la Guerra de Independencia. Se convirtió en el primer presidente de los Estados Unidos en 1789. Como "Padre de la Patria", fue un ejemplo para los presidentes posteriores.

Thomas Jefferson escribió la Declaración de Independencia. Como tercer presidente, duplicó el tamaño de los Estados Unidos con la Compra de Luisiana.

James Madison es conocido como el "Padre de la Constitución". Tuvo un papel muy importante en la creación del documento que sigue guiando a nuestra nación. Madison fue el cuarto presidente de la nación.

2. ◉ **Hechos y opiniones** George Washington tenía mucho para decir. **Escribe** *H* junto al enunciado que es un hecho y *O* junto al enunciado que es una opinión.

Pioneros van hacia el oeste

Incluso antes de la Independencia, los colonos fueron hacia el oeste. Querían hallar más tierras. Daniel Boone fue uno de los primeros pioneros. Un **pionero** es una persona que puebla un lugar y guía a otros para que hagan lo mismo. En 1775, Boone guió a un grupo a Kentucky. Cruzaron el paso de Cumberland. Este paso, o camino, se encuentra en los Apalaches. Construyeron el Camino Wilderness. Ese camino se convirtió en una ruta principal hacia el oeste.

Muchos pobladores iban al oeste en busca de tierras para plantar algodón. Por aquellos días, el algodón era el "rey". Los dueños de plantaciones plantaban cada vez más algodón. Para manejar las plantaciones, dependían de un número cada vez mayor de africanos esclavizados.

A medida que las personas se desplazaban al oeste, se formaban nuevos estados. Kentucky y Tennessee se convirtieron en estados a fines de la década de 1790. Alabama, Mississippi y Luisiana ingresaron en la Unión en la década de 1810. Hacia 1845, Arkansas y la Florida también eran estados.

Los conflictos con los indígenas aumentaron en esos años. Los pobladores querían cultivar en las tierras de los cheroquíes, pero los cheroquíes no querían irse. Los cheroquíes acudieron a los tribunales, pero no ganaron. Entonces, los Estados Unidos ordenaron a los indígenas entregar sus tierras. Algunos cheroquíes escaparon, pero a muchos los obligaron a irse. Se fueron a un territorio que hoy es parte de Oklahoma. Su viaje fue tan terrible que se conoce como Camino de Lágrimas.

3. ⊙ **Causa y efecto** ¿Cuál fue la causa de la formación de nuevos estados? **Subraya** una causa en el texto.

Daniel Boone guió a otros pobladores a los nuevos asentamientos. Su esposa, Rebecca, y su hija, Susannah, se unieron a él más tarde.

Los historiadores creen que alrededor de 15,000 indígenas americanos murieron en el Camino de Lágrimas.

Esclavitud y la Guerra Civil

El 4 de febrero de 1861, un grupo de hombres de seis estados del Sureste se reunieron en Montgomery, Alabama. Representaban a Carolina del Sur, Mississippi, la Florida, Alabama, Georgia y Luisiana. Crearon el gobierno de un nuevo país. Lo llamaron los Estados Confederados de América, o la Confederación.

Los seis estados ya se habían separado de los Estados Unidos. Unos meses más tarde, se unieron Texas, Virginia, Arkansas, Carolina del Norte y Tennessee. Esos 11 estados eran la Confederación. Kentucky y Virginia Occidental fueron los únicos estados del Sureste que siguieron en la Unión.

La Guerra Civil entre el Norte y el Sur duró de 1861 a 1865. La principal causa de la guerra fueron los conflictos por la esclavitud. En los estados Confederados vivían unos 3.5 millones de africanos esclavizados. En 1863, el presidente Abraham Lincoln emitió la Proclamación de Emancipación. **Emancipación** significa liberar a alguien de la esclavitud. La proclamación liberaba a todas las personas esclavizadas en la Confederación. Muchos supieron que eran libres recién al terminar la Guerra Civil.

La Confederación perdió la guerra. Gran parte del Sureste quedó en ruinas. Casi 500,000 hombres murieron o fueron heridos. Los edificios y los hogares quedaron destruidos. La economía basada en el trabajo de los esclavos, también. El Sureste tuvo que reconstruirse.

4. ◉ **Idea principal y detalles** ¿Qué estados del Sureste no se unieron a la Confederación?

Después de que terminó la Guerra Civil, la ciudad de Richmond, Virginia, quedó en ruinas. Hoy, 150 años más tarde, es una ciudad próspera.

El Sureste después de la esclavitud

Después de la guerra, la nación tuvo que volver a unirse. Para hacerlo, cada estado de la Confederación prometió dar derechos civiles a los afroamericanos.

Sin la esclavitud, las personas tuvieron que aprender nuevas formas de vivir y trabajar juntas. Durante casi 100 años, la segregación separó a los afroamericanos de los blancos en el Sureste. Esto cambió con el Movimiento de los Derechos Civiles en las décadas de 1950 y 1960. Algunos llamaron al Movimiento de los Derechos Civiles "la segunda Reconstrucción".

Muchos de los líderes del Movimiento de los Derechos Civiles eran del Sureste. Rosa Parks nació en Tuskegee, Alabama. El Dr. Martin Luther King, Jr. nació en Atlanta. En la actualidad, puedes visitar allí el Centro King. Es un monumento en honor al Dr. King y a todo el Movimiento de los Derechos Civiles.

John Lewis es de Troy, Alabama. Inspirado por Martin Luther King, Jr., se convirtió en un líder del Movimiento de los Derechos Civiles. Actualmente representa a Georgia en el Congreso de los EE. UU.

¿Entiendes?

5. ◉ **Hacer generalizaciones** Di de qué modo alguna de estas personas influyó en la vida de otras personas del Sureste: Robert de La Salle, Daniel Boone, Abraham Lincoln.

....

....

....

....

6. ❓ Quieres hacer un recorrido histórico de uno de los primeros asentamientos europeos en el Sureste. ¿Cuál escogerías? ¿Por qué?

mi Historia: Ideas

....

....

....

◻ **¡Para!** Necesito ayuda ....

❙❙ **¡Espera!** Tengo una pregunta ....

▶ **¡Sigue!** Ahora sé ....

La vida en el Sur

¡Imagínalo!

El banjo es un instrumento musical que se toca como una guitarra. Es parte de la cultura del Sureste.

Es mayo y estás de visita en Memphis, Tennessee. Estás allí por la gran celebración de la ciudad llamada Memphis en Mayo. En el Festival Musical Beale Street, oyes lo mejor del rock y el *blues*. Luego vas al Campeonato Mundial de Barbacoa. En un solo día, has vivido una experiencia maravillosa de la cultura del Sureste.

La cultura del Sureste

Como todas las regiones, el Sureste tiene una cultura especial. Usamos la palabra *cultura* para hablar de cosas como la música, la pintura, la danza, la literatura y la cocina. Cuando oyes cómo tocan el banjo o cuando comes una barbacoa, estás compartiendo parte de la cultura del Sureste.

El Sureste es famoso por sus barbacoas.

La cultura del Sureste es una gran mezcla de tradiciones. La mayoría de las personas de la región tienen antepasados ingleses o afroamericanos. Otros tienen raíces culturales diferentes. Por ejemplo, los cajunes de Luisiana tienen antepasados franceses. En la costa del Golfo, puedes disfrutar de una comida vietnamita. En Carolina del Sur, puedes oír el idioma *gullah*. Los **gullahs** son afroamericanos del Sureste que han conservado gran parte de su herencia africana. Todos ellos son parte de la cultura del Sureste.

Escribe cómo la música forma parte de tu vida.

DESCIFRA LA PREGUNTA PRINCIPAL

Aprenderé que el Sureste es el hogar de algunas tradiciones culturales que han tenido influencia en la nación y en el mundo.

Vocabulario

gullah   manualidad
jazz   puerto

La música en el Sureste

Muchos de los tipos de música favoritos del país tienen su origen en el Sureste. El rock, el *blues*, el *gospel*, el *bluegrass*, el *country* y el *ragtime* nacieron o se desarrollaron en la región.

Un tipo de música especial que comenzó en el Sureste es el *jazz*. El **jazz** fue creado principalmente por músicos afroamericanos. La música que tocaban en Nueva Orleans a principios del siglo xx llegó rápidamente a otras ciudades.

El *rock and roll* también nació en el Sureste. En la década de 1950, músicos afroamericanos y blancos desarrollaron este nuevo tipo de música. Memphis y Nashville, en Tennessee, fueron centros del *rock and roll*.

La música *gospel* de las iglesias afroamericanas del Sur inspiró a muchos. Cantantes como Aretha Franklin popularizaron este canto. En la década de 1920, los programas de radio comenzaron a transmitir este y otros tipos de música a toda la nación. En la actualidad, Internet la lleva al mundo.

La música en el Sureste ha cambiado con el tiempo. Por ejemplo, en las bandas de *jazz* de la actualidad se pueden oír instrumentos electrónicos, como los teclados.

1. ⬤ **Hechos y opiniones** **Escribe** una opinión sobre el *jazz*, el *rock and roll* o el *gospel*.

....

Louis Armstrong era un trompetista de jazz de Nueva Orleans. Ayudó a popularizar el jazz entre millones de personas de los Estados Unidos y del mundo.

Tradiciones culturales

Los escritores cuentan las historias de cada región. Nos ayudan a comprender el pasado y cómo este le dio forma al presente. Diarios como *La guerra civil de Mary Chesnut* son el punto de vista de una persona. William Faulkner escribió historias de ficción sobre la vida en Mississippi. En sus novelas, Zora Neale Hurston cuenta las experiencias de los afroamericanos. Al igual que la música, la literatura de la región es popular en todo el mundo.

El Sureste tiene una larga tradición de manualidades. Una **manualidad** es un objeto hecho a mano. En Apalachia, por ejemplo, se hacen instrumentos musicales como los banjos. En Gee's Bend, Alabama, se hacen colchas de retazos que actualmente se exhiben en museos.

Los deportes son una parte importante de la vida del Sureste. Entre los más populares están las carreras de la Asociación Nacional de Carreras de Automóviles de Serie (NASCAR, por sus siglas en inglés). Millones de aficionados miran las carreras. La mayoría de los equipos de carrera son de Carolina del Norte.

2. Las artesanas de Gee's Bend cosen trozos de tela para crear los diseños de sus colchas de retazos. **Dibuja** tu propio diseño de colcha.

El nuevo Sur

El Sureste ha cambiado mucho en los 150 años que siguieron a la Guerra Civil. Hace un siglo, la mayoría de sus habitantes vivían en zonas rurales. Hoy viven principalmente en ciudades. Georgia es un buen ejemplo: en 1900, más de ocho de cada diez habitantes vivían en el campo. Hoy, casi ocho de cada diez viven en ciudades, y las ciudades del Sureste siguen creciendo.

El Sureste dejó de ser una economía basada en la agricultura. En Birmingham, Alabama, la industria creció rápidamente. Tenía tantas acerías que la llamaban la Pittsburgh del Sur. Sin embargo, como muchas otras ciudades del Sureste, Birmingham ya no es un centro industrial. La mayoría de sus habitantes trabajan en las industrias de servicios. La ciudad es líder en investigación médica y en la industria bancaria.

El Triángulo de la Investigación, en Carolina del Norte, también está creciendo con rapidez. Las ciudades de Raleigh, Durham y Chapel Hill están allí. Esta zona es un centro de investigación médica, informática, comercial y educativa.

También en Arkansas las industrias de servicios lideran la economía. Tienen especial importancia los negocios y tiendas. En Arkansas se vende de todo, desde automóviles hasta comestibles.

Algunos de los principales proveedores de servicios del mundo están en el Sureste. Hay muchas empresas de comunicaciones, tecnología e Internet en el norte de Virginia. UPS, uno de los principales servicios de envío de paquetes del mundo, tiene su sede principal en Georgia. El Sureste es un lugar muy activo.

En centros médicos como este, de la Universidad de la Florida, los científicos investigan nuevas curas para las enfermedades.

3. **Idea principal y detalles Escribe** una oración acerca de una de las formas en las que ha cambiado la economía del Sureste.

....

....

....

....

....

Ciudades en rápido crecimiento

Muchas ciudades del Sureste están entre las primeras del país en cuanto al crecimiento de la población. De las 100 ciudades con el crecimiento más rápido de los Estados Unidos, 16 están en el Sureste. Dos ciudades de Carolina del Norte, Charlotte y Raleigh, están entre las 10 primeras.

Nueva Orleans, Luisiana, es famosa por su comida y su música. La ciudad se fundó a principios del siglo XVIII y es un puerto muy activo sobre el río Mississippi. Un **puerto** es un lugar por donde pueden entrar o salir personas y bienes de un país. Grandes barcos transportan productos por el Mississippi hacia el Sureste y el Medio Oeste. Miles de barcos salen al océano y conectan Nueva Orleans con el mundo. En 2005, el huracán Katrina causó daños graves a la ciudad. Los habitantes de Nueva Orleans se enfrentaron a muchos desafíos mientras reconstruían la ciudad. La reconstrucción de Nueva Orleans todavía continúa.

Las Olimpíadas de verano de 1996 se realizaron en Atlanta. Este parque con fuentes se construyó para los visitantes.

Charleston, Carolina del Sur, es una de las ciudades más antiguas del Sureste. Fue fundada en 1670 por colonos ingleses. Es una mezcla de lo antiguo y lo moderno. Muchos turistas vienen a ver los edificios coloniales y los hermosos jardines. Cerca del puente de Charleston está el Acuario de Carolina del Sur. Allí hay plantas y animales de todo el estado. Además, en el puerto está el Monumento Nacional Fort Sumter. Marca el lugar donde se dieron los primeros disparos de la Guerra Civil. Al igual que el resto de Charleston, es un buen lugar para ver los cambios del Sureste.

Atlanta

Atlanta, la capital de Georgia, es una de las ciudades principales del Sureste. Comenzó como un centro ferroviario en la década de 1830. Hoy, sigue siendo un centro de transporte. De hecho, tiene el aeropuerto más activo del mundo.

Atlanta está creciendo con rapidez. Se construyen edificios flamantes y se instalan negocios nuevos. La ciudad es un centro de comunicaciones y finanzas. Atlanta es una de las capitales culturales del Sureste.

4. Dibuja una postal ilustrada que muestre lo que más te gusta del Sureste.

5. ⊙ **Hechos y opiniones Escribe** un hecho sobre la vida en el Sur. Luego **escribe** una opinión sobre el mismo tema.

....

....

....

....

6. ❓ Tienes la oportunidad de aprender más sobre las colchas de retazos, la trompeta de *jazz* o las barbacoas. ¿Cuál escogerías y por qué?

mi Historia: Ideas

....

....

....

⬜ **¡Para!** Necesito ayuda ....

⏸ **¡Espera!** Tengo una pregunta ....

▶ **¡Sigue!** Ahora sé ....

Lección 1

La tierra y el agua del Sureste

- El Sureste está delineado por dos líneas costeras y por ríos.
- La Llanura Costera, el piedemonte y los montes Apalaches son los accidentes geográficos de la región.
- La variedad de la tierra favorece a muchos tipos de animales y plantas.

Lección 2

El clima del Sureste

- El clima del Sureste es moderado, y eso permite a las personas disfrutar de muchas actividades al aire libre.
- A veces, los huracanes pasan con fuerza por la región y causan daños graves.
- Las inundaciones causadas por los desbordes de los ríos también son desafíos para las comunidades del Sureste.

Lección 3

Una tierra de muchos recursos

- El Sureste tiene muchos recursos diferentes.
- El cultivo de alimentos y la cría de animales, y también el uso de recursos forestales y energéticos, son partes importantes de la economía de la región.
- La tierra del Sureste es un recurso para el turismo.

Lección 4

Cómo se pobló el Sureste

- A principios del siglo XVI, los exploradores europeos se encontraron con los indígenas americanos.
- Los colonos ingleses construyeron colonias duraderas en la región.
- Los colonos se desplazaron al oeste y causaron conflictos con los indígenas.
- La Guerra Civil dañó la región, que finalmente se reconstruyó.

Lección 5

La vida en el Sur

- Los artistas contribuyen a la cultura de la región, que es una gran mezcla de tradiciones.
- Los cambios a la región desde la Guerra Civil incluyen una menor dependencia de la agricultura y el crecimiento de las industrias de servicios.
- El Sureste es el hogar de muchas ciudades en rápido crecimiento.

Repaso y Evaluación

Lección 1

La tierra y el agua del Sureste

1. **Escribe** la letra de estos accidentes geográficos en el mapa.

   A. Océano Atlántico   C. Llanura Costera

   B. Golfo de México   D. Montes Apalaches

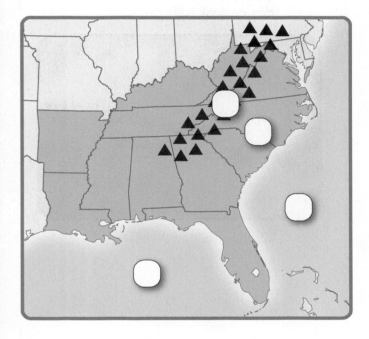

Lección 2

El clima del Sureste

2. **Define** estos términos.

   evacuación

   ....

   dique

   ....

   ....

Lección 3

Una tierra de muchos recursos

3. **Une** las palabras con las frases.

   _____ maderera

   _____ agroindustria

   _____ ganado

   _____ energía hidroeléctrica

   a. electricidad creada por el agua que cae

   b. animales que se crían para la venta

   c. la agricultura como industria

   d. industria que planta millones de acres de árboles

4. ¿Por qué son especiales los sitios declarados Patrimonio Histórico de la Humanidad?

   ....

   ....

   ....

   ....

5. **Mira** de nuevo el mapa usado para la pregunta 1. Luego **lee** la lista de recursos de abajo. **Escribe** el número de cada recurso cerca de una zona en la que podrías encontrarlo.

   1. pescados y mariscos
   2. carbón
   3. caballos purasangre
   4. duraznos
   5. petróleo

Lección 4

Cómo se pobló el Sureste

6. Une la persona con su descripción.

_____ George Washington

_____ Daniel Boone

_____ Robert de La Salle

_____ John Lewis

a. Es miembro del Congreso y líder de los Derechos Civiles.

b. Guió a los pioneros hacia el oeste.

c. Exploró el Mississippi.

d. Es conocido como "Padre de la Patria".

7. Haz una lista de estos sucesos en el orden en que ocurrieron.
Reconstrucción, Guerra Civil, secesión

....

....

Lección 5

La vida en el Sur

8. ◎ **Hechos y opiniones Escribe** un hecho y una opinión sobre la cultura del Sureste.

....

....

....

....

....

9. ? **¿Cómo influye el lugar donde vivimos en quiénes somos?**

Usa la fotografía y las preguntas de abajo para pensar más en la Pregunta principal de este capítulo.

a. ¿Cómo afecta al Sureste tener dos costas?

....

....

....

....

....

....

b. ¿Cómo afectan las ciudades al Sureste?

....

....

....

....

....

Conéctate en línea para escribir e ilustrar tu **myStory Book** usando **miHistoria: Ideas** de este capítulo.

 ¿Cómo influye el lugar donde vivimos en quiénes somos?

Has aprendido sobre la tierra y el agua, el clima y el tiempo, y los recursos del Sureste. Has aprendido sobre el pasado y el presente de la región. Has pensado en cómo todas estas partes del Sureste afectan a quienes viven allí.

Eres el alcalde de un pueblo del Sureste. Quieres atraer negocios de otros países a tu región. **Escribe** un anuncio que describa el Sureste. Explica por qué es un gran lugar para trabajar y para vivir.

....

....

....

....

Ahora **haz un dibujo** en el que muestres que es un gran lugar para abrir un negocio.

Mientras estás en línea, dale un vistazo a **myStory Current Events,** donde puedes crear tu propio libro sobre un tema de actualidad.

Las regiones: El Medio Oeste

mi Historia: ¡Despeguemos!

¿Cómo influye el lugar donde vivimos en quiénes somos?

Hace mucho tiempo, las tierras fértiles de cultivo y los numerosos ríos del Medio Oeste atraían a los pobladores. Al poco tiempo, surgieron ciudades en la región. Así, más personas llegaron para trabajar en esas ciudades. **Piensa** en tu comunidad. **Escribe** sobre algo del lugar donde vives que pueda atraer a las personas para que se muden allí.

....

....

....

....

La región del Medio Oeste ofrece tierras fértiles de cultivo y de pastoreo. Los agricultores y ganaderos cultivan alimentos y crían ganado aquí para venderlo a diferentes partes del mundo.

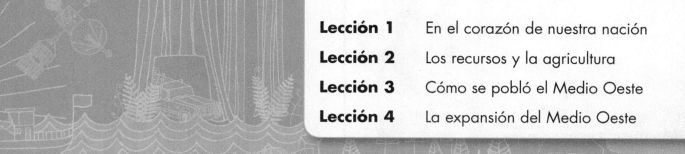

Nebraska

Una gran tierra para el cultivo

mi Historia: Video

A la región del Medio Oeste se la conoce por sus praderas y por sus tierras fértiles de cultivo y de pastoreo. Aquí se producen grandes cosechas de maíz, trigo y otros cultivos. Nebraska es uno de los estados agrícolas más importantes de la nación. La altitud de sus tierras va en aumento desde el valle del río Missouri, en el este, hasta la región alta y seca de las Grandes Llanuras, en el oeste.

Devin nació y se crió en Omaha, Nebraska. Omaha está en el límite este del estado. Devin ama esta región. "No vivo en una granja, pero hay muchas cerca de mi casa. Los tractores son increíbles", afirma. Laura es de Lincoln, Nebraska. Lincoln está al suroeste de Omaha. Ella vive en el campo. "Es un terreno muy abierto, ¡casi puedes ver hasta el infinito!", exclama. Laura y Devin hoy van a explorar Nebraska.

Devin en un tractor en una granja cercana a Omaha, su pueblo natal, en Nebraska. Nebraska está en el corazón de las tierras fértiles del Medio Oeste.

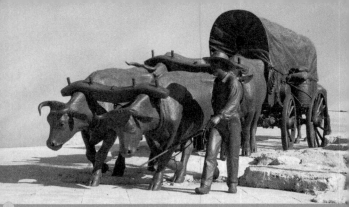

Omaha es la ciudad más grande de Nebraska. Está ubicada en el límite este del estado.

En el parque Pioneer Courage, ubicado en Omaha, hay esculturas de metal que honran a los pioneros que llegaron a Nebraska en carromatos hace mucho tiempo.

A Devin le gusta visitar las granjas cercanas a su casa en Omaha, Nebraska.

"Bienvenidos a Omaha", dice Devin. Él vive en la ciudad más grande de Nebraska. Omaha está ubicada a orillas del río Missouri. "El río Missouri separa a Nebraska de Iowa", explica Devin. Su ubicación a orillas del río la hace una ciudad importante.

Los ríos como el Missouri siempre han sido importantes rutas comerciales. El río es una ruta para el transporte de cultivos como el maíz. Los cultivos de Nebraska se venden en los mercados de todo el mundo. De hecho, todo tipo de productos del Medio Oeste se transportan desde Omaha en grandes embarcaciones llamadas barcazas.

Devin camina por una zona cercana a la orilla del río conocida como Old Market District, es decir, el distrito del mercado antiguo. Esta zona era un puerto importante. En la actualidad, las personas compran en las tiendas, comen en los restaurantes y visitan el Museo de los Niños de Omaha.

Nebraska tiene muchos campos, ideales para cultivar maíz. "El maíz se cultiva en todas partes", dice Devin. "Camino a la escuela paso por un maizal".

Unas estructuras especiales, llamadas elevadores de granos, se llenan de cultivos en épocas de cosecha. Los granjeros almacenan los cultivos en los elevadores de granos antes de transportarlos al mercado. Aunque no vive en una granja, Devin ayuda en algunas granjas locales. Deshoja, es decir, pela el maíz y ayuda a alimentar a las vacas.

"Hay muchas reglas de seguridad en la granja", agrega Devin, "¡y cumplo con cada una de ellas!". Devin aprende mucho de los granjeros cada vez que va a ayudar. Los granjeros del Medio Oeste, conocidos por ser muy trabajadores, adoran la tierra de la región.

Laura vive en Lincoln. Lincoln es la ciudad capital de Nebraska. Está al suroeste de Omaha.

Lincoln está rodeada por hermosos campos. Laura adora esos espacios abiertos.

La casa de Laura en Lincoln, ciudad capital de Nebraska, está cerca del Monumento Nacional Homestead. Este monumento conmemora la Ley de Fincas de 1862. Esa ley permitió a los ciudadanos estadounidenses ser dueños de tierras del gobierno. Las parcelas de tierra se llamaban fincas. Miles de familias se mudaron al Medio Oeste y construyeron fincas. Así, entre 1860 y 1940, se repartieron más de 270 millones de acres de tierra del gobierno.

Laura ya está terminando su visita al parque donde se encuentra el monumento. Mientras camina hacia su casa, observa la tierra de su estado. Adora los espacios abiertos que hay cerca de su casa. Puede disfrutar de las praderas o admirar los campos sembrados. Sobre la tierra, el horizonte se ve a lo lejos en todas las direcciones. "Mira esta tierra", agrega. "¿No es maravillosa?".

En Nebraska, el estado del tiempo puede pasar del sol a la nieve en apenas unas horas. "Pero eso también hace que el lugar sea interesante", afirma Laura. "Y además, a nosotros nos gusta así. ¡Nebraska es genial!".

Piénsalo Si pudieras elegir un trabajo para ayudar en tu región, ¿cuál sería? A medida que lees el capítulo, piensa en los recursos y en la economía de la región, y en el trabajo que podrías hacer.

El Monumento Nacional Homestead es un parque que está cerca de Lincoln, Nebraska.

Lección 1

En el corazón de nuestra nación

¡Imagínalo!

Océano Pacífico

Montañas Rocosas

Llanura

El suelo en el centro de los Estados Unidos es diferente del suelo del este y del oeste.

La región del Medio Oeste está en el centro del país. Se extiende desde Ohio, en el este, hasta Nebraska y Kansas, en el oeste. Hacia el norte, incluye los estados que limitan con el Canadá, como Michigan y Dakota del Norte.

El suelo del Medio Oeste

Puedes pensar en el Medio Oeste como un área ubicada entre dos cordilleras. Hacia el oeste, están las Montañas Rocosas. Hacia el este, los montes Apalaches. Aunque en el Medio Oeste hay colinas y montañas, la mayor parte del suelo es llano. La región incluye tierras de cultivo, bosques y pastizales abiertos. En la zona oeste de la región, el suelo es más alto y seco a medida que se acerca a las Montañas Rocosas. Esta área se llama **Grandes Llanuras.** La mayor parte de las Grandes Llanuras está cubierta por praderas. Una **pradera** es un área de suelo llano o ligeramente ondulado, cubierto de pasto y con pocos árboles. La parte este del Medio Oeste se llama **Llanuras Centrales.**

Hace miles de años, gran parte de la región estaba cubierta por glaciares. Los glaciares modificaron el suelo. Aplanaron las colinas y formaron valles. Algunos valles se llenaron de agua y formaron valles de ríos. También se formaron morrenas cuando se derritieron los glaciares. Una morrena es un montículo o cresta de roca y grava.

1. ◉ **Causa y efecto** Cuando se derritieron los glaciares antiguos, se formaron muchos lagos. A Minnesota le dicen "la tierra de los 10,000 lagos". **Subraya** en el texto otros efectos causados por los glaciares.

¿Cómo cambia el suelo a medida que viajas desde cualquiera de las costas hacia el centro del país?

DESCIFRA LA
PREGUNTA PRINCIPAL
?

Aprenderé que los accidentes geográficos y las masas de agua influyen en la vida de los habitantes del Medio Oeste.

Vocabulario

Grandes
Llanuras   ventisca

pradera   tornado

Llanuras   Badlands
Centrales

Grandes ríos

Los ríos también moldearon el Medio Oeste. Los dos ríos más grandes del país atraviesan la región.

El más grande es el río Mississippi. El caudal de agua del río Mississippi es mayor que el de cualquier otro río de América del Norte. Fluye de norte a sur. El río nace en los lagos de Minnesota y recorre 2,350 millas. En su recorrido, otros ríos, como el Missouri y el Ohio, desembocan en él. El río Mississippi comienza como un arroyo pequeño y crece hasta alcanzar las 11 millas de ancho en algunos lugares. Sus aguas desembocan en el golfo de México.

El río Missouri es el más largo del país. Recorre 2,540 millas. Este río nace en Montana y se dirige hacia el este y hacia el sur a través de las Dakotas. Marca parte de los límites entre Nebraska y Iowa, y entre Kansas y Missouri.

El río Ohio es otro de los largos ríos del Medio Oeste. Recorre más de 1,300 millas. Nace en Pennsylvania y fluye hacia el oeste en su recorrido a lo largo del límite sur de los estados Ohio, Indiana e Illinois.

2. El río Ohio marca el límite sur de los estados Ohio, Indiana e Illinois. En el mapa, **traza** una línea sobre el río Ohio y rotúlala.

El Medio Oeste, mapa político

LEYENDA
- Región del Medio Oeste
- ★ Capital del estado

0   200 mi
0   200 km

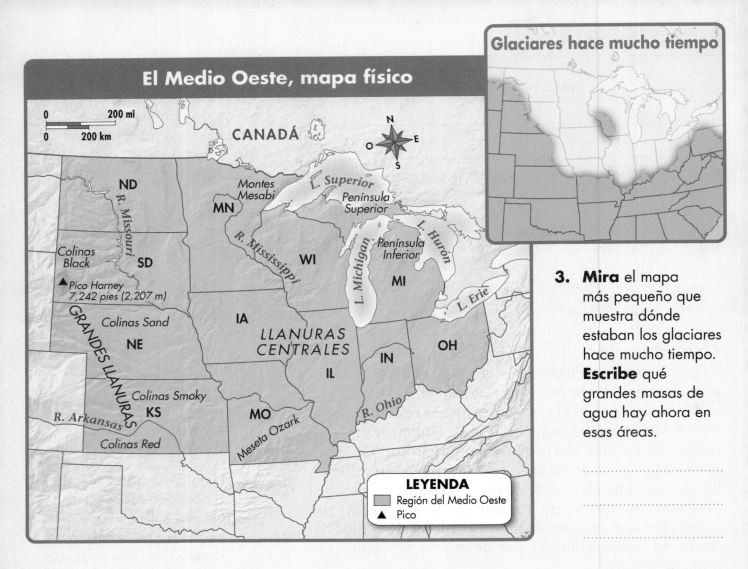

El Medio Oeste, mapa físico

0   200 mi
0   200 km

CANADÁ

N
O   E
S

ND

Montes Mesabi

L. Superior

Península Superior

MN

R. Missouri

R. Mississippi

WI

L. Michigan

L. Huron

Península Inferior

Colinas Black

SD

MI

▲ Pico Harney
7,242 pies (2,207 m)

L. Erie

Colinas Sand

IA

NE

LLANURAS CENTRALES

GRANDES LLANURAS

Colinas Smoky

KS

IL

IN

OH

R. Arkansas

MO

Meseta Ozark

R. Ohio

Colinas Red

LEYENDA
▢ Región del Medio Oeste
▲ Pico

Glaciares hace mucho tiempo

3. Mira el mapa más pequeño que muestra dónde estaban los glaciares hace mucho tiempo. **Escribe** qué grandes masas de agua hay ahora en esas áreas.

....

....

....

Los Grandes Lagos

El Medio Oeste no solo tiene los ríos más extensos del país, también tiene los lagos más grandes. Hay cinco Grandes Lagos: Erie, Hurón, Michigan, Ontario y Superior. Todos ellos están conectados y todos, menos el lago Ontario, pertenecen al Medio Oeste. Los Grandes Lagos contienen casi una quinta parte del agua dulce del mundo. Todos los Grandes Lagos son realmente grandes. Si te paras en la orilla de uno de ellos, no alcanzarás a ver la orilla opuesta. El viento puede formar grandes olas en los lagos, y eso hace que parezcan océanos.

Los Grandes Lagos se formaron hace mucho tiempo por los glaciares. A medida que los glaciares avanzaban sobre la tierra, formaban pozos profundos. Cuando los glaciares se derritieron, los pozos se llenaron de agua.

Aunque están tierra adentro, los Grandes Lagos se conectan con el océano Atlántico. El río San Lorenzo nace en el lago Ontario y fluye hacia el este hasta desembocar en el océano.

El clima del Medio Oeste

El Medio Oeste está lejos de las costas. Eso influye en su clima. Las zonas costeras son frescas en verano y templadas en invierno gracias a la temperatura estable del agua del océano. Los océanos moderan las temperaturas de sus zonas cercanas. Tierra adentro, las temperaturas pueden ser extremas. En el Medio Oeste, los veranos pueden ser muy calurosos y los inviernos, muy fríos.

Los inviernos son especialmente fríos en estados como Dakota del Norte, Minnesota, Wisconsin y Michigan. Las nevadas son frecuentes allí. A veces, las ventiscas azotan la región. Una **ventisca** es una fuerte tormenta de nieve con vientos potentes. En el verano puede haber olas de calor y altas temperaturas.

La parte oeste del Medio Oeste tiende a ser mucho más seca que la parte este. Eso ocurre debido a la presencia de las Montañas Rocosas. Las Montañas Rocosas bloquean el aire húmedo. La lluvia cae al oeste de esas montañas y luego el aire seco pasa al Medio Oeste. En las Grandes Llanuras, el promedio de precipitación anual no alcanza las diez pulgadas. Más hacia el este, estados como Indiana y Ohio tienen unas 40 pulgadas de precipitación por año. El aire húmedo del golfo de México sube hacia el norte y se encuentra con el frío aire canadiense. Por eso hay lluvias y nieve en esos estados.

Como viven tierra adentro, los habitantes del Medio Oeste no tienen que preocuparse por los huracanes, pero sí deben cuidarse de otros climas extremos. Cuando el aire seco del Medio Oeste se encuentra con el aire caliente y húmedo del golfo de México, se forman fuertes tormentas eléctricas. También pueden formarse tornados. Los tornados son frecuentes y peligrosos en la región. Un **tornado** es una columna de aire destructiva que gira a gran velocidad, con vientos que pueden llegar a las 300 millas por hora. Parte del Medio Oeste está en un área llamada Corredor de los Tornados. Allí, los tornados son frecuentes en primavera y en verano.

En el Medio Oeste, los inviernos pueden traer ventiscas y temperaturas bajo cero. La temperatura más baja que se registró en Dakota del Norte fue de −60 °F.

4. ⊚ **Resumir Escribe** cómo afecta al clima de la región que el Medio Oeste esté ubicado tierra adentro.

....

....

....

....

La vida silvestre del Medio Oeste

En el Medio Oeste hay una gran variedad de vida silvestre. Venados, ovejas y serpientes viven en las colinas rocosas y secas de las Badlands. Las **Badlands** son una región de terreno accidentado que está al oeste de Dakota del Sur. La vegetación es pobre y hay pocos árboles. El hurón de patas negras, una de las especies de América del Norte en mayor peligro de extinción, fue traído de vuelta al Parque Nacional Badlands.

En la pradera del Medio Oeste también vive el bisonte americano. En el pasado, millones de bisontes deambulaban por las llanuras. Hace mucho tiempo, casi se extinguieron porque las personas los cazaban. En la actualidad, sin embargo, hay miles de bisontes. Conviven con antílopes americanos, perros de las praderas y coyotes. Los pastizales abiertos también son perfectos para la ganadería. Los rancheros crían ganado en gran parte de la región.

Hacia el norte y el este, hay muchas ardillas, mapaches y venados, especialmente en los bosques. El lobo gris, que estuvo a punto de extinguirse, hoy vive en algunas partes de Wisconsin y Minnesota.

En el Medio Oeste viven muchas especies de aves, como búhos y halcones. El águila de cabeza blanca hace su nido a orillas de ríos y lagos. Allí, puede hallar peces para comer. Las aves migratorias llegan también al Medio Oeste. Estas aves vuelan grandes distancias cuando cambian las estaciones. En los pantanos hay patos, gansos y grullas. Un pantano es un humedal cubierto de pasto.

Muchos peces viven en los ríos y lagos del Medio Oeste. Peces de lago como el lucio, la perca, la lobina negra y la carpa viven en los Grandes Lagos. Enormes bagres viven en el fondo lodoso del río Mississippi.

Los perros de las praderas habitan los pastizales del Medio Oeste. Viven en hoyos llamados madrigueras que ellos mismos cavan en el suelo.

El bisonte americano, o búfalo, es un animal grande que se alimenta de los pastos que cubren las praderas.

5.  **Categorizar** **Escribe** un animal que viva en cada tipo de lugar.

Vida silvestre del Medio Oeste

pradera	
colinas secas y rocosas	
bosque	
ríos, lagos y humedales	

En el Medio Oeste viven muchas especies de aves. Este es un cardenal.

¿Entiendes?

6. Comparar y contrastar ¿En qué se diferencia el clima de la parte oeste y el de la parte este del Medio Oeste? **Explica** por qué son diferentes.

....

....

....

7. En verano, planeas viajar al Medio Oeste. **Piensa** en el clima de la región. ¿Por qué ir durante el verano sería mejor o peor?

mi Historia: Ideas

....

....

....

¡Para! Necesito ayuda ....

¡Espera! Tengo una pregunta ....

¡Sigue! Ahora sé ....

Hacer una presentación eficaz

Imagina que todos tus compañeros de clase tienen que hacer una presentación de estudios sociales. Algunas presentaciones serán interesantes. Otras, no. ¿Cuál es la diferencia entre una presentación eficaz e interesante y una presentación pobre? Puedes pensar que la diferencia está en el tema. Piensa una vez más. Puedes hacer que cualquier presentación sea interesante si sabes cómo prepararla. Para hacer una presentación interesante y eficaz, sigue los siguientes pasos:

1. **Conoce el público.** Siempre es importante tener en mente el público al que te diriges. ¿Qué es lo que ya saben?

2. **Identifica la idea principal y dila al principio y al final.** El público necesita saber rápidamente de qué se trata la presentación. De lo contrario, quizá pierdan interés. También es importante recordar la idea principal antes del cierre.

3. **Escoge cuidadosamente los detalles.** No es necesario que el público conozca todos los detalles que hallaste en la investigación. Escoge solo los detalles más interesantes que apoyen la idea principal.

4. **Habla con claridad y en voz alta.** Un presentador que murmura o habla entre dientes enseguida decepciona a sus oyentes. El público pierde interés si no puede escuchar con claridad. Además, asegúrate de mirar directamente al público cada tanto durante la presentación.

5. **Usa elementos visuales.** Un elemento visual, como una imagen o un mapa, le da al público algo más en qué concentrarse. Además, el uso de los elementos visuales es una buena manera de ilustrar el tema.

6. **Practica antes de la presentación.** Los presentadores eficientes practican sus presentaciones para sentirse cómodos con el material.

Aprenderé a hacer una presentación eficaz.

¡Inténtalo!

Mira estas notas que hizo un estudiante para una presentación sobre los Grandes Lagos. Luego responde las preguntas.

Presentación sobre los Grandes Lagos

Esta es una presentación sobre los Grandes Lagos. La idea principal es que los Grandes Lagos son importantes para los estados que los rodean, sobre todo para Illinois, y para el puerto de Chicago. Hablaré con claridad y en voz alta durante la presentación.

1. Repasa los pasos que se deben seguir para hacer una presentación eficaz. ¿Qué tres pasos le faltan al estudiante?

....

2. ¿Cuál crees que es el paso más importante para lograr una presentación eficaz? ¿Por qué?

....

....

....

3. **Aplícalo Escoge** un tema sobre el Medio Oeste para hacer una presentación. **Escribe** abajo tus notas para la presentación. Recuerda que debes incluir todos los pasos necesarios para hacer una presentación eficaz.

Tema: ....

Notas: ....

....

....

....

Lección 2

Los recursos y la agricultura

¡Imagínalo!

Esta foto, tomada desde un avión, muestra parte del Medio Oeste. Mira los diferentes tipos de suelo.

1. ◉ **Resumir** En la foto de arriba se muestra una granja típica del Medio Oeste, en Iowa. ¿Qué tiene el Medio Oeste que la convierte en una región ideal para la agricultura?

....

....

Para que los cultivos tengan éxito, se necesita sol, agua, un suelo fértil y llano, y una temporada de cultivo larga. En el Medio Oeste, todos estos recursos son abundantes.

Recursos agrícolas

Para prosperar, las granjas necesitan ciertos recursos. Por ejemplo, es más fácil cultivar en un suelo llano o ligeramente ondulado. Gran parte del Medio Oeste es perfecto para la agricultura porque tiene llanuras, praderas y colinas bajas. La capa profunda del suelo, que tiene muchos nutrientes, también es importante. Los **nutrientes** son sustancias que ayudan a las plantas a crecer. El suelo del Medio Oeste es de los más fértiles del país.

Los cultivos también necesitan agua. En casi todo el Medio Oeste hay lluvias suficientes para los cultivos, sobre todo en las Llanuras Centrales. En las zonas más secas de las Grandes Llanuras, las granjas pueden obtener agua de los ríos y pozos subterráneos. Los agricultores proveen agua a sus campos por medio de la irrigación.

El clima soleado es el último elemento necesario para que la actividad agrícola tenga éxito. El Medio Oeste tiene mucho sol porque tiene una temporada de cultivo larga y veranos calurosos. El clima soleado, junto a todo lo demás, hace del Medio Oeste una de las regiones de mayor producción agrícola del mundo.

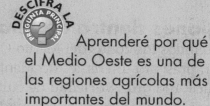

Aprenderé por qué el Medio Oeste es una de las regiones agrícolas más importantes del mundo.

Vocabulario

nutriente
cultivable
rotación de cultivos

¿Qué zonas de la foto no están cultivadas? ¿Qué conclusión puedes sacar sobre el suelo del Medio Oeste?

Una región para la agricultura

La agricultura es importante en el Medio Oeste porque la región tiene mucha más tierra cultivable o tierra de cultivo que las demás regiones del país. **Cultivable** se refiere a la tierra en la que se puede sembrar y obtener cosechas.

Por lo tanto, gracias al Medio Oeste, los Estados Unidos son uno de los principales productores agrícolas del mundo. Por ejemplo, los Estados Unidos producen una cantidad enorme de maíz por año. De hecho, produce más del doble que China y mucho más que cualquier otro país. Los Estados Unidos son el principal productor de soya del mundo. Aquí se cultiva más de un tercio de la cosecha mundial. Nuestro país también es uno de los productores principales de muchos productos de granjas, desde arándanos azules hasta queso.

Los alimentos que se cultivan en el Medio Oeste se usan y se comen en todo el país. También se venden a otros países. Por eso la agricultura del Medio Oeste es una parte importante de la economía de la nación.

2. Las partes moradas de estas gráficas circulares muestran la cantidad de tierra de cultivo. La gráfica de la izquierda muestra que casi un quinto de toda la tierra de los Estados Unidos es tierra de cultivo. **Mira** la gráfica de la derecha. ¿Qué parte de la tierra del Medio Oeste es cultivable?

Tierra de cultivo en comparación con el total de tierra

casi 1/5

Estados Unidos

Medio Oeste

Regiones dentro de una región

No todas las zonas del Medio Oeste son iguales. Como la región presenta diferentes accidentes geográficos y climas, se produce una gran variedad de cultivos.

Las Llanuras Centrales son perfectas para el cultivo de maíz. De hecho, el área que ocupan los estados de Ohio, Illinois, Iowa, la parte sur de Minnesota, Missouri, Kansas y Nebraska se conoce como *Corn Belt* (cinturón de maíz). En esta zona, los agricultores cultivan tanto soya como maíz. Es común que roten los cultivos, es decir, un año cultivan maíz y, al año siguiente, soya. Esto se llama **rotación de cultivos.**

Las granjas de la zona oeste de las Grandes Llanuras no reciben tantas lluvias como las de las Llanuras Centrales. Por eso los agricultores plantan cultivos que necesitan menos agua, como el trigo y la avena. También pueden usar la irrigación para cultivar maíz y soya.

3. ◉ Resumir **Escribe** qué área del Medio Oeste sería mejor para plantar los siguientes cultivos:

maíz ....

trigo ....

soya ....

El trigo crece bien en las Grandes Llanuras, que son más secas. Además de hacer harina para el pan, el trigo sirve para hacer alimento para animales, pegamento y plástico.

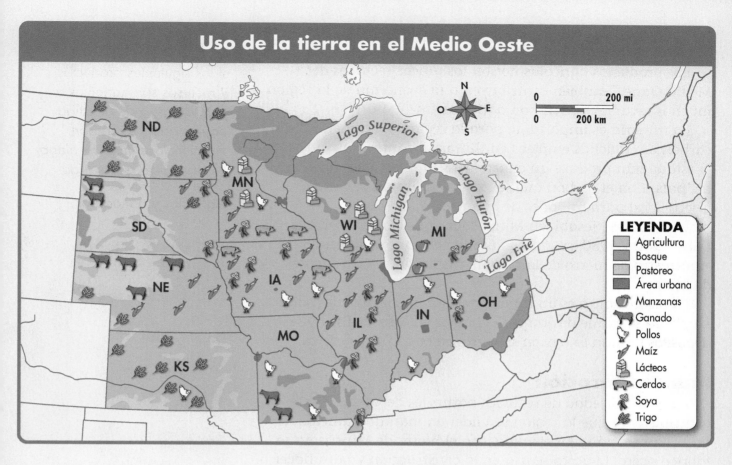

Uso de la tierra en el Medio Oeste

LEYENDA
- Agricultura
- Bosque
- Pastoreo
- Área urbana
- Manzanas
- Ganado
- Pollos
- Maíz
- Lácteos
- Cerdos
- Soya
- Trigo

Lago Superior
Lago Michigan
Lago Hurón
Lago Erie

ND, MN, SD, WI, MI, NE, IA, MO, IL, IN, OH, KS

N O E S

0   200 mi
0   200 km

Productos agrícolas

El trigo, el maíz y la soya son solo algunos de los cultivos del Medio Oeste. En la región centro norte, estados como Michigan son famosos por sus frutas. Los huertos están llenos de manzanos y cerezos. Hay campos de bayas por todas partes. En verano y en otoño, estas frutas, junto con los duraznos y las uvas, llenan los mercados agrícolas locales.

También son comunes las granjas lecheras en el Medio Oeste. Los productores de leche crían vacas para obtener leche. Los productos lácteos son muy importantes para los estados del norte, como Wisconsin. Ese estado es famoso por la leche, el queso, la mantequilla y otros productos lácteos.

La cría de animales para obtener carne también es una actividad importante en las granjas del Medio Oeste. Una gran parte de la carne de cerdo del país viene de estados como Minnesota y Iowa. En estos estados, se cultiva una gran cantidad de maíz, y los cerdos comen maíz. Por la misma razón, en el Medio Oeste se produce mucha carne vacuna. También se crían pollos y gallinas para obtener carne y huevos. Iowa es el mayor productor de huevos del país.

4. Encierra en un círculo los nombres de los estados que producen lácteos. **Marca** con una X los estados donde se cultiva trigo.

Los productos lácteos, como la leche, son importantes para la economía de la región.

231

Otros recursos

Los productos agrícolas no son los únicos recursos del Medio Oeste. También contribuyen a la economía de la región muchos recursos que no son agrícolas.

La minería es importante para la región. La minería del carbón dio muchos empleos en Illinois durante años. Hoy, el estado aún produce un cuarto del suministro de carbón del país. Con el carbón que se extrae en Illinois se genera electricidad para millones de hogares.

Los montes Mesabi, en Minnesota, son ricos en hierro. Entre 1900 y 1980, sus minas producían más de la mitad del suministro de hierro de la nación. Michigan es otra fuente de hierro.

La piedra caliza es un recurso natural importante de Indiana. La piedra se extrae de grandes depósitos en el suelo. Esos depósitos forman una capa subterránea de roca en la tierra.

Manufacturación

La gran variedad de recursos naturales del Medio Oeste contribuyen a que la región sea líder en manufacturación, es decir, fabricación. Por ejemplo, con el hierro de Minnesota se fabrica acero. El acero se usa en la construcción y para hacer máquinas. La piedra caliza de Indiana se corta en bloques y se usa para construir viviendas, puentes y rascacielos. El edificio Empire State de la Ciudad de Nueva York se construyó, en parte, con piedra caliza de Indiana.

El Medio Oeste es un importante centro de producción. En la región se producen bienes que se venden en todo el mundo. Los fabricantes del Medio Oeste hacen carros, electrodomésticos y muchos otros productos.

5. ◎ **Categorizar** **Escribe** si los siguientes productos y recursos son agrícolas o ganaderos, o de otro tipo: *bayas, ganado, carbón, maíz, lácteos, huevos, hierro, piedra caliza, soya, trigo.*

Agrícolas y ganaderos

....

....

....

De otro tipo

....

....

....

La piedra caliza que se extrae en Indiana se corta en grandes bloques que se usan para construir edificios.

Recursos de lagos y ríos

Los lagos y ríos del Medio Oeste también tienen recursos importantes. La pesca siempre fue importante en la economía de los estados de los Grandes Lagos. Los indígenas americanos pescaban en las aguas de los lagos Hurón y Michigan. La pesca comercial fue una de las principales industrias de la región durante muchos años. Sin embargo, la contaminación hizo disminuir las poblaciones de peces de la región. Por lo tanto, la pesca comercial dejó de practicarse.

En la actualidad, la pesca recreativa es popular en los ríos y lagos del Medio Oeste. Incluso en invierno, los pescadores cavan agujeros en el hielo, arrojan el anzuelo y esperan hasta atrapar truchas o percas.

En invierno, la pesca en el hielo es un pasatiempo popular en el Medio Oeste.

¿Entiendes?

6. ● **Resumir** ¿Por qué el ambiente físico del Medio Oeste permite a los agricultores llevar a cabo sus trabajos? ¿Cómo cambian los agricultores el ambiente físico con sus cultivos?

....

....

....

7. ? Durante un viaje al Medio Oeste, planeas conocer a un granjero. ¿Qué tipo de granjero te gustaría conocer? **Escribe** algunas preguntas que podrías hacerle.

mi Historia: Ideas

....

....

....

□ **¡Para!** Necesito ayuda ....

❚❚ **¡Espera!** Tengo una pregunta ....

▶ **¡Sigue!** Ahora sé ....

Cómo se pobló el Medio Oeste

¡Imagínalo!

Esta pintura muestra jinetes comanches cazando bisontes. Este animal proveía a los comanches de muchas de las cosas que necesitaban.

Los indígenas americanos habitaron el Medio Oeste durante miles de años. Como el Medio Oeste tiene distintos paisajes, los modos de vida de estos grupos eran diferentes.

Los indígenas americanos del Medio Oeste

Los distintos grupos de indígenas americanos vivían en los bosques, en los valles de ríos y en áreas llanas de la parte este del Medio Oeste. Algunos grupos, como los fox y los shawnees, cultivaban maíz, frijoles y calabaza.

Los ojibwas, también conocidos como los chipewas, vivían en Wisconsin, Michigan y Minnesota. Los ojibwas casi no se dedicaban a la agricultura. En cambio, se adaptaron a la geografía del Medio Oeste. Cazaban en los bosques. Pescaban en los numerosos lagos y ríos de la región. Recolectaban bayas, frutas y arroz silvestre.

Otros grupos vivían en las Grandes Llanuras. Los grupos de las llanuras del este, como los omahas y los iowas, cultivaban en valles de ríos. Los grupos de las llanuras del oeste, como los lakotas, eran nómadas. Un **nómada** es una persona que se traslada de un lugar a otro. Los grupos de las llanuras del oeste seguían al bisonte.

1. Los ojibwas usaban canoas para recolectar arroz silvestre. **Subraya** en el texto otra manera en que usaban los recursos naturales.

Vocabulario

nómada	Decreto del
misionero	Noroeste
puesto de	arado
comercio	

Piensa en las maneras en que los comanches pueden haber usado el bisonte. Escribe tus ideas en el espacio de arriba.

Comercio de pieles

Algunos de los primeros europeos que llegaron al Medio Oeste eran misioneros. Los **misioneros** eran personas religiosas que fundaban asentamientos para enseñar su religión. Otros pobladores, muchos de ellos franceses, llegaban por el comercio de pieles. Las pieles de castor, de nutria y de visón tenían gran valor en Europa. Se usaban para hacer sombreros y abrigos.

Los comerciantes de pieles franceses exploraron el Medio Oeste de norte a sur. En 1673, los exploradores Jacques Marquette y Louis Jolliet recorrieron en canoa vías de navegación del Medio Oeste. Empezaron en el lago Michigan. Luego exploraron partes del río Mississippi.

Al poco tiempo, los franceses construyeron fuertes y puestos de comercio a lo largo de las vías de navegación. Un **puesto de comercio** es un pequeño asentamiento donde se comercian bienes. Comerciaban con los indígenas para intercambiar bienes europeos por pieles. Era común que los puestos de comercio se construyeran cerca de los grupos indígenas que cultivaban y comerciaban sus alimentos con los europeos. Más tarde, algunos de estos puestos de comercio se convirtieron en ciudades. Chicago es un ejemplo. Esta gran ciudad surgió como un puesto de comercio.

2. **Encierra** en un círculo el puesto de comercio que estaba cerca del grupo indígena fox.

Indígenas americanos del Medio Oeste

0   200 mi
0   200 km

R. Missouri
Ojibwas
L. Superior
L. Hurón
Mandanas
R. Mississippi
Lákotas
Sauks
L. Michigan
Potawatomis
Fox
L. Erie
Iowas
Chicago
Eries
Omahas
Pawnees
Miamis
Illinois
Shawnees
Misuris
Kansas
Cahokia
R. Ohio

LEYENDA
Región del Medio Oeste
Puesto de comercio

Granjeros pueblan el Medio Oeste

Los granjeros llegaron al Medio Oeste a partir de 1770. Les interesaban las ricas tierras de cultivo de la región. Venían del Este. Los primeros en llegar se establecieron en el valle del río Ohio. Más tarde, cuando quedaban menos tierras de cultivo disponibles, los pobladores avanzaron hacia el oeste. Muchos nuevos pobladores llegaron al oeste por los Grandes Lagos.

En la época de la Guerra de Independencia, el Medio Oeste era parte de la región fronteriza. Luego, en la década de 1780, el nuevo gobierno de los Estados Unidos empezó a organizar la región. Gran parte del Medio Oeste pasó a formar parte del Territorio del Noroeste. En 1787, el Congreso aprobó el **Decreto del Noroeste.** Según este decreto, el Territorio del Noroeste debía dividirse en "no menos de tres ni más de cinco estados". También decía que esos nuevos estados no podían permitir la esclavitud. Cinco estados surgieron de este territorio: Ohio, Illinois, Indiana, Wisconsin y Michigan.

A comienzos del siglo XIX, miles de pioneros empezaron a llegar al Medio Oeste. La mayoría quería tierras para cultivar. El gobierno ofrecía tierras baratas. Sin embargo, había un conflicto. Los indígenas ya estaban viviendo en gran parte de esa región. Entonces, el gobierno obligó a los indígenas a vender sus tierras y trasladarse a reservas. Para 1890, todo el Medio Oeste ya estaba organizado en estados.

3. **Comparar y contrastar** Cuando las familias se mudaron al Medio Oeste, sus vidas cambiaron. Por ejemplo, vivir en cabañas de troncos (izquierda) o en casas de tepe (derecha) les pudo resultar extraño. **Escribe** sobre otros posibles cambios para las familias.

....

....

....

....

....

Inmigrantes llegan al Medio Oeste

A mediados del siglo XIX, inmigrantes europeos empezaron a llegar al Medio Oeste. Al principio, esos pobladores buscaban tierras en el Noreste. Sin embargo, en poco tiempo, el Medio Oeste se convirtió en la primera opción de los nuevos inmigrantes. Muchos de esos inmigrantes venían del norte y el centro de Europa, de países como Alemania, Irlanda, Suecia, Noruega y Hungría. Algunos de esos nuevos inmigrantes crearon granjas. Otros se instalaron en ciudades en pleno crecimiento, en pueblos portuarios y en puestos de comercio.

Cambios en la agricultura

Aunque las tierras del Medio Oeste eran ideales para la agricultura, limpiar y preparar el suelo llevaba mucho trabajo. Los granjeros tenían que sacar árboles y también los pastos de las praderas. Luego tenían que remover el suelo para prepararlo para el cultivo. Para esta tarea usaron una herramienta llamada **arado.** Pero no era fácil cavar con un arado entre las gruesas raíces de los pastos de la pradera.

Luego, en 1837, un hombre llamado John Deere inventó un nuevo arado de acero. Este arado facilitó las tareas agrícolas. Podía romper las raíces más resistentes de los pastos de la pradera. Al poco tiempo, se hicieron arados más grandes tirados por bueyes o caballos. Años más tarde, eran los tractores los que tiraban de los arados. Así se pudieron cultivar enormes áreas de las praderas del Medio Oeste. Más y más pioneros empezaron a poblar las Grandes Llanuras. Tenían la esperanza de establecer granjas grandes y exitosas.

4. Categorizar Escribe qué tipos de arados permitieron que se establecieran más personas en las Grandes Llanuras.

....

....

....

....

....

Este tractor antiguo funcionaba con un motor de vapor. Los tractores preparaban los campos para cultivar más rápido que un pequeño arado tirado por un caballo.

Ciudades del Medio Oeste

A medida que más personas poblaban el Medio Oeste, algunos puestos de comercio se convirtieron en pueblos y ciudades. Estas comunidades solían estar a orillas de las vías de navegación que se usaban para el transporte. Con el crecimiento del comercio también crecieron las comunidades.

En 1784, el pionero afroamericano Jean Baptiste Point Du Sable estableció un puesto de comercio. Estaba en la desembocadura del río Chicago, cerca del extremo sur del lago Michigan.

Al poco tiempo, el puesto de comercio de Du Sable era el más grande del Medio Oeste. Tenía una panadería, un molino y un criadero de aves. A comienzos de la década de 1830, Chicago tenía unos cientos de habitantes. Para 1890, tenía más de un millón. En la actualidad, es la ciudad más grande del Medio Oeste y la tercera ciudad más grande del país.

Otras ciudades del Medio Oeste también comenzaron como puestos de comercio. En 1701, un comerciante francés fundó Detroit a orillas de un río que conectaba el lago Hurón con el lago Erie. Cleveland se fundó en 1796 a orillas del río Cuyahoga. En 1764, otro comerciante francés fundó St. Louis a orillas del río Mississippi. Al poco tiempo, St. Louis se convirtió en un centro del transporte fluvial de bienes y personas. Lo mismo ocurrió con otras ciudades del Medio Oeste. Lentamente, el Medio Oeste se convirtió en una zona más urbana.

5. ⬤ **Resumir** La pintura de abajo muestra cómo era Chicago, Illinois, en 1820. Chicago comenzó como un puesto de comercio. **Escribe** una oración para resumir por qué muchas ciudades del Medio Oeste se fundaron a orillas de las vías de navegación.

....

....

....

....

....

Del comercio a las fábricas

A medida que los Estados Unidos se convertían en un país más industrial hacia fines del siglo XIX, lo mismo ocurría con el Medio Oeste. Muchas ciudades del Medio Oeste eran buenos lugares para poner fábricas porque estaban cerca del agua. Las materias primas que se usaban para fabricar bienes se podían transportar fácilmente a estas ciudades. Los productos terminados también podían transportarse con facilidad.

A comienzos del siglo XX, Detroit se convirtió en el centro de la industria automotriz. Allí se instalaron compañías como la Ford Motor Company. Al poco tiempo, casi todos los carros de los Estados Unidos se producían en Detroit. Por eso, se la conocía como "la ciudad del motor".

Por supuesto, todas esas nuevas industrias atraían a personas que buscaban trabajo y una vida mejor. Algunos de ellos eran inmigrantes de otros países. Otros eran afroamericanos del Sureste que huían de la segregación y buscaban trabajo.

Henry Ford era un empresario que tenía su propia empresa: la Ford Motor Company. La compañía estaba en Detroit, Michigan.

¿Entiendes?

6. ⊙ **Resumir** ¿Por qué la geografía del Medio Oeste influyó en cómo se pobló la región?

....

....

....

....

7. ❓ En un viaje al Medio Oeste, deseas visitar una ciudad. ¿Qué ciudad escogerías y por qué?

mi Historia: Ideas

....

....

⬛ **¡Para!** Necesito ayuda ....

⏸ **¡Espera!** Tengo una pregunta ....

▶ **¡Sigue!** Ahora sé ....

Lección 4

La expansión del Medio Oeste

¡Imagínalo!

Transporte de cargas Ace

El Medio Oeste es un centro de muchos medios de transporte. Las personas y los bienes viajan en camiones, trenes y barcos.

1. ◉ **Resumir** Esta es una ilustración de Cahokia. ¿Cómo influyó el ambiente físico del Medio Oeste en el éxito de Cahokia como centro de comercio?

....

....

....

....

....

El Medio Oeste creció a medida que más y más pobladores llegaron. Esos nuevos pobladores trabajaban en granjas y fábricas y abrían tiendas. Todos ellos tenían algo en común: usaban y necesitaban los medios de transporte.

Comercio entre grupos indígenas americanos en el siglo XIII

Mucho antes de la llegada de los europeos, los indígenas americanos y sus bienes se trasladaban por toda la región. La gran cantidad de lagos y ríos del Medio Oeste facilitaba el transporte por agua. Surgieron centros de comercio, como el de Cahokia. Ubicada en Illinois, Cahokia era la ciudad indígena más grande de América del Norte.

Cahokia estaba cerca de la unión, o la **confluencia,** de tres ríos: el Illinois, el Missouri y el Mississippi. Estas vías de navegación conectaban a Cahokia con el norte, el sur, el oeste y el noreste. Los comerciantes de la región de los Grandes Lagos llevaban cobre a Cahokia. Los comerciantes sureños del valle del río Mississippi llevaban conchas marinas, joyas y cerámica. Cahokia era el punto de encuentro de muchas culturas.

DESCIFRA LA PREGUNTA PRINCIPAL

? Comprenderé por qué estar ubicado en el centro hizo que el Medio Oeste fuera importante para el transporte y el comercio del país.

Vocabulario

confluencia   carretera
eje   interestatal

¿En qué medio de transporte más probablemente llegan los bienes a tu vecindario?

Cambios en los medios de transporte

A comienzos del siglo XIX, había pocos caminos al oeste de los montes Apalaches. La mejor manera de viajar era por agua, sobre todo en el Medio Oeste, que tenía muchos ríos y lagos. El principal medio de transporte de la región era el barco.

Hasta comienzos del siglo XIX, los barcos necesitaban del viento o de la fuerza del hombre para moverse. Los barcos de vela podían navegar las aguas del río San Lorenzo y de los Grandes Lagos. En los ríos menos profundos, como el Mississippi, había que usar canoas o barcazas. Las barcazas flotaban río abajo. Pero, para navegar río arriba, había que remar. Los viajes río arriba eran largos y difíciles.

La invención del barco de vapor cambió todo. Esos nuevos barcos eran más grandes y más rápidos que los de remo. Para la década de 1830, los barcos de vapor navegaban río arriba por los ríos del Medio Oeste llevando toneladas de cargamento y cientos de pasajeros a diario. Los barcos de vapor convirtieron a los grandes ríos del Medio Oeste en vías de navegación importantes.

Los barcos de vapor podían navegar río abajo o río arriba con facilidad.

2. ◉ **Causa y efecto Subraya** qué efectos tuvieron los barcos de vapor en el transporte fluvial.

Ferrocarriles y transporte

Hacia mediados del siglo XIX, el barco de vapor dejó de ser el medio de transporte más moderno. Los trenes habían ocupado su lugar. En 1869, se terminó el ferrocarril transcontinental. Ahora los bienes podían transportarse desde el Medio Oeste hacia cualquiera de las dos costas. El Medio Oeste se convirtió en el **eje**, o centro, de la red de transporte ferroviario del país. Y para los habitantes del Medio Oeste era incluso más fácil comerciar bienes.

El transporte fluvial continuó siendo muy importante para la región. Los barcos grandes pueden transportar personas y bienes a menos costo que los trenes. Además, gracias a la Vía de navegación del San Lorenzo, los barcos pueden navegar desde el océano Atlántico hasta los Grandes Lagos. La Vía de navegación del San Lorenzo es un sistema de canales y vías de navegación que conecta el Medio Oeste con el océano Atlántico. Debido a la importancia del transporte por barco, hay muchos puertos importantes en el Medio Oeste. Al igual que Chicago, Detroit y Cleveland, ciudades como Milwaukee, Wisconsin y Duluth, en Minnesota, se convirtieron en centros portuarios importantes.

En la actualidad, estas ciudades portuarias siguen siendo importantes centros del transporte de cargas. Todos los años, más de 200 millones de toneladas de cargamento cruzan los Grandes Lagos y sus vías de navegación. Al igual que en la década de 1850, se transportan cargas de mineral de hierro, carbón, piedra caliza, granos y otros productos agrícolas.

El puente Aerial Lift en Duluth, Minnesota, cruza un canal que lleva al puerto de la ciudad. Duluth es una de las ciudades portuarias más grandes de los Estados Unidos.

3. Necesitas enviar mineral de hierro desde Duluth hasta Cleveland. **Mira** la tabla. ¿Lo transportarías por tierra o por agua? ¿Por qué?

Transporte de carga de Duluth, MN, a Cleveland, OH		
	Tierra	**Agua**
Cargamento	mineral de hierro	mineral de hierro
Tiempo de viaje	2.2 días	1.7 días
Distancia	813 millas	549 millas
Costo	$2,811	$1,725

Carreteras

A comienzos del siglo xx, los carros eran muy populares en los Estados Unidos. Al principio, había pocos caminos en buen estado. Luego el gobierno de los Estados Unidos comenzó a construir mejores caminos. En 1956, el gobierno comenzó a construir el sistema de **carreteras interestatales.** Este sistema de anchas carreteras de circulación rápida conectó a todos los estados.

Los camiones también usaban las nuevas carreteras. Pronto, los camiones eran un medio muy usado para transportar bienes. Hoy, la mayoría de los bienes que compramos se transportan en camión. Debido a la ubicación central del Medio Oeste, sus carreteras son rutas importantes para los camiones.

Nuevas industrias

Si bien la agricultura y la manufacturación siguen siendo importantes en el Medio Oeste, su economía ha cambiado. Hoy día, muchos habitantes de la región trabajan en industrias tecnológicas y de servicios. Hay muchas empresas nuevas en el Medio Oeste. Las compañías van donde pueden encontrar trabajadores. Un cuarto de la fuerza de trabajo del país está en el Medio Oeste.

En la actualidad, en vez de trabajar en una fábrica de carros, los habitantes de la región quizá trabajan en una fábrica que produce paneles solares. En vez de hacer trabajos agrícolas, tal vez trabajan en el sector del cuidado de la salud.

Pero no solo ha cambiado la economía del Medio Oeste. El modo de vida de sus habitantes cambió también. Por ejemplo, las personas quizá viven en edificios de apartamentos que antes eran fábricas. O tal vez viven a orillas de ríos limpios que antes estaban contaminados por las fábricas.

4. Categorizar La economía del Medio Oeste está cambiando. **Subraya** ejemplos de nuevas industrias en el texto.

Así se ve el horizonte de la ciudad de Minneapolis. Minneapolis y St. Paul son las "ciudades gemelas" de Minnesota. Ambas tienen nuevas industrias en crecimiento.

Turismo en el Medio Oeste

Otra industria importante del Medio Oeste es el turismo. Muchos habitantes de la región trabajan en este sector. Pueden ser guías de turismo en Chicago o guiar excursiones en canoa en los lagos de Michigan.

Los turistas tienen mucho para ver y hacer en la región. Los turistas dependen de los diversos medios de transporte del Medio Oeste para planear sus visitas. Los visitantes pueden viajar en carro por las carreteras para visitar el monte Rushmore, en las colinas Black de Dakota del Sur. O llegar en avión al activo Aeropuerto Internacional O'Hare de Chicago. Luego pueden tomar un autobús para ir a la ciudad y pasar la tarde en el parque Millennium.

Arte y cultura

El arte y la cultura son muy importantes en el Medio Oeste. La Orquesta Sinfónica de Chicago es una de las mejores del mundo. El teatro Guthrie, en Minneapolis, es el segundo teatro más importante, después del teatro Broadway, en Nueva York. Los amantes de la música visitan el Salón de la Fama del Rock and Roll a orillas del lago Erie, en Cleveland. Más de 8 millones de personas visitaron ese museo desde que se inauguró en 1995.

5. Resumir **Escribe** por qué el turismo es una industria importante del Medio Oeste.

....

....

El Arco Gateway, en St. Louis, está en la orilla oeste del río Mississippi. Es el monumento nacional más alto de los Estados Unidos.

A muchos turistas les gusta visitar el Museo de Arte de Milwaukee. El edificio en sí es tan atractivo como el arte que se exhibe en su interior.

Cientos de trabajadores tardaron más de seis años en dar forma a las figuras del monte Rushmore, en las colinas Black de Dakota del Sur.

6. ◉ **Comparar y contrastar** **Describe** cómo cambió la economía del Medio Oeste a partir de mediados del siglo XIX. Luego indica qué cosas siguen igual.

....

....

....

....

7. ❓ ¿Qué medio o medios de transporte te gustaría usar en tu viaje al Medio Oeste? ¿Por qué?

mi **Historia: Ideas**

....

....

....

....

◻ **¡Para!** Necesito ayuda ....

❚❚ **¡Espera!** Tengo una pregunta ....

▶ **¡Sigue!** Ahora sé ....

Lección 1

En el corazón de nuestra nación

- El Medio Oeste está en las extensas llanuras del centro de los Estados Unidos.
- Los lagos y ríos más grandes de los Estados Unidos están en el Medio Oeste.
- En el Medio Oeste, los inviernos suelen ser fríos y los veranos calurosos.
- Entre los animales silvestres del Medio Oeste están el bisonte y muchas especies de aves y peces.

Lección 2

Los recursos y la agricultura

- Los recursos agrícolas del Medio Oeste convierten a la región en uno de los principales productores agrícolas del mundo.
- El Medio Oeste cuenta con otros recursos naturales, como el hierro, el carbón y la piedra caliza, que aportan a la región una economía equilibrada.

Lección 3

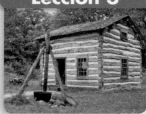

Cómo se pobló el Medio Oeste

- Los primeros pobladores del Medio Oeste fueron grupos indígenas americanos.
- Los misioneros franceses y los comerciantes de pieles fueron los primeros europeos que se establecieron en el Medio Oeste, seguidos de otros pioneros.
- Los pobladores convirtieron al Medio Oeste en una región productiva de granjas y ciudades.

Lección 4

La expansión del Medio Oeste

- Las vías de navegación, los ferrocarriles y las carreteras se usan para el transporte.
- Los ferrocarriles, los puertos y las carreteras del Medio Oeste lo convierten en un eje para el transporte de cargas.
- Las nuevas industrias y las ciudades dinámicas muestran que la cultura y la economía del Medio Oeste están en crecimiento.

Lección 1

En el corazón de nuestra nación

1. En la siguiente lista, **encierra** en un círculo las características y los accidentes geográficos del Medio Oeste.

   A. lago Hurón

   B. Llanura Costera

   C. río Ohio

   D. pradera

   E. lago Ontario

   F. selva

2. **Escribe** los nombres de cuatro Grandes Lagos y dos ríos importantes del Medio Oeste.

   ....

   ....

   ....

   ....

   ....

   ....

3. ¿Qué opción describe mejor el clima del Medio Oeste?

   A. caluroso y seco

   B. lluvioso y húmedo

   C. inviernos templados y veranos frescos

   D. inviernos fríos y veranos calurosos

Lección 2

Los recursos y la agricultura

4. **Escribe** las respuestas correctas en los espacios en blanco.

   Las Llanuras .... son ideales para cultivar maíz. Las .... Llanuras, que son más secas, son mejores para cultivar trigo.

5. ⊙ **Categorizar** Junto a cada recurso, **escribe** *A* si es agrícola y *N* si no es agrícola.

   _____ piedra caliza

   _____ luz solar

   _____ hierro

   _____ carbón

   _____ suelo rico

   _____ suelo llano

6. Al Medio Oeste a veces se lo llama "el granero de la nación". **Escribe** por qué crees que se lo llama así.

   ....

   ....

   ....

   ....

   ....

   ....

Lección 3

Cómo se pobló el Medio Oeste

7. **Escribe** las respuestas correctas en los espacios en blanco.

   Los .... y los

   ....

   fueron los primeros europeos que se establecieron en el Medio Oeste.

8. ¿Cuál de las siguientes ciudades del Medio Oeste comenzó como un puesto de comercio?

   A. Detroit

   B. Chicago

   C. Cleveland

   D. todas las opciones anteriores

Lección 4

La expansión del Medio Oeste

9. ¿Qué hace que el Medio Oeste sea tan importante para el transporte y el comercio de la nación?

   ....

   ....

   ....

   ....

10. **Escribe** *H* si el enunciado es un hecho.
    Escribe *O* si el enunciado es una opinión.

    El barco de vapor cambió el transporte fluvial en el Medio Oeste. _____

    Chicago es la ciudad más bonita de los Estados Unidos. _____

11. ❓ **¿Cómo influye el lugar donde vivimos en quiénes somos?**

    Usa la fotografía y la siguiente pregunta para pensar más en la Pregunta principal de este capítulo.

    Describe quién podría vivir en el lugar de la fotografía y qué tipo de trabajo podría realizar. ¿Sería diferente ese trabajo si viviera en otro lugar?

    ....

    ....

    ....

    ....

    ....

    ....

    ....

    ....

Conéctate en línea para escribir e ilustrar tu **myStory Book** usando **miHistoria: Ideas** de este capítulo.

PREGUNTA PRINCIPAL

¿Cómo influye el lugar donde vivimos en quiénes somos?

Las personas escogen dónde vivir por varias razones. Quizá les gusta la geografía o el clima de una región. También pueden gustarles la cultura y la historia del lugar. Otra de las razones para vivir en una región puede ser una economía fuerte y la cantidad y variedad de puestos de trabajo.

Piensa por qué te gusta vivir en tu región o comunidad. **Escribe** algunas razones en el espacio de abajo.

....

....

....

....

Ahora **haz un dibujo** que muestre lo mejor de vivir en tu región o comunidad.

Mientras estás en línea, dale un vistazo a **myStory Current Events,** donde puedes crear tu propio libro sobre un tema de actualidad.

Las regiones: El Suroeste

¿Cómo influye el lugar donde vivimos en quiénes somos?

Los indígenas americanos viven en el Suroeste desde hace miles de años. En el siglo XVI, llegaron los colonos españoles. Hoy, en el Suroeste viven personas de muchas culturas diferentes. **Piensa** en las culturas de las personas que viven en tu comunidad. **Escribe** sobre cómo esas culturas influyen en tu vida.

....

....

....

....

El Suroeste desértico

Arizona
El paraíso del sol

mi Historia: Video

Como otros estados del Suroeste, Arizona es un lugar con una geografía, una historia y una cultura sorprendentes. Para Daniel, Arizona es su hogar. "Vivo aquí desde que nací", dice. "No me puedo imaginar viviendo en otro lado".

Hoy, Daniel nos llevará a algunos de sus lugares preferidos de su estado natal. "¿Te parece que puede haber un mejor lugar para jugar?", pregunta, mientras juega al golf. El golf es uno de los deportes que más se practican en Arizona. Llegan personas de todo el mundo para jugar en los famosos campos de golf del estado. La mayoría prefiere los días templados del invierno de Arizona, pero hay quienes se atreven también en los veranos calurosos. "Jugar al golf en verano puede ser difícil por el calor, pero hay lugares más frescos a la sombra de los árboles grandes", dice Daniel.

Algunos campos de golf del Suroeste están rodeados de montañas y rocas.

251

En Phoenix, Arizona, viven más de 1 millón de personas.

Daniel visita lo que fue un montículo construido por indígenas americanos.

Phoenix es la ciudad más grande de Arizona. En los últimos 20 años, la ciudad y sus alrededores han crecido muy rápido. De hecho, la población de Phoenix ha aumentado tanto que hoy es una de las ciudades más grandes de la nación. Sin embargo, como nos dice Daniel, "aún hay mucha belleza natural". Las increíbles rocas rojas del parque Papago ofrecen uno de los paisajes más extraños y bellos del lugar. A Daniel le encanta dar caminatas por estas colinas. "¿Ven el cactus?", pregunta, tratando de no acercarse mucho. "Estas plantas son muy lindas, pero si las tocas, ¡pinchan!". Los cactus crecen en muchas partes de Arizona. "¿Alguna vez han tocado un cactus?", pregunta Daniel.

La siguiente parada de Daniel es un museo y parque arqueológico indígena americano. Tiene que hacer una investigación para la escuela.

"Hola, Daniel. ¡Bienvenido!", dice Stacey. "Estos sitios conservan los montículos construidos por los hohokams. Ese grupo vivió aquí desde el año 450", explica. "¡Vaya, hace muchísimo tiempo!", contesta Daniel. Stacey está feliz de poder guiar a Daniel en la visita y responder sus preguntas. Afuera del museo, Daniel escucha con atención mientras ella le muestra las ruinas.

En un museo de Arizona, se han construido estructuras para mostrar cómo era una antigua casa en foso.

252

En Arizona, las temperaturas pueden ser altas y también bajas.

Para muchas personas, el desierto es un lugar con pocas plantas. Sin embargo, en las tierras áridas crecen flores y cactus.

Daniel está maravillado porque han pasado más de 1,000 años, ¡pero aún se ven los restos de una estructura larga como un campo de fútbol americano y de tres pisos de alto! Estos sitios se preservan con mucho cuidado.

Arizona todavía es el hogar de muchos grupos de indígenas. Los hopis, los mojaves, los pimas, los navajos y muchos otros grupos viven por todo el estado y la región.

Si bien en el Suroeste está la mayor parte de las tierras desérticas de los Estados Unidos, también hay algunas llanuras de mucha vegetación y montañas nevadas. En las montañas cerca de Flagstaff, Arizona, hay bosques de pinos, abetos y álamos temblones. El pico más alto de Arizona suele estar nevado durante el invierno. "Esos son los picos San Francisco", dice Daniel, mientras señala las altas montañas. "¡En invierno, con mi familia jugamos en la nieve!". Flagstaff está solo 150 millas al norte de Phoenix, pero es un lugar muy distinto. "Es increíble ver nieve en el Suroeste, ¿no?", dice Daniel. "¡Brrr!".

Después de un largo día, el sol se esconde y es hora de que Daniel vuelva a casa. "Gracias por recorrer esta parte del Suroeste conmigo", dice. "Ahora ustedes saben un poco más de mí, y espero que hayan aprendido mucho sobre Arizona".

Piénsalo La familia de Daniel juega en la nieve de las altas montañas de Arizona. ¿Cuál es el lugar más cercano al que puedes ir con tu familia para ver nieve? Mientras lees el capítulo, piensa en las maneras diferentes en que las personas disfrutan de la tierra donde viven.

Los hohokams hacían objetos de cerámica, como este recipiente de arcilla.

La tierra y el agua del Suroeste

¡Imagínalo!

El agua desgasta el suelo y la roca de un cañón.

Si vuelas por el cielo del Suroeste, cruzas cuatro estados: Texas, Oklahoma, Nuevo México y Arizona. Desde allí, verás algunos accidentes geográficos de la región. En Texas y Oklahoma, hay granjas y ciudades en las llanuras. Más hacia el oeste, el suelo se eleva. En las mesetas altas, se ven manadas de ganado. Algunas montañas tienen bosques.

La tierra

Gran parte del suelo de Texas y Oklahoma es plano. La Llanura Costera se extiende tierra adentro desde el golfo de México hasta casi la mitad de Texas. Las Grandes Llanuras se extienden hacia el sur por el Medio Oeste hasta Oklahoma, Texas y Nuevo México.

En gran parte de Nuevo México y Arizona, hay mesetas y montañas. De hecho, la mayor parte de Nuevo México está a más de 4,000 pies sobre el nivel del mar. Arizona también es una mezcla de mesetas altas y montañas. En el sur de Nuevo México y Arizona, hay muchas cordilleras separadas por cuencas. Las cuencas son áreas de tierra bajas y hundidas.

1. ◉ Sacar conclusiones **Escribe** por qué algunas partes de Nuevo México y Arizona se conocen como la región de las cuencas y cordilleras.

....

....

....

En el límite sur de la región, el río Grande atraviesa el Parque Nacional Big Bend.

¿Qué crees que ocurrirá en este cañón después de mucho tiempo? Haz un dibujo para mostrarlo.

DESCIFRA LA PREGUNTA PRINCIPAL

Aprenderé sobre los accidentes geográficos y los recursos naturales del Suroeste.

Vocabulario

erosión

gas natural

refinería

Ríos y el golfo

Los estados del Suroeste forman parte de la frontera sur de los Estados Unidos. En Texas, la frontera está compuesta por el río Grande y el golfo de México. El río Grande separa Texas de México.

El río Grande es, como lo dice su nombre, uno de los grandes ríos de la nación. Nace en las Montañas Rocosas, en Colorado. Es uno de los ríos más largos de América del Norte. Recorre 1,900 millas hacia el sur y hacia el este hasta el golfo de México.

El río Colorado es otro río importante. Nace en las Montañas Rocosas y desemboca en el golfo de California. El río Colorado drena una gran parte del agua de América del Norte. Esto significa que los ríos de la zona desembocan en el río Colorado. Este río también forma la mayor parte del límite oeste de Arizona.

2. **Subraya** los nombres de los estados que tienen frontera con México.

El Suroeste, mapa político

MÉXICO

LEYENDA
Región del Suroeste
★ Capital

N
O   E
S

0   200 mi
0   200 km

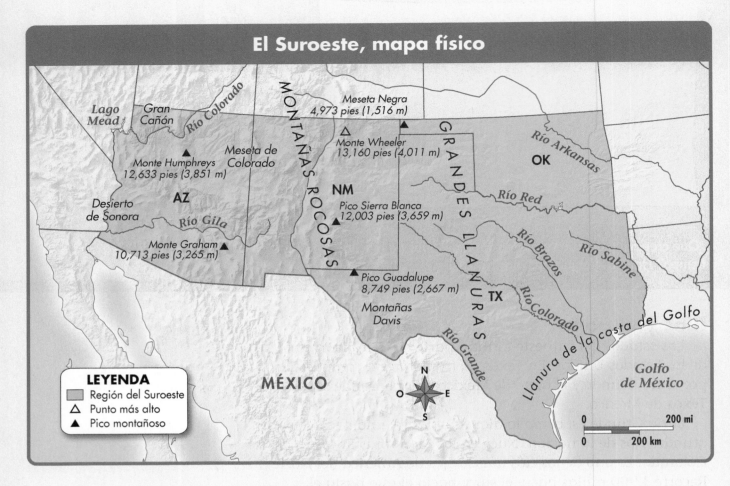

El Suroeste, mapa físico

Lago Mead
Gran Cañón
Río Colorado
MONTAÑAS ROCOSAS
Meseta Negra
4,973 pies (1,516 m)
▲
Río Arkansas
Monte Humphreys
12,633 pies (3,851 m)
▲
Meseta de Colorado
△ Monte Wheeler
13,160 pies (4,011 m)
OK
AZ
NM
GRANDES LLANURAS
Río Red
Desierto de Sonora
Río Gila
Pico Sierra Blanca
12,003 pies (3,659 m)
▲
Río Brazos
Río Sabine
Monte Graham
10,713 pies (3,265 m)
▲
▲ Pico Guadalupe
8,749 pies (2,667 m)
Montañas Davis
TX
Río Colorado
MÉXICO
Río Grande
Llanura de la costa del Golfo
Golfo de México

O N E
S

LEYENDA
▢ Región del Suroeste
△ Punto más alto
▲ Pico montañoso

0   200 mi
0   200 km

El increíble Gran Cañón

Imagina que estás por empezar una caminata para descender por el Gran Cañón, en el noroeste de Arizona. Miras el paisaje y comprendes por qué lo visitan 5 millones de personas al año. El Gran Cañón parece no tener fin. En algunas partes, tiene más de 18 millas de ancho. En su punto más profundo, llega a los 6,000 pies. ¡Es más de una milla!

Los visitantes pueden recorrer el cañón con una mula.

Miles de pies por debajo del camino, en el Gran Cañón vuelan aves poco comunes, como el cóndor californiano. En el fondo está el río Colorado. Las tierras cerca del río son desérticas. Allí, las serpientes de cascabel cazan a sus presas. En la parte alta del cañón hay bosques. Los distintos tipos de vegetación hacen que descender por el cañón sea como un viaje de Canadá a México.

El Gran Cañón fue nombrado patrimonio de la humanidad. Esto quiere decir que es uno de los 911 lugares de la Tierra con un valor especial por su ambiente cultural o natural único. El Gran Cañón es una de las maravillas del mundo.

El trabajo de la erosión

Nadie sabe exactamente cómo se formó el Gran Cañón. Lo que sí saben los científicos es que la erosión tuvo mucho que ver. La **erosión** es el proceso por el que el suelo y la roca se desgastan poco a poco. Los científicos dicen que la gran velocidad de las aguas del río Colorado ayudó a desgastar la roca y formar el Gran Cañón. Este proceso quizá duró millones de años. De hecho, solo el contacto con el agua hace que la roca se desgaste de manera gradual. Además, la arena, la grava y los cantos rodados grandes rompen las paredes del cañón.

No solo los ríos causan la erosión. También la producen el agua de lluvia, los glaciares cuando se mueven o se derriten, e incluso el viento. El agua de lluvia produce erosión al arrastrar tierra. Además, disuelve ciertos tipos de roca, como la piedra caliza.

El viento genera erosión al levantar la arena y hacerla chocar contra las rocas o las montañas. Aunque parezca que la arena no causa ningún efecto, sus pequeños y filosos bordes van desgastando la superficie de las rocas y montañas.

Todos los días, todo el tiempo, se produce erosión en los cañones y otros lugares. Estos cambios ocurren muy lentamente durante muchos años.

3. **Causa y efecto**

Completa la tabla con el efecto.

Erosión

Causa
El agua del río corre sobre la roca.

Efecto

Window Rock, en Arizona, se formó por el proceso de erosión.

Recursos naturales

El subsuelo del Suroeste tiene muchos recursos minerales. Los minerales son fundamentales en la economía de los cuatro estados de la región.

En las tierras altas de Nuevo México y Arizona, la minería es muy importante para la economía. Algunos mineros de la región dicen: "Si no se puede cultivar, hay que extraer algo del suelo". Arizona es el productor principal de cobre en los Estados Unidos. En la actualidad, en Arizona el cobre se extrae de dos maneras. Algunas minas están bajo tierra y otras son minas a cielo abierto. En estas últimas, los mineros extraen el cobre haciendo estallar el terreno en la superficie. El cobre de Arizona se usa en todo tipo de productos, desde monedas hasta computadoras. Arizona y Nuevo México también tienen minas de oro, plata y carbón.

Al igual que el petróleo, el gas natural está bajo tierra. El **gas natural** es un combustible fósil como el petróleo. En Texas se produce más petróleo y gas natural que en cualquier otro estado. Hay petróleo bajo la superficie en más de dos tercios del estado, y hay más de 350,000 pozos. El petróleo se procesa, es decir, se transforma en sustancias químicas, en una **refinería.**

4. **Estudia** el mapa. **Encierra** en un círculo los símbolos que señalan petróleo y gas natural. ¿Dónde se halla la mayor parte del petróleo del Suroeste?

....

....

....

....

Uso de la tierra en el Suroeste

LEYENDA

- Desierto
- Agricultura y ganadería
- Bosques
- Pastoreo
- Área urbana
- Ganado vacuno
- Carbón
- Cobre
- Algodón
- Oro
- Gas natural
- Petróleo
- Ovejas
- Plata

AZ NM OK TX

MÉXICO

Golfo de México

N O E S

0   200 mi
0   200 km

En el Suroeste también se cultiva la tierra. A pesar de que hay muchas montañas y desiertos, el Suroeste también tiene buenas tierras de cultivo. Arizona es uno de los productores de algodón más grandes de la nación, y hay más granjas en Texas que en cualquier otro estado. En Oklahoma, los agricultores producen grandes cosechas de trigo.

Los pastizales de la región se usan para criar ganado. La gente de Texas y Oklahoma cría vacas, cabras y ovejas. Los navajos han criado ovejas allí desde el siglo XVI.

5. ⦿ **Sacar conclusiones** ¿Qué conclusiones puedes sacar sobre los productos del Suroeste?

....

....

Una mujer arrea ovejas.

¿Entiendes?

6. ⦿ **Hechos y opiniones** **Escribe** un hecho y una opinión sobre el Gran Cañón.

....

....

....

7. ❓ Imagina que te mudas al Suroeste desde otro país. ¿Dónde te gustaría vivir? ¿Cómo influirían en tu decisión los accidentes geográficos?

mi Historia: Ideas

....

....

....

◻ **¡Para!** Necesito ayuda ....

❚❚ **¡Espera!** Tengo una pregunta ....

▷ **¡Sigue!** Ahora sé ....

Buscar información en Internet

Acabas de aprender sobre la tierra y el agua del Suroeste. Sin embargo, el libro no puede enseñarte todo sobre la región. ¿Dónde puedes buscar más información?

Para seguir aprendiendo, puedes usar Internet. Internet es una enorme red de computadoras de todo el mundo. Cada sitio, o lugar, en Internet tiene su propia dirección. El conjunto de sitios de Internet se llama *World Wide Web*, que significa "red mundial" en inglés. Los sitios se llaman sitios web.

En Internet hay millones de sitios web. ¿Cómo puedes hallar los que te sean más útiles? Una de las mejores maneras es usar un motor de búsqueda. Un motor de búsqueda, o buscador, es un lugar en Internet que da información sobre sitios web. Sigue los pasos para hacer una búsqueda en Internet.

Paso 1 Ingresa palabras clave para tu búsqueda.

Paso 2 Haz clic en la palabra "Buscar", o "Search".

Paso 3 Haz clic en el título del sitio web que crees que será más útil. Los que terminan en .edu, .gov y .gob suelen ser confiables.

| Parque Nacional Big Bend | Search |

About 6,540,000 results (0.21 seconds)   Advanced search

Parque Nacional Big Bend
Parque Nacional Big Bend, TX 79834. Teléfono. Información para el turista (432) 477-2251. Línea del estado del tiempo (432) 477-1183. Fax. (432) 477-1175. Clima …
Alojamiento - Campamentos - Informe diario - El tiempo www.nps.gov

Ven al Big Bend
Investiga la historia mientras visitas el Parque Nacional
www.come2bigbend.com

Parque Big Bend
El Parque Nacional Big Bend tiene montañas y mesetas. Hay muchos lugares de alojamiento cerca del parque.
www.learnabbigbend.com

¡Inténtalo!

Imagina que un estudiante busca información sobre el Parque Nacional Big Bend, de Texas. Hizo una búsqueda en Internet. La primera parte está en la pantalla de la página anterior. Úsala para responder las siguientes preguntas.

1. ¿Qué palabras clave usó el estudiante?

....

2. ¿Qué otro término podría haber usado para la búsqueda?

....

....

3. ¿Por qué es importante usar palabras clave cuando buscas en Internet?

....

....

4. ¿Qué sitios web de la búsqueda del estudiante parecen más confiables? **Encierra** en un círculo un sitio confiable. **Explica** tu respuesta.

....

....

5. Imagina que quieres aprender sobre la historia del Gran Cañón. Escribe las palabras clave que usarías. Luego haz una lista de las fuentes donde buscarías la información.

....

....

....

....

El clima del Suroeste

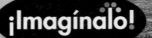

Mira el contraste que se ve en la foto. Las áreas color café son muy secas. Encierra en un círculo las áreas verdes.

El lago Caddo, en el este de Texas, es una zona húmeda y lluviosa.

Como los accidentes geográficos, el clima del Suroeste también es variado. En Arizona, el verano es caluroso y seco. Sin embargo, a más de 1,000 millas de distancia, en la costa de Texas, el verano también es caluroso, pero con muchas más precipitaciones.

Variedad de climas

Algunas partes de la región, como el sur de Arizona y Nuevo México, tienen un clima **árido**, o muy seco. En estas zonas puede llover, pero la mayor parte del tiempo llueve poco o nada. En otras partes de Arizona y Nuevo México llueve más, pero aun así son secas, es decir, tienen un clima **semiárido.**

En Texas, los climas son contrastantes. La mitad oeste del estado es semiárida. Sin embargo, más hacia el este, el clima es más húmedo. De hecho, Texas tiene el récord de cantidad de lluvia en un mismo día, cuando durante una tormenta cayeron ¡43 pulgadas! Al igual que Texas, Oklahoma es seco en el oeste y más lluvioso en el este. En un año, en el oeste de Oklahoma cayeron menos de 15 pulgadas de lluvia. Sin embargo, en el este, ese año cayeron unas 57 pulgadas de lluvia.

1. Sacar conclusiones **Escribe** una conclusión sobre cómo puede influir el clima del Suroeste en las personas.

....

....

....

Aprenderé que el clima del Suroeste varía desde los secos desiertos del oeste hasta las tierras húmedas del este.

Vocabulario

árido
semiárido
masa de aire
sabana

Escribe por qué algunas áreas son verdes y otras son de color café.

El Corredor de los Tornados

El tiempo en el Suroeste puede cambiar rápidamente. Pueden formarse grandes tormentas. En ese caso, podrías ver cómo se forma un tornado en el cielo. Los potentes vientos que se mueven en círculo destruyen árboles, carros y edificios.

En Texas hay más tornados que en cualquier otro estado de la nación. Oklahoma es el segundo estado en cantidad de tornados por año. Ambos estados son parte del Corredor de los Tornados. En el mapa, puedes ver cómo las diferentes masas de aire se juntan en el Suroeste. Una **masa de aire** es una porción de aire con la misma temperatura y humedad. Cuando las masas de aire contrastante chocan, pueden formarse los tornados.

Estos tornados pueden ser mortales. Los vientos fuertes pueden arrancar los techos de las casas y voltear carros. En un año, Oklahoma perdió más de mil millones de dólares por los daños a la propiedad como consecuencia de los tornados.

2. **Encierra** en un círculo las masas de aire que pueden generar tornados. Luego **escribe** los nombres de los estados del Suroeste que forman parte del Corredor de los Tornados.

....

....

....

Corredor de los Tornados

LEYENDA
Corredor de los Tornados
Aire frío y seco
Aire cálido y seco
Aire cálido y húmedo

WY SD MN NE IA CO KS MO CA AZ NM OK AR TX LA

OCÉANO PACÍFICO

0 200 mi
0 200 km

N O E S

MÉXICO

Golfo de México

Clima y vegetación

Como el clima, el tipo de vegetación también cambia del oeste al este de la región. Al oeste de Arizona está el desierto de Sonora. Allí hay cactus, como los cactus de barril y el nopal, y también el saguaro, un cactus muy grande. Al igual que otras plantas de la región, el saguaro desarrolla raíces largas y poco profundas para obtener agua del subsuelo. Además, su tronco y sus ramas se expanden para almacenar agua y sobrevivir en los largos períodos de sequía.

Hacia el este, hay suficientes precipitaciones para que el suelo sea más húmedo. La tierra se convierte en pradera y pastizales. De hecho, el Bosque Nacional y Pradera Nacional Cibola cubren más de 263,000 acres de tierras en el norte de Nuevo México, el oeste de Oklahoma y el norte de Texas.

Más hacia el este, en partes de Texas y Oklahoma, hay una zona llamada Cross Timbers. Allí hay una **sabana,** es decir, un pastizal con pocos árboles muy separados. Cross Timbers también tiene bosques espesos. Esos bosques eran un punto de partida para los colonos que viajaban hacia el oeste.

En el límite este de la región del Suroeste, en Texas, hay pantanos y humedales. En esta área húmeda, crecen cañas y otras plantas de pantano. Algunas áreas están cubiertas de agua la mayor parte del año.

Búho del desierto

Entre las zonas este y oeste de la región, hay llanuras abiertas y áreas con bosques, como la zona Cross Timbers, en Texas.

Animales del Suroeste

Imagina que puedes visitar un desierto del Suroeste, como el de Sonora, en Arizona. Quizá piensas que allí no hay animales. Podrías ver un águila real en el cielo, pero ¿dónde están los animales en la tierra? Están escondidos para refugiarse del sol. Algunos, como el búho enano y la lagartija, se refugian bajo el cactus saguaro. Las serpientes de cascabel se refugian bajo las rocas. Los monstruos de Gila son lagartijas venenosas. Como las serpientes, se refugian bajo las rocas y en hoyos en el suelo.

Las praderas y los pastizales de la región son el hogar de muchos animales. Allí hay venados, armadillos y hasta águilas de cabeza blanca. En los pastizales de Oklahoma se pueden ver bisontes americanos pastando y también otros animales, como los coyotes. El borrego cimarrón vive en lo alto de las montañas y los bosques de Nuevo México.

Más hacia el este, en Texas, hay más de 300 millas de costa sobre el golfo de México. En la Costa Nacional Isla del Padre, cerca de 400 tipos de aves viven en el parque nacional o pasan por allí todos los años. Hay gaviotas, garcetas y pelícanos. También hay tortugas marinas que ponen sus huevos en la playa.

3. **Escribe** dónde se puede encontrar cada animal.

   bisonte americano ....

   garceta blanca ....

   monstruo de Gila ....

Garceta blanca en los humedales

Cuanto más subes...

El clima no cambia solamente del oeste al este, sino también de zonas más bajas a zonas más altas. Una tarde calurosa estás en Phoenix, Arizona, y decides ir a un lugar más fresco. Un viaje hasta Flagstaff cambia todo. Si en Phoenix hace más de 100 °F, en Flagstaff puede hacer 30 grados menos. Estas ciudades están a solo 150 millas de distancia, pero la diferencia en altitud es enorme. Phoenix está a poco más de 1,000 pies sobre el nivel del mar. Flagstaff está en las montañas a casi 6,000 pies más de altura. Las dos ciudades están en el mismo estado, pero tienen climas muy diferentes.

En Phoenix, el suelo es más seco y bajo. Cuando vas a lugares de mayor altitud, hay más precipitaciones. Por ejemplo, en el desierto de Sonora, las zonas más bajas están al nivel del mar, y la temperatura es casi siempre alta. Sin embargo, en algunas zonas del desierto de Sonora, hay picos montañosos. El más alto está a 9,000 pies sobre el nivel del mar. En las zonas bajas, verás cactus. En las montañas, como hay suficientes precipitaciones, verás pinos ponderosa y álamos temblones. Estos árboles crecen bien en las zonas más altas y húmedas.

4. ⊚ **Comparar y contrastar** **Escribe** F en la zona que parece ser la más fría.

Montaña Taos

Las actividades de la gente también cambian según la altitud. En las zonas bajas de Arizona y Nuevo México, la gente monta en bicicleta y da caminatas por los senderos naturales. También se hacen visitas guiadas a caballo en lugares como el desierto de Sonora. En las montañas, la gente también da caminatas, pero además pueden esquiar, andar en trineo y hacer *snowboard*. Otro deporte que se practica mucho en las montañas es el ciclismo de montaña. La altitud es un factor importante en todo el Suroeste.

Las personas escalan las grandes rocas de la región.

¿Entiendes?

5. ⊙ **Resumir Escribe** un resumen de cómo cambia el clima del Suroeste, del oeste al este.

....

....

....

....

6. ❓ A veces, un animal es el símbolo de una cultura. El águila de cabeza blanca es el ave nacional de los Estados Unidos.
Piensa en un águila que vuela en el cielo del Suroeste.
Escribe cómo un águila puede representar la cultura estadounidense.

mi Historia: Ideas

....

....

....

⬜ **¡Para!** Necesito ayuda ....

⏸ **¡Espera!** Tengo una pregunta ....

▶ **¡Sigue!** Ahora sé ....

El pasado del Suroeste

¡Imagínalo!

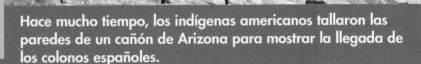

Hace mucho tiempo, los indígenas americanos tallaron las paredes de un cañón de Arizona para mostrar la llegada de los colonos españoles.

En 1908, el vaquero afroamericano George McJunkin descubrió algo asombroso. Halló huesos muy antiguos cerca de Folsom, Nuevo México. En el sitio había una punta de lanza de más de 10,000 años. Veintiún años después, cerca de Clovis, Nuevo México, se descubrieron huesos y una punta de lanza aún más antiguos. Los arqueólogos descubrieron que allí, en lo que hoy es el Suroeste, vivían seres humanos desde mucho antes de lo que todos creían.

Vivienda en los acantilados perteneciente a los antiguos indígenas pueblo

Culturas antiguas de la región

Los arqueólogos aún no saben mucho sobre quiénes hicieron las puntas de lanza de Folsom y Clovis. Sin embargo, han aprendido mucho sobre las personas que llegaron después. Hace más de 3,000 años, en lo que hoy es el Suroeste, vivían muchos grupos diferentes. Uno de los primeros era el de los antiguos indígenas pueblo, o los anasazis. Los antiguos indígenas pueblo construían **viviendas en los acantilados,** es decir, casas ubicadas en acantilados, en lo que hoy es Nuevo México y Arizona. Los hohokams vivían en lo que hoy es la zona central de Arizona. Construyeron un sistema de canales para llevar agua desde el río Salado y el río Gila hasta sus granjas. Los mogollons vivían a orillas de los ríos de Arizona y Nuevo México. Allí cultivaban la tierra y cazaban.

Piensa en algo importante que haya ocurrido en tu escuela. Haz un dibujo para mostrar un detalle del suceso.

Aprenderé que los indígenas americanos y los colonos españoles han influido mucho en la historia y la cultura del Suroeste.

Vocabulario

vivienda en los acantilados

pueblo

misión

Indígenas americanos en el siglo XVI

Los antiguos indígenas pueblo, los hohokams y los mogollons son los antepasados de algunos indígenas americanos actuales. Los antiguos indígenas pueblo, los hopis y los zuñis construían aldeas grandes. Cuando llegaron los españoles, llamaron a esas aldeas **pueblos.** Los hopis y los zuñis plantaban cultivos como maíz, frijoles y algodón.

Los pimas también eran agricultores. Usaban los sistemas de canales que habían construido los hohokams para irrigar sus cultivos. Los mojaves y los yumas cultivaban en los valles de los ríos.

Algunos indígenas llegaron al Suroeste desde otros lugares. Los apaches y los comanches venían del norte. Ambos grupos eran nómadas. Los nómadas son personas que se mudan de lugar muy a menudo. Los navajos también venían del norte, y al igual que otros grupos, eran agricultores. Con el tiempo, empezaron a criar ovejas.

1. **Subraya** en el mapa cada una de las tribus que se mencionan en el texto.

Indígenas americanos del Suroeste

Río Colorado
Hopis
Navajos
Mojaves
Zuñis
Papagos
Pimas
MONTAÑAS ROCOSAS
Indígenas pueblo
Comanches
Río Red
Wichitas
Apaches
Río Grande
Apaches
Golfo de México

N O E S

LEYENDA
Región del Suroeste
El mapa muestra las fronteras actuales.

0   200 mi
0   200 km

Coronado exploró gran parte del Suroeste. Buscaba ciudades de oro, pero nunca las halló.

Los españoles llegan

En el siglo XVI, España envió exploradores a las Américas. Álvar Núñez Cabeza de Vaca fue parte de una de las primeras expediciones. En 1528, la expedición llegó a la costa de lo que hoy es Texas. Pero Cabeza de Vaca pronto se convirtió en uno de apenas cuatro sobrevivientes. Otro era el africano Esteban. Cabeza de Vaca y Esteban querían llegar a la ciudad de México, que era la capital de Nueva España, en el territorio que es hoy México. Cuando llegaron a la ciudad, dijeron que habían oído sobre "ciudades de oro" en su viaje. Esas ciudades quizá estaban en lo que hoy es la región del Suroeste.

En 1539, Esteban y el padre Marcos de Niza fueron a buscar esas ciudades. El padre Marcos de Niza era un misionero español. Cuando llegaron al sureste de Arizona, el padre Marcos de Niza vio lo que, según pensaba, eran ciudades de oro brillando a la luz del sol.

Cuando el gobernador de Nueva España se enteró de las ciudades con "paredes de bloques de oro . . . y calles adoquinadas con plata", quiso encontrarlas. En 1540, envió a Francisco Vásquez de Coronado a buscar esas ciudades de oro, conocidas como Cíbola. Cerca del límite actual entre Nuevo México y Arizona, Coronado encontró el pueblo de los zuñis y descubrió que, después de todo, no estaba hecho de oro.

2. ⊚ **Causa y efecto Subraya** los efectos de la llegada de Cabeza de Vaca y Esteban a la ciudad de México.

El período colonial

Algunos exploradores españoles no pensaban rendirse tan fácilmente ante el sueño de hallar oro en el Suroeste. Uno de ellos era Juan de Oñate. En 1598, condujo a 400 colonos hacia el norte para construir una colonia y buscar riquezas. Los colonos no hallaron riquezas, y muchos les temían a los indígenas que vivían cerca. Por lo tanto, la mayoría regresó a México. Sin embargo, en poco tiempo los españoles construyeron otras colonias en el Suroeste.

Las misiones eran una parte central de las colonias españolas. Una **misión** es la sede de los misioneros. El objetivo de las misiones era reclamar tierras y enseñar a los indígenas las creencias cristianas. Los españoles establecieron misiones en todo el Suroeste. Cerca de muchas de ellas, crearon asentamientos llamados presidios. Allí vivían soldados que protegían las misiones.

En las misiones, los indígenas recibían comida y protección contra los enemigos. Tenían que trabajar en tareas agrícolas o producir bienes. Algunas veces, eran obligados a vivir y trabajar en las misiones. Otras, recibían maltratos. Pero también, a veces los españoles los trataban bien.

En 1687, el padre Eusebio Kino fundó tres misiones en lo que hoy es Arizona. Allí enseñó a los pimas y los yumas durante 25 años.

3. ⊙ **Sacar conclusiones**
Mira la misión.
Escribe pistas que muestren que las personas de las misiones cultivaban o fabricaban casi todo lo que necesitaban.

....

....

....

....

....

Misión de San José, Texas

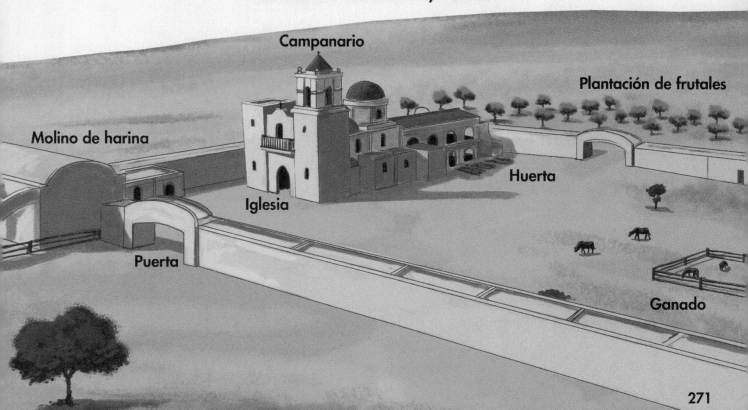

Campanario

Plantación de frutales

Molino de harina

Huerta

Iglesia

Puerta

Ganado

Influencias del pasado y el presente

Como gran parte de la nación, el Suroeste tiene una gran diversidad, o mezcla de culturas. Personas de todo el mundo han venido a vivir a la región. Sin embargo, las culturas española, mexicana e indígena han tenido especial influencia en el Suroeste.

En Arizona, Nuevo México y Texas, muchas personas tienen raíces españolas o mexicanas. Muchos hablan inglés y español. Hay construcciones de estilo español y se puede comer comida mexicana y española. La gente del Suroeste también celebra dos días feriados importantes de México. Uno de ellos es el Cinco de Mayo, que celebra una victoria militar mexicana. El otro es el 16 de septiembre, que es el Día de la Independencia de México.

Además, la región del Suroeste todavía es el hogar de grupos indígenas. En las reservas viven muchos navajos, hopis y mojaves. La reserva de los navajos ocupa cerca de 26,000 millas cuadradas. También hay otras reservas indígenas en el Suroeste. Entre ellas, la Comunidad Indígena del Río Gila y la Reserva del Río Colorado, en Arizona.

4.  **Sacar conclusiones** **Subraya** tres de las culturas del Suroeste. Luego **escribe** una conclusión sobre la cultura que crees que tiene más influencia en la región.

....

....

....

....

....

....

Personas del Suroeste bailan danzas tradicionales de México.

272

Visitar el Suroeste

Cada año, millones de personas visitan el Suroeste. Muchas llegan para conocer la mezcla de culturas de esta región. Quieren ver la vida cultural en muchas partes, desde San Antonio, Texas, hasta Santa Fe, Nuevo México. Van a festivales, comen comida mexicana, escuchan música y visitan asentamientos que alguna vez fueron misiones.

Los turistas también vienen a visitar sitios indígenas. En lugares como el cañón de Chelly, pueden ver los tallados y las viviendas en los acantilados de antiguos grupos indígenas. También visitan los pueblos. Así, aprenden cosas sobre los navajos, los hopis y los zuñis. Aprenden que, como las culturas mexicana y española, los indígenas y sus culturas son una parte clave del Suroeste.

Entre los coleccionistas, son populares los tejidos, la cerámica y las joyas hechas por artistas navajos.

¿Entiendes?

5. **Sacar conclusiones** ¿De qué manera la llegada de los colonos españoles cambió la vida de los indígenas americanos?

....

....

....

6. ¿Qué grupos indígenas americanos viven o vivieron en tu zona? ¿Qué te gustaría aprender sobre ellos? **Escribe** una pregunta que les harías si los visitaras.   **mi Historia: Ideas**

....

....

....

....

¡Para! Necesito ayuda ....

¡Espera! Tengo una pregunta ....

¡Sigue! Ahora sé ....

El crecimiento del Suroeste

¡Imagínalo!

En la actualidad, la gente sigue practicando las destrezas de los primeros vaqueros.

Stephen F. Austin

Dentro de El Álamo había más de 200 soldados y colonos de Texas. El Álamo era una misión española en lo que hoy es San Antonio, Texas. Durante una guerra en 1836, miles de soldados mexicanos atacaron El Álamo. Murieron más de 180 soldados de Texas. ¿Quiénes eran estos hombres? ¿Por qué daban la vida por Texas?

Nuevos colonos

En 1821, un estadounidense llamado Stephen F. Austin dirigió a un grupo de colonos estadounidenses hasta Texas. En ese momento, Texas era parte de México. Durante los 15 años siguientes, más colonos de los Estados Unidos se mudaron a Texas. Como cada hombre casado recibía más de 4,000 acres, muchos estadounidenses vieron una gran oportunidad.

Para la década de 1830, muchos texanos querían separarse de México. Como México no quería desprenderse de Texas, pronto empezó la guerra. Aunque los mexicanos ganaron en El Álamo, perdieron la guerra. Los texanos declararon que Texas era un nuevo país, la República de Texas. El colono y soldado Sam Houston se convirtió en su presidente.

En 1845, Texas se anexó a los Estados Unidos. **Anexar** significa agregar. Sin embargo, ese no fue el final de las batallas con México. La anexión de Texas llevó a los Estados Unidos a la Guerra con México. Al final de la guerra, los Estados Unidos ganaron aún más tierras. Esas tierras ocupaban lo que hoy es Nuevo México y California, y la mayor parte de Arizona.

¿Qué te parece que están haciendo estas personas? Escribe tu respuesta arriba.

DESCIFRA LA PREGUNTA PRINCIPAL

Aprenderé que el Suroeste siguió creciendo a medida que más colonos de los Estados Unidos se mudaban a la región.

Vocabulario

anexar

empacadora
 de carne

rancho

finca

pozo surtidor

área
 metropolitana

Cambio de vida para los indígenas americanos

Colonos de otros estados llegaban a Texas, Arizona y Nuevo México, al igual que los inmigrantes de Europa. Muchos se establecían en los valles de los ríos, como el río Pecos y el río Grande. Allí, había agua y tierra fértil para el cultivo. Parte de esa tierra ya estaba ocupada por los indígenas americanos. Desde la década de 1830, los Estados Unidos habían obligado a muchos indígenas a mudarse a reservas. La reserva más grande era el territorio indígena, en lo que hoy es Oklahoma.

En 1863 y 1864, los navajos fueron expulsados de sus tierras. El gobierno de los Estados Unidos quería terminar con las luchas entre los navajos y los colonos de Nuevo México. Dirigidos por el oficial Kit Carson, los soldados obligaron a los navajos a mudarse a una reserva. Los navajos tuvieron que caminar cerca de 300 millas durante los meses de invierno. Muchos navajos murieron. Ese viaje tan difícil se llamó "Larga Marcha".

En 1868, el gobierno devolvió a los navajos parte de las tierras ubicadas en los estados actuales de Arizona, Nuevo México y Utah. Estas tierras aún hoy son el hogar de la Nación Navajo.

Miembros de la Nación Navajo en la actualidad

1. ⊙ **Sacar conclusiones** ¿Por qué el deseo por poseer tierras en el Suroeste causó luchas?

....

....

Tierra ganadera

Los pobladores de Texas criaban ganado para venderlo. En 1867, un hombre llamado Philip Armour abrió la planta empacadora de carne más grande de Chicago, Illinois. Una planta **empacadora de carne** procesa la carne de los animales para poder comerla. Con el tiempo, esta planta y otras empezaron a procesar carne vacuna.

Las personas de Texas podían criar ganado en sus ranchos para vender la carne vacuna. Un **rancho** es una granja de gran tamaño donde se cría ganado. Lo difícil era llevar el ganado hasta las plantas empacadoras de carne. ¿Cómo lo lograban? Gracias al arreo de ganado y el ferrocarril. Los vaqueros arreaban al ganado hacia el norte siguiendo caminos de ganado. Esos caminos se cruzaban con los ferrocarriles en distintos lugares, como Kansas y Missouri. Allí, se ponía el ganado en vagones de carga. Los vagones lo llevaban hasta las plantas empacadoras de carne de Chicago y Kansas City.

2. En el mapa, **marca** una ruta de arreo de ganado. Empieza en el sur de Texas y termina en una parada de ferrocarril.

Los caminos de ganado y el ferrocarril

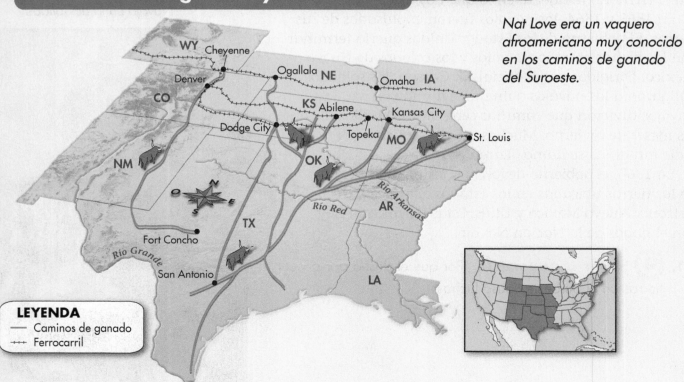

Nat Love era un vaquero afroamericano muy conocido en los caminos de ganado del Suroeste.

LEYENDA
— Caminos de ganado
+++ Ferrocarril

La ganadería pronto se convirtió en un gran negocio. A medida que crecía la demanda de carne vacuna, también crecía la ganadería. Se establecieron ranchos en todo el Suroeste, así como en los estados de las llanuras del norte. En esas tierras donde antes pastaban bisontes, ahora había ganado.

Pero con el tiempo, la ganadería cambió. Se tendieron vías de ferrocarril en el Suroeste. Además, más colonos se mudaban a la región. El gobierno les otorgó tierras para establecer granjas llamadas **fincas.** Para proteger sus cultivos, los dueños de fincas colocaron vallas. El ganado ya no podía andar libremente por los pastizales, y muchas veces las vallas bloqueaban las rutas que seguía el arreo de ganado. Los días del arreo de ganado llegaron a su fin.

Nace la industria del petróleo

En el siglo xx, hubo más cambios en el Suroeste. El 10 de enero de 1901, unos trabajadores estaban perforando un pozo de petróleo en Spindletop, cerca de Beaumont, Texas. A las 10:30 de esa mañana, el pozo explotó. Salieron disparadas seis toneladas de tuberías. También salió barro y gas, y luego un chorro de petróleo de más de 100 pies de altura. Los trabajadores tardaron nueve días en detener el chorro del **pozo surtidor.**

El descubrimiento de petróleo en Spindletop fue asombroso. Pocos habían visto tanta cantidad de petróleo. Pronto, el precio de los terrenos cercanos a Spindletop subió de $150 a $50,000 cada uno. Las torres de perforación de petróleo, es decir, las estructuras que sostienen la perforadora, se hicieron comunes. A la zona llegaron muchos trabajadores y compañías de petróleo. Las compañías petroleras gastaron miles de millones de dólares buscando petróleo y gas natural en el Suroeste. Hoy, la industria del petróleo sigue siendo importante para la región.

3. ⊚ **Sacar conclusiones** **Escribe** una conclusión sobre la forma en que se usaba la tierra cercana a un pozo de petróleo.

....

....

....

....

En la tierra cercana a los pozos de petróleo de Texas había muchísimas torres de perforación.

A medida que más personas se mudan al Suroeste, hay más oportunidades de trabajo en industrias como la construcción.

El área que rodea a Phoenix se llama Valle del Sol.

Sigue creciendo

El Suroeste todavía es una región de espacios abiertos. Sin embargo, también es una región de grandes ciudades que sigue creciendo. De hecho, cuatro de las áreas metropolitanas de la nación que crecen más rápido son Houston, San Antonio y Dallas, en Texas, y Phoenix, en Arizona. Un **área metropolitana** es una ciudad grande y el área que la rodea. En Texas hay más granjas que en cualquier otro estado. Pero la mayor parte de la población vive en ciudades. También en Arizona, Nuevo México y Oklahoma la mayoría vive en las ciudades.

¿Por qué se muda la gente a las ciudades del Suroeste? Las industrias y los centros médicos de alta tecnología atraen a las personas a ciudades como Dallas y Houston. Muchas personas llegan a Phoenix para trabajar en la industria de servicios. Hay personas que llegan de climas fríos para disfrutar del tiempo cálido y la belleza del Suroeste. Por las mismas razones, otros se mudan al Suroeste cuando se jubilan. Además, llegan inmigrantes, especialmente de México y América Central.

No todas las personas de las ciudades del Suroeste llegan para quedarse a vivir. También llegan turistas a conocer la belleza de la región. De hecho, el turismo es la industria más grande de Nuevo México.

4. **Comparar y contrastar** **Compara** las razones por las que estas personas poblaron el Suroeste.

Razones para poblar el Suroeste	
Grupo	**Razones**
Primeros colonos estadounidenses	tierras
Nuevos colonos	poner granjas
Trabajadores del petróleo	
Jubilados	

¿Entiendes?

5. **Sacar conclusiones** **Escribe** una conclusión sobre cómo el ferrocarril cambió la ganadería.

....

....

....

....

6. ¿Qué culturas influyeron en la historia de la zona en la que vives? **Escribe** una descripción de lo que les dirías a los turistas.

mi Historia: Ideas

....

....

....

¡Para! Necesito ayuda ....

¡Espera! Tengo una pregunta ....

¡Sigue! Ahora sé ....

myworldsocialstudies.com ▶ **Experimentar** ▶ ¿Entiendes?

La vida en una tierra árida

¡Imagínalo!

Promedio del uso de agua

Uso	Galones por día
Bañarse	80
Ir al baño	108
Cocinar/beber	12
Lavar los platos	15
Lavar la ropa	35

Una familia de cuatro personas puede usar cerca de 250 galones de agua por día. Eso alcanza para llenar una bañera ¡casi 8 veces!

Estás mirando tu nuevo patio delantero. Alguna vez tuvo un pasto de color verde intenso y jardines de flores. Sin embargo, con el sol fuerte de Nuevo México, había que regar todos los días. ¡Tu familia gastaba cientos de galones de agua con los rociadores! Tus padres te explicaron que en el Suroeste hay escasez de agua. Entonces buscaron maneras de conservarla. Una manera es deshacerse de todo ese pasto. Ahora tu patio tiene un jardín de cactus. También tiene flores nativas que crecen con poca humedad. Estás orgulloso de ese hermoso patio.

¿De dónde viene el agua?

La gente no puede vivir sin agua. Los animales y las plantas tampoco. Aun así, el agua siempre ha sido un recurso escaso en el Suroeste. Aunque en algunas zonas llueve mucho, recuerda que en la mayor parte de la región el clima es árido o semiárido.

Los cactus crecen en el desierto porque pueden sobrevivir con muy poca agua.

DESCIFRA LA PREGUNTA PRINCIPAL

Aprenderé que las personas del Suroeste tienen recursos hídricos limitados.

Vocabulario

embalse
acueducto
sequía
aguas grises

En la tabla, encierra en un círculo un uso del agua que piensas que podrías reducir. ¿Cómo lo harías?

En cualquier parte del mundo, hay dos fuentes principales de agua: el agua subterránea y superficial. El agua subterránea está bajo tierra. Los recursos de agua subterránea se llaman acuíferos. El agua de lluvia y la nieve derretida se filtra en el suelo y pasa a los acuíferos. Cuando las personas cavan pozos, están usando los acuíferos.

El agua superficial es la de los lagos, arroyos y ríos. Por supuesto, el agua del océano también es superficial, pero el agua salada no sirve para la mayoría de las necesidades humanas. En el Suroeste hay dos fuentes principales de agua superficial: el río Colorado y el río Grande.

El río Colorado es el más importante. Es el suministro principal de agua de casi 30 millones de personas. En lo alto de las montañas, la fuente del agua del río es la lluvia y el deshielo. Los estados del Suroeste y el Oeste están de acuerdo en cómo compartir el agua del río Colorado. En la década de 1930, los Estados Unidos construyeron sobre el río la represa Hoover. Esa represa creó un embalse. Un **embalse** es un lago donde se almacena agua. El embalse del lago Mead lo creó la represa Hoover. Se extiende más de 100 millas detrás de la represa y es una parte clave del suministro de agua del Suroeste.

El lago Mead, creado por la represa Hoover, es uno de los lagos artificiales más grandes del mundo.

1. **Subraya** la fuente del río Colorado. **Escribe** cómo puede influir el estado del tiempo en la cantidad de agua del río.

....

....

¿Quién usa el agua y cómo?

En Arizona y en Nuevo México, la mayor parte del agua se usa para la agricultura. Con la irrigación, los agricultores transforman el suelo seco en tierra de cultivo fértil. Sin embargo, para eso hace falta mucha agua. Los expertos dicen que se necesitan más de 1,000 galones de agua para producir el alimento de la cena que va a consumir una familia de cuatro personas.

¿Quién usa el resto del agua? Las ciudades suministran agua a sus residentes, es decir, a las personas que viven allí. Además, muchas empresas usan agua. Las plantas de energía también usan parte del agua. Estas plantas usan el agua en movimiento para operar máquinas que generan electricidad. Un lugar donde se genera electricidad son las represas. De hecho, la represa Hoover produce electricidad para más de 1 millón de personas.

Los expertos estudian el suministro de agua y la cantidad de agua que usa la gente. Buscan predecir las necesidades futuras. Muchos creen que en el futuro se usará más agua en las residencias, es decir, en las casas. ¿Por qué? La respuesta es "más personas". La población de las zonas áridas del Suroeste sigue creciendo.

Uso del agua en Nuevo México

Evaporación
Uso residencial
Agricultura
Ganado e industria

Fuente: Oficina de Ingeniería Estatal de Nuevo México

2. ⊙ **Sacar conclusiones**
Predice la cantidad de agua que se usará en 2065. **Explica** si el uso del agua aumentará o disminuirá y por qué.

....

....

....

....

....

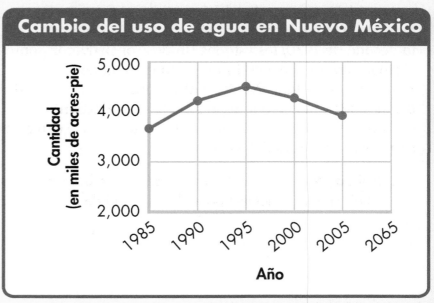

Cambio del uso de agua en Nuevo México

Cantidad (en miles de acres-pie)

5,000

4,000

3,000

2,000

1985 1990 1995 2000 2005 2065

Año

Fuente: Servicio Geológico de los Estados Unidos

La vida en una tierra calurosa y seca

El clima cálido del Suroeste ha atraído a las personas durante muchos años. La gente se ha adaptado tanto al calor como a la escasez de agua.

Si en Nuevo México hace 104 °F, no querrás estar al sol. Lo más probable es que prefieras disfrutar del ambiente fresco de tu casa o hasta de un cine. En la actualidad, la mayoría de los lugares públicos tienen aire acondicionado. El aire acondicionado se inventó hace más de 100 años. El primer edificio de oficinas grande que tuvo aire acondicionado estaba en San Antonio, Texas, en 1928. El aire acondicionado hizo que la vida en el Suroeste fuera más cómoda. Para escapar del calor, la gente podía quedarse en el interior de su casa. Como las condiciones de vida en la región mejoraron, la población creció.

Las casas del Suroeste demuestran cómo las personas se han adaptado al lugar. El patio de esta casa usa menos agua que un patio cubierto de pasto.

A medida que se mudaban personas al Suroeste, algunas ciudades en lugares con poca agua crecieron. Phoenix, Arizona, es una de ellas. ¿Cómo hacen en Phoenix para suministrar a las personas el agua que necesitan? Usan acueductos. Los **acueductos** son sistemas de tuberías que transportan agua a grandes distancias. Los acueductos llevan agua desde el río Colorado hasta Phoenix. Los agricultores también usan los acueductos para llevar agua a las granjas.

3. ⊙ **Causa y efecto** **Completa** los recuadros con los efectos.

Maneras en que las personas se adaptan

Causas		Efectos
Se usa el aire acondicionado para refrescar las casas y los negocios.	→	
Los acueductos llevan agua a las ciudades.	→	

283

Escasez de agua

El Suroeste es una de las regiones del país que crece más rápido. Arizona es un buen ejemplo. Su población actual es casi cuatro veces mayor que hace 40 años. Esto significa que se necesita más agua.

Sin embargo, en los últimos tiempos ha habido escasez de agua. Partes de Arizona y Nuevo México han tenido una sequía. Una **sequía** es un período en el que hay poca lluvia o nada. Cuando hay sequía, hay menos agua para usar. En épocas de grandes sequías, quizá el agua no alcanza para que los agricultores cultiven la tierra. También los animales en su hábitat natural pueden tener menos agua, ya que los ríos y los arroyos se secan.

Las personas del Suroeste enfrentan el reto de la escasez de agua. Los científicos, los expertos y los ciudadanos en general están trabajando para cuidar el agua. Los agricultores han desarrollado maneras de usar menos agua para la irrigación. Ahora muchos usan la irrigación por goteo. Con este método, se pierde menos agua por evaporación, ya que el agua gotea directamente sobre la base de las plantas.

Las ciudades y las industrias también ayudan. Algunas usan nuevas fuentes de agua. Usan "aguas grises" para regar los terrenos públicos o en las fábricas. Las **aguas grises** son agua reciclada. No es agua potable ni se puede usar para lavar frutas y verduras, pero sí para otras cosas.

En la década de 1930, hubo una gran sequía en las Grandes Llanuras que duró muchos años. La sequía dejó a los agricultores de Oklahoma, Texas y Nuevo México un suelo seco y polvoriento.

284

Las familias también trabajan para ahorrar agua. En veinte años, por ejemplo, los habitantes de Phoenix, Arizona, han reducido el uso de agua en un 20 por ciento. Los nuevos diseños de duchas, tazas de baño y lavadoras necesitan menos agua. Además, las familias intentan usar menos agua en el exterior de sus casas. Siguen las normas de la ciudad que recomiendan regar menos el patio y hacerlo solo de noche o temprano por la mañana. Así, se pierde menos agua por evaporación. También, muchas personas han dejado de lavar el carro para ahorrar agua. En todo el Suroeste, la gente sabe que su vida y la región dependen del agua.

Carteles como este, que dice "¡Hay que ahorrar hasta la última gota!", recuerdan que hay que arreglar los grifos que gotean para no desperdiciar agua.

4. ¿Cómo pueden tu familia y tú ahorrar agua? **Escribe** dos consejos.

....

....

....

¿Entiendes?

5. ⊙ **Resumir Escribe** un resumen sobre cómo la tecnología ayuda a las personas a adaptarse al Suroeste.

....

....

....

....

6. ❓ "Cuanto más grande, mejor" es un dicho común de la cultura estadounidense. Sin embargo, el crecimiento también trae retos. **Escribe** un nuevo dicho que tenga en cuenta la escasez de recursos.

mi Historia: Ideas

....

....

▢ **¡Para!** Necesito ayuda ....

⏸ **¡Espera!** Tengo una pregunta ....

▶ **¡Sigue!** Ahora sé ....

Lección 1

La tierra y el agua del Suroeste

- Algunos accidentes geográficos del Suroeste son las llanuras, las montañas y los cañones.
- El golfo de México, el río Colorado y el río Grande le dan forma a la región.
- El Suroeste es una fuente abundante de minerales.

Lección 2

El clima del Suroeste

- La variedad de climas del Suroeste, desde los climas húmedos hasta los áridos, influye en la vegetación de la región.
- Los tornados son comunes en el Corredor de los Tornados.
- El clima del Suroeste cambia con la altitud.

Lección 3

El pasado del Suroeste

- Los indígenas americanos vivieron en el Suroeste durante miles de años.
- A partir del siglo XVI, los exploradores y misioneros españoles cambiaron la región.
- Al Suroeste llegan muchos turistas para disfrutar de la mezcla de culturas.

Lección 4

El crecimiento del Suroeste

- La extensión de la tierra y la abundancia de recursos como el petróleo han atraído a las personas al Suroeste durante cientos de años.
- En el pasado, muchos indígenas americanos del Suroeste fueron expulsados de sus tierras.
- En la actualidad, el Suroeste es una de las zonas del país que crece más rápidamente.

Lección 5

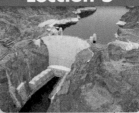

La vida en una tierra árida

- El agua es un recurso escaso en gran parte del Suroeste.
- Los principales recursos hídricos de la región son el agua subterránea de los acuíferos y el agua superficial de los ríos Colorado y Grande.
- Los residentes del Suroeste están aprendiendo a ahorrar agua con nuevos métodos.

Repaso y Evaluación

Lección 1

La tierra y el agua del Suroeste

1. Une las palabras y las frases.

_____ llanuras   a. tierra plana y alta

_____ cuenca y   b. tierra plana, buena
        cordillera   para la agricultura

_____ montañas   c. zonas bajas y
                      cordilleras

_____ mesetas   d. picos altos

Lección 2

El clima del Suroeste

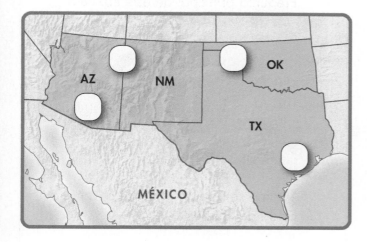

2. Rotula un lugar en el mapa por cada nombre de abajo.

A   tierra árida

G   llanuras costeras del Golfo

T   Corredor de los Tornados

M   mesetas

Lección 3

El pasado del Suroeste

3. Coloca estos sucesos en orden cronológico. Numéralos del 1 al 4, empezando por el primer suceso.

_____ Los hohokams cultivaron la tierra en Arizona.

_____ Coronado vio los pueblos zuñis.

_____ Las personas que vivieron en Folsom tallaron puntas de lanza.

_____ El padre Kino fundó misiones.

4. Enumera dos razones por las que los colonos españoles fueron al Suroeste.

....

....

....

....

5. ⊙ **Sacar conclusiones Escribe** una conclusión sobre por qué la diversidad cultural del Suroeste es especial.

....

....

....

....

....

....

....

....

Lección 4

El crecimiento del Suroeste

6. ⊙ **Causa y efecto** **Completa** la tabla de causa y efecto.

Causa

Efecto

Muchos estadounidenses se mudan a Texas después de 1821.

7. ¿Cuál era el propósito del arreo de ganado?

....

....

....

8. ¿Por qué fue importante Spindletop?

....

....

....

....

Lección 5

La vida en una tierra árida

9. ¿Por qué hay escasez de agua en el Suroeste?

....

....

....

10. ❓ **¿Cómo influye el lugar donde vivimos en quiénes somos?**

Usa la fotografía y la pregunta siguientes para pensar más en la Pregunta principal de este capítulo.

¿Cómo se adapta la gente a la tierra árida del Suroeste?

....

....

....

....

....

....

Conéctate en línea para escribir e ilustrar tu **myStory Book** usando **miHistoria: Ideas** de este capítulo.

¿Cómo influye el lugar donde vivimos en quiénes somos?

Ya has aprendido mucho sobre la geografía de la región del Suroeste. También has aprendido cómo influye la geografía en la manera de vivir de la gente. Recuerda que la palabra *cultura* se refiere al modo de vida de un grupo de personas. Los navajos tenían su cultura, los españoles tenían la suya. En ambos influyó la geografía física del Suroeste.

Piensa en tu modo de vida. ¿Cómo influyen los accidentes geográficos y el clima? **Escribe** sobre una manera en la que influye la geografía en tu cultura.

....

....

....

....

Ahora, **haz un dibujo** que ilustre tu escrito.

Mientras estás en línea, dale un vistazo a **myStory Current Events,** donde puedes crear tu propio libro sobre un tema de actualidad.

Las regiones: El Oeste

¿Cómo influye el lugar donde vivimos en quiénes somos?

Muchas personas decidieron asentarse en el Oeste por los ricos recursos de la región y la posibilidad de vivir una vida mejor. **Piensa** en tu comunidad. **Haz una lista** de las razones por las cuales las personas se asentaron allí.

....

....

....

....

El parque Balboa de San Diego tiene jardines, museos, teatros y un zoológico.

San Diego
La ciudad junto al mar

mi Historia: Video

Catalina ha vivido en el Oeste toda su vida. "Aquí en California, lo tenemos todo", dice. Hoy Catalina, o Cat, como suelen llamarla, nos va a mostrar algunos de sus lugares favoritos de su ciudad natal, San Diego.

Muchos dicen que el clima y el ambiente de San Diego son casi perfectos. "Casi siempre hay sol y hace calor, pero llueve lo suficiente para tener verde", dice Cat. La vegetación abundante, los parques enormes y las playas hermosas hacen de San Diego una ciudad muy popular. "Hay mucho por ver", nos dice Cat. "¡Vamos!"

Cuando Cat llega a la Misión San Diego de Alcalá, una guía turística la saluda.

"Bienvenida. Me llamo Janet. ¿Y tú?", pregunta Janet.

"Catalina, pero mis amigos me dicen Cat. ¿Quién construyó este lugar tan lindo, y cuándo?", pregunta Cat.

Misión San Diego de Alcalá

Janet, la guía turística, muestra a Cat la Misión de San Diego de Alcalá.

El USS *Midway* es ahora un museo y está anclado en la bahía de San Diego.

"España fundó esta misión en 1769 y fue la primera misión de California", contesta Janet. Cat ha visto otras misiones en California. ¡Pero no sabía que la de su ciudad natal había sido la primera! La cultura de California refleja el origen español del estado en muchos lugares. Todavía hay muchas misiones en California que fueron construidas durante el período colonial español.

La próxima parada de Cat es la bahía de San Diego. A ella le gusta mucho mirar lo que pasa en esta concurrida vía de navegación. "¡Esos cruceros están volviendo de sus vacaciones por el océano Pacífico!", grita por encima del ruido. La bahía está llena de barcos cargueros que llevan productos de exportación.

El transporte marítimo es una industria importante en el Oeste. Los barcos transportan madera, productos agrícolas y otros bienes desde los puertos estadounidenses hasta países de la Cuenca del Pacífico, es decir, los países que limitan con el océano Pacífico. "Me encanta el sonido de las gaviotas", dice Cat. Mientras pasa un barco de la Marina, Cat se acuerda de la próxima parada. "Vamos, tenemos mucho más que ver".

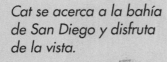

Cat se acerca a la bahía de San Diego y disfruta de la vista.

Cat pasea en ferri. Detrás de ella se ve la ciudad de San Diego.

Un caracol perfecto de una playa de San Diego.

Sobre la costa, al norte, está el parque Tuna Harbor. Desde el parque se puede ver el buque USS *Midway,* que flota en la bahía. Es el portaviones que más tiempo sirvió en la Marina durante el siglo xx. "¡Vaya! ¡Qué increíble y enorme!", exclama Cat.

Entre el final de la Segunda Guerra Mundial y la primera Guerra del Golfo, este buque albergó a más de 225,000 hombres y mujeres del ejército. "Cuarenta y siete años de servicio es mucho tiempo", dice Cat. Hoy, el USS *Midway* está en casa, en la bahía. Los visitantes pueden recorrerlo.

Cerca del parque Tuna Harbor está el embarcadero del muelle Broadway. "¿Están listos para pasear en ferri?", pregunta Cat mientras se sube a la embarcación. Este ferri cruza la bahía de San Diego y lleva a los pasajeros a la isla cercana de Coronado. Desde el ferri, la vista de la ciudad de San Diego es excelente. "Esa es mi ciudad", dice Cat, orgullosa.

Cuando el ferri llega al embarcadero de Coronado, Cat se baja corriendo y se dirige a una hermosa playa cercana. Tiene muchas ganas de explorar su destino favorito del día de hoy. "Me encanta la playa. ¡Podría quedarme aquí todo el día!", dice mientras se apura a ponerse el traje de baño.

Las playas soleadas son una de las mayores atracciones del Oeste. Se nota que Cat está feliz mientras construye un castillo de arena cerca de la orilla. "¡Adiós! ¡Gracias por venir!", nos dice mientras brinca por la playa. "¡Vuelvan cuando quieran!". Es el final perfecto para un día increíble en el Oeste.

Piénsalo La historia española del Oeste se refleja en las misiones y en otros lugares. ¿Qué edificios o lugares que te rodean reflejan la historia de la misma manera? A medida que lees el capítulo, busca otros ejemplos de cómo se ve hoy la historia del Oeste.

Una tierra variada

HACIA EL PACÍFICO

HACIA EL ATLÁNTICO

La línea divisoria continental es una línea de tierras altas que corre de norte a sur a lo largo de las Montañas Rocosas.

El monte Rainier es parte de la cordillera de las Cascadas.

El Oeste es una región con muchos accidentes geográficos distintos. Uno puede andar por un camino de montaña por la mañana y zambullirse en el océano Pacífico por la tarde. Volcanes, terremotos y ríos inmensos que serpentean la región como cintas dieron forma al paisaje. El Oeste incluye los estados de California, Oregón, Montana, Wyoming, Colorado, Utah, Nevada, Idaho, Washington, Alaska y Hawái.

Montañas del Oeste

Desde Alaska, por el Canadá y hacia el sur a través de Nuevo México, las Montañas Rocosas forman la cordillera más grande de América del Norte. Se extienden por más de 3,000 millas a lo largo y 300 millas a lo ancho en algunos sectores.

Las Montañas Rocosas, o Rockies, como se las suele llamar, tienen picos pronunciados y forman el límite oeste de las Grandes Llanuras. Se elevan de oeste a este, por encima de las tierras planas de la llanura.

Al oeste de las Montañas Rocosas hay otra cordillera llamada Sierra Nevada que abarca el este de California y el oeste de Nevada. Algunas de esas montañas alcanzan los 14,000 pies de altura sobre el nivel del mar. El nivel del mar es la altura de la superficie del océano.

1. **Identifica** la cordillera más grande de América del Norte.

....

Escribe qué crees que pasa cuando llueve al este y al oeste de la línea divisoria continental.

DESCIFRA LA PREGUNTA PRINCIPAL

Aprenderé que la tierra del Oeste es variada y que a veces los terremotos y los volcanes cambian su forma.

Vocabulario

volcán

géiser

magma

maremoto

Otra cordillera, la cordillera de las Cascadas, se extiende desde el norte de California y abarca los estados de Oregón y Washington. El monte Rainier es el más alto de esta cadena y supera los 14,400 pies sobre el nivel del mar.

Para ver el pico más alto de América del Norte, los turistas tienen que ir al norte, a Alaska. El monte McKinley supera los 20,000 pies de altura. Este monte también se conoce como Denali.

La larga costa

La costa del Pacífico es la franja de tierra a lo largo del borde oeste de los Estados Unidos. Allí es donde la tierra se encuentra con el océano Pacífico. Los estados de esta costa son California, Oregón, Washington y Alaska.

Los arcos naturales y los farallones son accidentes geográficos poco comunes que se pueden ver a lo largo de la costa. Los arcos naturales se forman cuando las olas desgastan las rocas grandes de la costa. Con el tiempo, las olas erosionan el centro de las piedras y se forma un arco. Si la erosión sigue, el arco se puede romper. El pilote de roca que queda se llama farallón.

El Oeste, mapa político

Alaska
Juneau

0 400 mi
0 400 km

N
O — E
S

0 300 mi
0 300 km

OCÉANO PACÍFICO

Honolulu
0 100 mi
0 100 km
Hawái

Washington
★ Olympia

★ Salem
Oregón

Montana
★ Helena

★ Boise
Idaho

Wyoming
Cheyenne ★

Nevada
Carson City

Salt Lake City
Utah

Denver ★
Colorado

★ Sacramento

California
• Las Vegas
Los Ángeles •

LEYENDA
Región del Oeste
★ Capital del estado

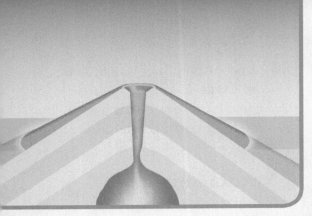

El diagrama muestra cómo sube el magma de un volcán activo en Hawái.

Volcanes

Algunos de los picos altos de las cordilleras del Oeste son, en realidad, volcanes. Un **volcán** es una apertura en la superficie de la tierra por la que salen gas, cenizas y lava. Cuando la lava caliente baja por la ladera del volcán, se enfría y se endurece. Luego cae más lava encima, que comienza a acumularse formando una superficie. A veces, volcanes que están bajo el agua entran en erupción. La lava caliente se enfría y endurece rápidamente. Con el tiempo, luego de muchas erupciones submarinas, la lava fría se eleva por encima del nivel del mar y forma una isla.

La cordillera de las Cascadas, que empieza en el norte de California y sigue por Oregón y Washington, tiene muchos volcanes. La mayoría no están activos. Sin embargo, el monte Santa Elena, en Washington, es un volcán activo que hizo una fuerte erupción en 1980.

Hawái es el único estado compuesto de islas. Algunas de las islas comenzaron a formarse con erupciones submarinas hace unos 70 millones de años. Con el tiempo, las islas se elevaron por encima del océano Pacífico.

2. **Encierra** en un círculo los puntos más altos y más bajos de la región.

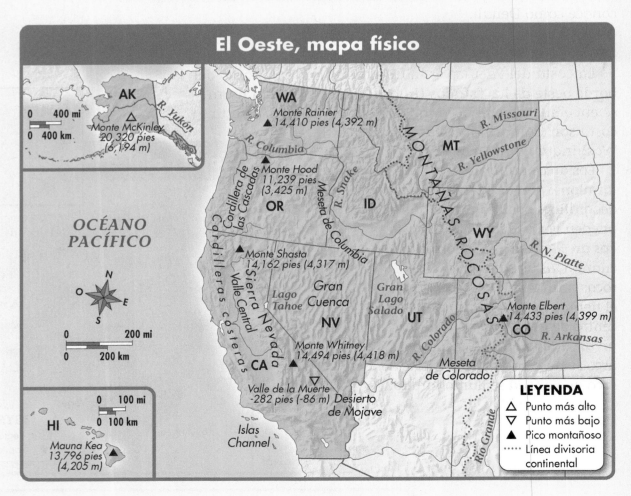

El Oeste, mapa físico

AK
0 400 mi
0 400 km
△ Monte McKinley
20,320 pies
(6,194 m)
R. Yukón

WA
Monte Rainier
▲14,410 pies (4,392 m)

R. Columbia

Monte Hood
11,239 pies
(3,425 m)

OR

R. Snake

Meseta de Columbia

ID

R. Missouri

MT

R. Yellowstone

WY

R. N. Platte

OCÉANO PACÍFICO

Cordillera de las Cascadas
Cordilleras costeras

Sierra Nevada

▲Monte Shasta
14,162 pies (4,317 m)

Lago Tahoe

Valle Central

Gran Cuenca

Gran Lago Salado

UT

R. Colorado

MONTAÑAS ROCOSAS

Monte Elbert
▲14,433 pies (4,399 m)
CO
R. Arkansas

NV

Monte Whitney
14,494 pies (4,418 m) ▲

Meseta de Colorado

N
O   E
S

0 200 mi
0 200 km

CA

Valle de la Muerte
-282 pies (-86 m) Desierto de Mojave

Islas Channel

Río Grande

HI
0 100 mi
0 100 km

Mauna Kea
13,796 pies
(4,205 m)

LEYENDA
△ Punto más alto
▽ Punto más bajo
▲ Pico montañoso
····· Línea divisoria continental

Géiseres y aguas termales

En el Parque Nacional de Yellowstone en Wyoming, hay más de 10,000 pozos de agua termal y cientos de géiseres que atraen a turistas de todo el mundo. Un **géiser** es una fuente de agua caliente subterránea que lanza vapor y agua hirviendo al aire. El géiser más famoso del parque se llama Old Faithful y hace erupción cada 60 a 110 minutos.

Los géiseres y los pozos de agua termal de Yellowstone se forman porque el **magma**, es decir, la roca derretida que está debajo de la superficie de la Tierra, calienta el agua subterránea. Los pozos de agua caliente que se forman se llaman aguas termales. Esos pozos solo se llaman géiseres cuando hacen erupción, como el Old Faithful.

Terremotos

Una falla es una grieta en la corteza de la Tierra causada por el movimiento de los bloques gigantes del planeta. Estos bloques enormes a veces se superponen o se mueven unos contra otros. Cuando por fin se separan, la energía que se libera causa un terremoto. En el Oeste hay una gran cantidad de fallas, especialmente a lo largo de la costa.

Los terremotos pueden causar daños terribles. Avalanchas de rocas, lodo, nieve y hielo pueden deslizarse montaña abajo, arrasar con bosques y enterrar edificios. Cuando los grandes bloques de la Tierra se deslizan a lo largo de las fallas geológicas, las calles, autopistas y vías del ferrocarril se pueden partir al medio. Edificios y puentes pueden desplomarse por los temblores.

En marzo de 1964, hubo un terremoto en Prince William Sound en Alaska. En algunos lugares, el terremoto elevó la tierra hasta unos 82 pies. También causó varios maremotos. Un **maremoto** es una pared de agua que puede ser 100 pies más alta que una ola normal. Estas olas enormes son peligrosas cuando rompen en la costa. En marzo de 2011, un terremoto en el Japón provocó varios maremotos que mataron a miles de personas.

3. ⊙ **Causa y efecto** **Subraya** por qué es más probable que haya un terremoto en el Oeste que en otras regiones.

Cuando entra en erupción, Old Faithful puede lanzar más de 8,000 galones de agua al aire en unos cinco minutos.

Ríos y lagos del Oeste

Cuando los primeros pobladores llegaron al Oeste, solían construir sus casas cerca de ríos, arroyos y lagos. La razón principal era que las personas y los animales necesitaban agua para sobrevivir. Otra razón es que, hace mucho tiempo, era más fácil viajar y transportar bienes por agua que por tierra.

Uno de los ríos principales del Oeste es el Columbia, que empieza su recorrido de más de 1,200 millas en las Montañas Rocosas en el Canadá. Luego se desliza hacia el sur y el oeste a través de los estados de Washington y Oregón y desemboca en el océano Pacífico. Con el tiempo, el río se abrió camino entre las rocas y formó el hermoso barranco del río Columbia, un valle profundo entre dos montañas.

La gran cantidad de represas construidas sobre el río Columbia y sus afluentes, es decir, los ríos más pequeños que desembocan en él, proporcionan electricidad a las casas y las empresas. La energía producida con el agua contenida es un recurso valioso de la región. Sin embargo, las represas no han sido buenas para los peces del río. La población de salmones bajó mucho desde que se construyeron las represas. Los científicos y demás expertos están estudiando el problema y buscando una forma de solucionarlo.

El río Willamette es un río importante de Oregón que desemboca en el río Columbia. A medida que el río Willamette drena, la tierra fértil queda localizada en el valle del Willamette. Esa tierra es ideal para cultivar distintos vegetales y frutas.

El barranco del río Columbia forma parte del límite entre los estados de Washington y Oregón.

Muchos de los lagos del Oeste son lagos de agua dulce. En Alaska hay más de 3 millones de lagos. El lago Iliamna, que queda a unas 200 millas al suroeste de Anchorage, es el lago más grande de Alaska.

El Gran Lago Salado de Utah es un lago de agua salada. Este lago es endorreico, es decir, no desemboca en ninguna otra masa de agua. El nivel de sal del Gran Lago Salado es incluso más alto que el nivel de sal de los océanos. Los ríos que desembocan en el lago llevan pequeñas cantidades de sal en sus aguas. A medida que el agua se evapora, la sal permanece y el lago se vuelve más salado.

En la orilla del Gran Lago Salado se forman cristales de sal.

4. ◉ **Comparar y contrastar Escribe** en qué se diferencia un lago endorreico de los otros lagos.

....

....

¿Entiendes?

5. ◉ **Resumir Escribe** cómo se formaron las islas de Hawái.

....

....

....

6. ❓ Durante tus vacaciones en el Oeste, viste un arco natural, un accidente geográfico originado por el viento y el agua.
Escribe una postal para un amigo en la que describas el arco natural y cómo se formó.

mi Historia: Ideas

....

....

....

■ **¡Para!** Necesito ayuda ....

⏸ **¡Espera!** Tengo una pregunta ....

▶ **¡Sigue!** Ahora sé ....

El clima del Oeste

¡Imagínalo!

Bettles, AK, -19 °F

Valle de la Muerte, CA, 115 °F

El mapa muestra la temperatura de enero en parte de Alaska y la temperatura de julio en parte de California.

Desde el calor agobiante de un día de verano en el desierto hasta una llanura helada y cubierta de nieve, el Oeste tiene una gran variedad de climas. El clima es el patrón meteorológico promedio de un área a lo largo del año.

Calor y frío extremos

Muchas áreas del Oeste tienen veranos cálidos. El Valle de la Muerte, que es un desierto del sur de California, tiene el calor más extremo. Durante el verano, la temperatura suele llegar hasta los 120 °F. En 1913, la temperatura marcó un récord norteamericano cuando alcanzó los 134 °F.

El Valle de la Muerte está en la Gran Cuenca, una región desértica en el Oeste. Esa área se llama "cuenca" porque es como un gran tazón que contiene el agua. Los ríos y los arroyos cercanos desembocan en el área. No desembocan en el océano. El Gran Lago Salado de Utah recoge esa agua. Los veranos en las áreas desiertas de la Gran Cuenca son calurosos y secos.

Las personas que viven en Idaho, Montana, Wyoming, Colorado y partes de Washington están acostumbradas a las fuertes nevadas y las temperaturas heladas del invierno. Sin embargo, las temperaturas invernales más extremas se registran en Alaska, el estado que queda más al norte de todos.

El Valle de la Muerte, en California, tiene un promedio inferior a 2 pulgadas de lluvia al año.

DESCIFRA LA
PREGUNTA PRINCIPAL

?

Aprenderé cómo varían el tiempo y el clima en distintas áreas del Oeste.

Vocabulario

tundra

sombra
  orográfica

nocturno

Escribe una comparación de cómo sería vivir en estos dos lugares.

La **tundra** es un área llana y congelada que está bien al norte donde hace tanto frío que ni los árboles crecen. En invierno, en la tundra de Alaska, generalmente el frío es extremo. El 23 de enero de 1971, la temperatura en Prospect Creek, Alaska, llegó a los −80 °F.

Climas moderados

En muchas áreas del Oeste, el clima es más moderado. Eso significa que las temperaturas son cálidas, y no calurosas, durante el verano. Los inviernos son frescos, y no fríos. En algunas áreas de California, como en San Diego, se disfrutan temperaturas templadas todo el año.

En Hawái, el clima es tropical, es decir, el tiempo es cálido todo el año. La temperatura máxima promedio es de unos 85 °F. La temperatura mínima promedio es de unos 70 °F. En algunas islas de Hawái hay selvas llenas de flores y plantas.

1. **Escribe** en qué se diferencian los climas moderados y el clima de la tundra de Alaska.

....

....

....

....

La imagen muestra parte de Alaska al norte del Círculo Polar Ártico. Aproximadamente un tercio de Alaska queda al norte de esa línea imaginaria.

Precipitaciones

Así como varían las temperaturas en el Oeste, también varían las precipitaciones. El Valle de la Muerte, en California, y el monte Waialeale, en Hawái, son ejemplos extremos de precipitaciones. Entre el 3 de octubre de 1912 y el 8 de noviembre de 1914, no hubo ninguna precipitación en una parte del Valle de la Muerte. ¡Dos años sin lluvia! En el otro extremo está el monte Waialeale de Hawái. Ese monte recibe un promedio de alrededor de 450 pulgadas de lluvia al año.

Efecto de la sombra orográfica

Las altas montañas de la cordillera de las Cascadas afectan la cantidad de precipitación de la zona. Partes de la Península Olímpica de Washington, que queda al oeste de la cordillera, reciben un promedio de 140 pulgadas de lluvia por año. Sin embargo, Yakima, Washington, que queda al este de la cordillera de las Cascadas, recibe menos de 8 pulgadas de lluvia al año.

¿Cómo afectan las montañas a la cantidad de lluvia o nieve que cae en un área? Desde el océano Pacífico llega aire cálido y húmedo. El aire cálido se mueve hacia el este y forma nubes. A medida que las nubes suben por encima de las montañas, se enfrían y ya no pueden retener tanta humedad. El agua de las nubes ahora frías cae en forma de lluvia o nieve. Cuando las nubes llegan al lado este de las montañas, tienen poca humedad dentro de ellas. Como el lado este de la cordillera de las Cascadas está dentro de la **sombra orográfica**, recibe menos lluvia que el lado oeste.

2. Identifica el lado de la cordillera de las Cascadas donde podrías encontrar una selva.

....

....

....

Efecto de la sombra orográfica

El aire cálido y húmedo del océano Pacífico se eleva por encima de las montañas.

La humedad cae desde las nubes ahora frías en forma de lluvia o nieve.

Cuando las nubes llegan al lado este de las montañas, tienen mucha menos humedad dentro.

El área dentro de la sombra orográfica recibe poca humedad.

En la selva de Hoh, en Washington, crecen árboles como los abetos y las píceas. El suelo de la selva está cubierto de musgo y helechos, que aman la humedad.

Vida silvestre en las Grandes Llanuras y el desierto

Las Grandes Llanuras forman un terreno extenso en la sombra orográfica de las Montañas Rocosas. La mayor parte de las Grandes Llanuras es una pradera, un lugar donde los pastos crecen sin problemas, pero escasean los árboles. En las Grandes Llanuras, los veranos suelen ser calurosos y los inviernos, fríos. Esta zona también es famosa por sus tormentas repentinas, que parecen formarse sin previo aviso. Los animales que viven en las Grandes Llanuras deben adaptarse a esta zona de pastizales donde el tiempo puede cambiar rápidamente.

El antílope americano habita principalmente en las llanuras altas de Wyoming y Montana. El pelaje de color café claro lo ayuda a ocultarse entre el pasto seco color café de las llanuras altas. Pero el antílope americano también cuenta con su gran velocidad y su vista aguda. Las dos son habilidades importantes, dado que necesita detectar lobos y coyotes y huir de ellos.

Los animales del desierto hallaron formas interesantes de sobrevivir al calor y la arena del Valle de la Muerte. Algunos pasan la parte más calurosa del día durmiendo en un agujero en el suelo. La serpiente de cascabel de Mojave es un animal **nocturno**, es decir, que está activo solo por la noche. La liebre americana sobrevive comiendo pequeñas plantas del desierto. Sus orejas largas mantienen el calor lejos del cuerpo y la ayudan a mantenerse fresca. La lagartija de dedos de fleco tiene escamas en las patas para correr rápido por la arena y escapar de sus depredadores.

La serpiente de cascabel de Mojave tiene colmillos afilados cargados de un veneno mortal.

El mielero hawaiano usa su pico curvo para recolectar néctar.

Vida silvestre en Hawái

El océano que rodea las islas hawaianas es el hogar de delfines, tiburones, ballenas y la foca monje, que es uno de los mamíferos autóctonos de Hawái.

El ganso nené, o ganso de Hawái, es el ave oficial del estado. Es común ver al ganso nené en el Parque Nacional de los Volcanes de Hawái luciendo sus plumas negras y de color tostado. Los machos y las hembras son similares, aunque el macho es un poco más grande.

El mielero hawaiano es un ave colorida que vive en las selvas tropicales. Se alimenta de insectos, caracoles, frutas, semillas y el néctar de las flores.

Vida silvestre en Alaska

Se suele pensar que en Alaska no hay más que hielo y nieve. Pero Alaska tiene muchos climas. En la zona climática del sur, la temperatura promedio en invierno va de los 20 a los 40 °F. La temperatura promedio en verano va de los 40 a los 60 °F.

Alaska tiene una vida silvestre variada, desde aves como el búho nival y el cisne chico hasta frailecillos negros y blancos que viven cerca del océano Glacial Ártico.

Bajo el mar helado, las morsas se mantienen calientes gracias a su capa gruesa de grasa. Otros animales marinos, como los delfines, los tiburones y las ballenas, viven en las aguas que rodean Alaska.

Entre los mamíferos de Alaska está el zorro ártico, cuyo pelaje se torna blanco en invierno. En verano, el pelaje cambia a un marrón rojizo para poder confundirse con el pasto de la zona. Así, el zorro puede acercarse a sus presas sin que lo vean.

El zorro ártico tiene el pelaje más abrigado de todos los mamíferos.

3. **Comparar y contrastar** Usa el diagrama de Venn para escribir dos animales que se han adaptado a Alaska y dos animales que se han adaptado a Hawái. En la sección compartida, escribe dos animales que se han adaptado a los dos lugares.

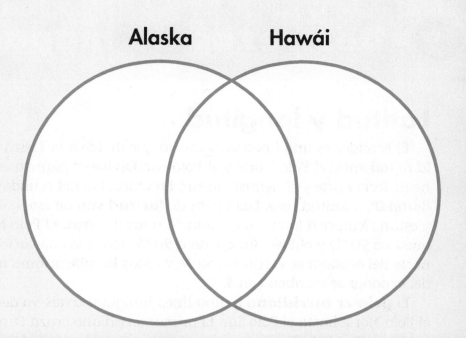

Alaska   Hawái

4. **Causa y efecto** ¿Qué efecto tiene la cordillera de las Cascadas sobre el clima al este de las montañas?

....

....

....

5. Debes empacar para unas vacaciones en el Gran Lago Salado de Utah. Como en el Oeste hay tantos climas diferentes, ¿qué necesitas saber sobre Utah para empacar?

mi Historia: Ideas

....

....

....

....

¡Para! Necesito ayuda ....

¡Espera! Tengo una pregunta ....

¡Sigue! Ahora sé ....

Destrezas de mapas

Latitud y longitud

El ecuador es una línea imaginaria que divide a la Tierra por la mitad entre el Polo Norte y el Polo Sur. Divide al planeta en el hemisferio norte y el hemisferio sur. La ubicación del ecuador se llama 0°, o latitud cero. Las líneas de **latitud** van de este a oeste y están siempre a la misma distancia unas de otras. El Polo Norte queda a 90 °N y el Polo Sur queda a 90 °S. Todas las ubicaciones al norte del ecuador se escriben con *N*, y todas las ubicaciones al sur del ecuador se escriben con *S*.

El **primer meridiano** es una línea imaginaria que va desde el Polo Norte hasta el Polo Sur. El primer meridiano cruza Europa y África. Divide la Tierra en el hemisferio oriental, que incluye todas las ubicaciones al este del primer meridiano, y el hemisferio occidental, que incluye todas las ubicaciones al oeste del primer meridiano. Así como el ecuador es el punto de partida para las líneas de latitud, el primer meridiano es el punto de partida para las líneas de **longitud.** El primer meridiano se llama 0°, o longitud cero. Las líneas de longitud van de 0° a 180°. Todas las ubicaciones al este del primer meridiano se escriben con *E*, y todas las ubicaciones al oeste del primer meridiano se escriben con *O*.

Este mapa de Montana muestra las líneas de latitud y longitud.

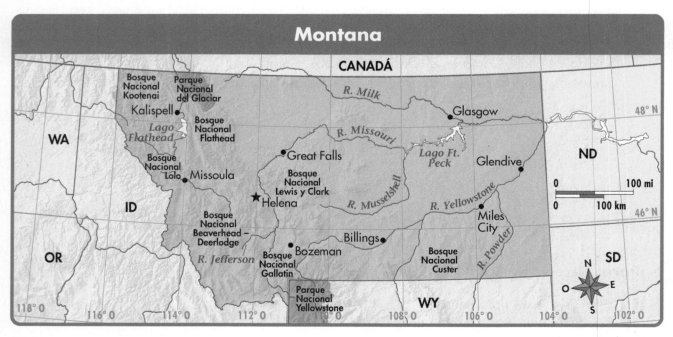

Aprenderé a usar la latitud y la longitud para encontrar ubicaciones en un mapa.

Las líneas de latitud y longitud de un mapa forman una cuadrícula. Encierra en un círculo la ciudad de Glasgow, Montana, en el mapa. Sigue la línea de latitud que está cerca de Glasgow. Luego sigue la línea de longitud que está cerca de Glasgow. Observa cómo las dos líneas se intersecan, o se cruzan, cerca de 48 °N y 106 °O. Esta es una de las formas de encontrar una **ubicación absoluta** sobre la Tierra.

Un GPS es una máquina que muestra la latitud y la longitud. Es útil cuando viajamos a un lugar nuevo.

¡Inténtalo!

Se suelen usar puntos de referencia como rocas grandes y árboles poco comunes para dar instrucciones de cómo llegar a un lugar. Pero podemos encontrar la ubicación de los lugares sobre la Tierra más fácilmente si sabemos su latitud y su longitud.

1. **Localiza** Kalispell en el mapa. ¿Cuál es la línea de latitud más cercana? ....

   Ahora localiza Billings. ¿Cuál es la línea de latitud más cercana? ....

2. ¿Qué ubicación está más cerca del ecuador? ....

   ¿Qué ubicación está más cerca del Polo Norte? ....

3. Usa la latitud, la longitud y la rosa de los vientos para indicar cómo llegar a Miles City, Montana.

   ....

   ....

   ....

4. ¿Qué ciudad queda en 112 °O? ....

5. **Aplicar** Ubica un lugar en el mapa de Montana que te gustaría visitar. Haz una **X** junto a él. ¿Cuáles son la latitud y la longitud más cercanas?

   ....

   ....

Los recursos del Oeste

¡Imagínalo!

Entre los muchos recursos naturales del Oeste se encuentran los bosques. La madera de los árboles se usa para hacer papel y libros.

El Oeste es una región rica en recursos naturales. Los habitantes de los estados del oeste usan la tierra, los bosques y el agua para producir bienes que se envían desde el Oeste a otras regiones del país y del extranjero.

El gran Oeste

Aunque en el Oeste hay muchas cordilleras, los granjeros usan los valles y las grandes mesetas para sembrar vegetales, frutas y granos. En las mesetas también se pueden criar vacas y ovejas. De hecho, los animales que se crían en las granjas y los ranchos son la principal fuente de ingresos de algunos estados del Oeste. Por ejemplo, la carne que se produce en los ranchos y la leche que se obtiene de las vacas lecheras. Las ovejas y sus productos derivados, como la lana, también son importantes.

De los bosques del Oeste se obtienen los árboles que se usan para hacer diferentes productos. Los árboles se talan para obtener madera. La madera se usa para construir casas y muebles. Otros productos derivados de los árboles son las toallas de papel y los libros. Para que los bosques no dejen de ser productivos, las empresas madereras suelen **reforestar.** Es decir, plantan árboles nuevos para reemplazar los que talaron.

La pesca es importante para la economía de la costa Oeste. En Alaska, la captura y el procesamiento del pescado da unos $3,300 millones a la economía del estado. Miembros del gobierno y otros grupos trabajan para proteger los peces del Oeste. Alertan al público sobre los peces que están en peligro por haberse capturado demasiados de su especie.

1. **Escribe** cómo la ganadería crea ingresos en el Oeste.

....

....

....

....

Aprenderé sobre los distintos recursos que podemos encontrar en el Oeste y cómo la región depende de ellos.

DESCIFRA LA PREGUNTA PRINCIPAL

Haz un dibujo en el que estés usando un producto hecho con madera.

Vocabulario

reforestar
valle Central
canal
viñedo

Montañas y minerales

En algunas zonas del Oeste, lo que está bajo la tierra también es un recurso preciado. Algunas zonas son ricas en minerales, como plata, cobre, oro y plomo. Otras zonas son ricas en combustibles, como carbón y petróleo.

Colorado tiene una gran reserva de carbón, oro y plomo. El carbón se quema en las plantas eléctricas para producir energía. También se usa para producir acero. Gran parte del carbón de Colorado se usa en otros estados.

La plata, que se extrae en Nevada y Utah, se usa para hacer joyas y monedas. La plata también se usa en fotografía, en los productos electrónicos y para producir materiales para los dentistas.

Utah es rico en cobre. La mina del cañón Bingham en Utah es una productora líder de cobre. Como el cobre es un muy buen conductor de electricidad y calor, generalmente se usa para hacer cables eléctricos y ollas.

El oro se usa para hacer joyas y partes de computadoras. La mina de oro Kennedy en California es una de las minas de oro más profundas del mundo. En 1898 se cavó un túnel que llegó a medir casi 6,000 pies.

Otra de las primeras minas fue la mina del arroyo Crow en Alaska. Esta mina se inició en 1896. En la actualidad es una atracción turística. Los turistas la visitan para ver si tienen suerte y encuentran alguna pepita, o algún trozo, de oro.

Las minas a cielo abierto se usan para extraer los minerales que están cerca de la superficie de la Tierra.

El Oeste, uso de la tierra

LEYENDA
- Agricultura
- Bosques
- Tierra poco usada
- Ganadería
- Área urbana
- Manzanas
- Ganado
- Naranjas
- Piña
- Papas
- Pescados y mariscos
- Ovejas
- Fresas
- Caña de azúcar o remolacha azucarera
- Trigo

La agricultura del Oeste

El Oeste, con su variedad de climas, produce muchos productos agrícolas diferentes. La gran área de las Grandes Llanuras es ideal para sembrar trigo y criar vacas y ovejas. El ganado ha sido un producto importante de esta llanura desde los arreos de ganado de la década de 1870. En aquel entonces, los vaqueros reunían el ganado y lo llevaban a otro lugar a pastar o al mercado para venderlo.

En algunos lugares de Washington, donde el clima es ideal para cultivar manzanas, la tierra está cubierta de huertos. Las manzanas y sus productos derivados, como jugos, jaleas, dulces y puré de manzana, se envían a países de todo el mundo. Washington también es famoso por sus cerezas, peras y papas. En las granjas del rico valle de Willamette, en Oregón, se producen fresas, nueces, bayas y una gran variedad de vegetales.

El clima tropical de Hawái lo hace un lugar ideal para cultivar caña de azúcar y piñas, los cultivos más importantes del estado. La caña de azúcar es un tipo de hierba que crece en forma de tallos altos o cañas. Las cañas se hierven y se procesan para extraer el azúcar. Las nueces de macadamia y el café también crecen bien en el clima cálido que hace en Hawái durante todo el año.

2. **Encierra** en un círculo el estado o los estados donde se producen manzanas. **Marca** con una X los estados criadores de ganado.

La agricultura de California

California es el productor agrícola más importante de la nación. De todos los estados del Oeste, California es el que produce la mayor cantidad de productos agrícolas. Muchos de los cultivos crecen en el **valle Central** de California, que es el valle largo rodeado por la cordillera de Sierra Nevada al este y la cordillera costera de California al oeste. El suelo fértil y la larga temporada de cultivo hacen de esta área un lugar ideal para la agricultura. Aunque no llueve mucho en el valle Central, los granjeros riegan los cultivos con el agua de los ríos que bajan de las montañas. El agua se transporta en canales. Los **canales** son vías de navegación fluvial que se cavan para retener el agua.

Las almendras son un cultivo importante del valle Central de California. Allí se produce casi el 100 por ciento de las almendras del país. California también es un productor importante de ajo. Ese miembro de la familia de las cebollas es el ingrediente central de muchos platos alrededor del mundo.

Los granjeros de California cultivan fresas, naranjas, tomates y brócoli. Los **viñedos,** es decir, los lugares donde se cultivan uvas, también son una parte importante de la agricultura de California. El clima, las precipitaciones y la cantidad de luz solar ayudan a que este sea un lugar ideal para cultivar uvas negras y blancas. Las uvas también se usan para hacer uvas secas, o pasas de uva, y jalea.

El valle Imperial en el sureste de California es famoso por su tierra de cultivo, aunque allí llueve poco. Un canal del río Colorado irriga la tierra. En este valle, los granjeros cultivan frutos cítricos, higos y dátiles. También cultivan vegetales, como cebolla, pimientos, zanahoria, espinaca y lechuga.

3. **Subraya** cómo reciben agua los cultivos del valle Imperial.

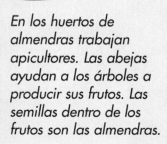

En los huertos de almendras trabajan apicultores. Las abejas ayudan a los árboles a producir sus frutos. Las semillas dentro de los frutos son las almendras.

Principales puertos pesqueros del Oeste

Puerto pesquero	Libras de pescado desembarcado (en millones)	Valor en dólares del pescado desembarcado (en millones)
Dutch Harbor-Unalaska, AK	777	$174
Astoria, OR	153	$28
Los Ángeles, CA	141	$19
Westport, WA	120	$32
Honolulu, HI	24	$64

Fuente: National Ocean Economics Program

La pesca en el Oeste

La industria pesquera es muy importante en Alaska. El salmón, el bacalao, la perca y el mero son algunos de los peces que se sacan de las aguas heladas de Alaska. Las plantas procesadoras donde el pescado, los cangrejos y los camarones se preparan para su envío dan trabajo a miles de personas.

Por la cantidad de mariscos que se pescan en el lugar, el puerto Dutch Harbor en Unalaska, Alaska, es uno de los puertos pesqueros más grandes de la nación. Uno de los recursos importantes de la zona es la centolla. La pesca de la centolla se hace durante los meses helados del invierno y es un trabajo peligroso. Los pescadores deben protegerse del frío y de las aguas peligrosas donde vive la centolla.

El puerto Kodiak es otro puerto importante de Alaska. Las flotas de barcos pesqueros comerciales pescan una gran cantidad de pescados y varios tipos de cangrejos en el área.

En las costas de California y de Oregón se pescan sardinas, cangrejos, lenguados, camarones, atún y pez espada. En Hawái lo que más se pesca es atún y pez espada. Los pescadores de Washington traen al puerto salmón, atún, mero y camarones.

4. **Lee** la tabla y **escribe** el nombre del estado del Oeste donde quedan los puertos más importantes.

....

La centolla de Alaska es uno de los cangrejos más grandes. Algunos ejemplares pesan hasta 11 libras.

¿Dónde viven los salmones?

El salmón es un pez autóctono que vive en el océano y en el agua dulce de los ríos y los arroyos. Los salmones nacen en las aguas dulces del noroeste de la costa del Pacífico. A medida que crecen, viajan río abajo hasta el océano, donde viven su vida adulta. Cuando llega el momento de desovar, o poner huevos, los salmones vuelven a los ríos y los arroyos donde nacieron. Los peces que sobreviven el viaje ponen sus huevos en el mismo lugar donde nacieron.

Hace unos 50 años, se construyeron muchas represas en los ríos donde van a desovar los salmones. La población de salmones empezó a bajar. Las represas no dejaban pasar a los salmones que nadaban río arriba. Los pocos peces que lograban llegar al embalse, es decir, el agua retenida detrás de la represa, quedaban confundidos. No podían encontrar el camino de vuelta a donde necesitaban poner sus huevos. En la actualidad, se están modificando las represas para que los salmones puedan llegar a su lugar de desove.

Los salmones pueden saltar por encima de rápidos empinados cuando nadan río arriba hacia el lugar donde pondrán sus huevos.

¿Entiendes?

5. ◉ **Comparar y contrastar Haz una lista** de algunos recursos del Oeste que vengan de la tierra y otros que vengan del océano.

....

....

6. ❓ Lideras un grupo que va a pescar centolla en Alaska. **Escribe** un plan para el viaje y explica cómo protegerás a tu tripulación.
   mi Historia: Ideas

....

....

....

⬛ **¡Para!** Necesito ayuda ....

⏸ **¡Espera!** Tengo una pregunta ....

▶ **¡Sigue!** Ahora sé ....

El crecimiento del Oeste

A pie: 20 millas por día

Diligencia: 60 millas por día

Tren a vapor: 200 millas por día

A medida que el transporte fue mejorando, las personas y los bienes pudieron llegar al Oeste en menos tiempo.

Los tlingits, un grupo indígena del Oeste, crearon este poste totémico.

La tierra fértil y los recursos del Oeste siempre atrajeron a las personas. Desde los primeros pobladores que llegaron al Oeste hace miles de años hasta los habitantes actuales, todos han contribuido al crecimiento de la región.

El pasado indígena americano

Los indígenas americanos que se asentaron hace mucho tiempo en los bosques y cerca de los ríos de la costa sureste de Alaska encontraron allí abundante caza y pesca. Uno de esos grupos, los tlingits, construían sus casas con grandes placas que cortaban de los árboles del bosque. Algunas familias tlingit colocaban postes totémicos afuera de sus casas. Un **poste totémico** es un poste alto tallado con imágenes de personas o animales. Los tlingits comerciaban canoas, mantas de lana y aceite de foca con otros indígenas. En la actualidad, los tlingits todavía viven en la región, en las tierras donde sus familias han sobrevivido por cientos de años.

Los inuits viven en la región ártica del norte de Alaska. Viven de la caza y la pesca, pero durante algunos meses al año, la tundra se descongela y los inuits agregan bayas a su dieta. Los inuits transmiten su historia y su cultura a sus hijos a través de relatos y canciones.

Los pies negros viven en lo que hoy es Montana. Trabajaban juntos para recolectar alimentos y proteger sus aldeas. Cada grupo, o banda, tenía un líder al que llamaban "jefe". También había un consejo de ancianos que se reunía para tomar decisiones importantes.

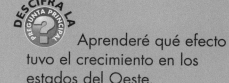

Aprenderé qué efecto tuvo el crecimiento en los estados del Oeste.

Vocabulario

poste totémico
rancho
fiebre del oro
boomtown

Describe cómo las mejoras en el transporte pueden haber influido en la población del Oeste.

Los chumashs vivieron a lo largo de la costa de California por miles de años antes de que llegaran los exploradores europeos. Pescaban en el océano con canoas hechas de madera de secoya. Los chumashs eran famosos por las herramientas que fabricaban con piedras, maderas y huesos de ballena.

Hace mucho tiempo, los habitantes de la Polinesia migraron a las islas de Hawái. La Polinesia es un grupo de islas que queda bien al oeste, en el océano Pacífico. Ese pueblo contaba historias sobre Pele, la diosa del fuego, y creía que ella creaba los volcanes y los ríos de lava de las islas.

Indígenas americanos del Oeste

1. **Encierra** en un círculo el grupo de indígenas americanos que vivía en Wyoming.

La pintura muestra a un grupo de sacerdotes, soldados españoles e indígenas americanos fuera de la misión. Los presidios, o puestos militares, se construían cerca de las misiones para protegerlas.

2. **Identifica** algunas de las ciudades de California que comenzaron como misiones.

....

....

....

....

Los primeros pobladores españoles

En 1542, el explorador Juan Rodríguez Cabrillo zarpó de la costa oeste de lo que hoy es México y navegó hacia el norte. Al igual que Cristóbal Colón, Cabrillo exploraba en nombre de España. Su misión era recorrer la costa del Pacífico en busca de riquezas y de una ruta que conectara el océano Pacífico con el océano Atlántico. Probablemente, Cabrillo fue el primer europeo en desembarcar en la costa de California. Con el tiempo, los exploradores españoles recorrerían la costa hasta llegar a Alaska.

Luego España envió más exploradores a California. Querían establecer colonias en la tierra nueva, aunque los indígenas habían vivido allí durante miles de años. Los exploradores españoles fundaban asentamientos a medida que se desplazaban, hasta que llegaron a la costa de Alaska.

En 1769, un sacerdote llamado padre Junípero Serra construyó la primera misión en lo que hoy es San Diego, California. Otras ciudades de California, como Santa Bárbara y San Francisco, también comenzaron siendo misiones. Para 1823, ya se habían construido 21 misiones al servicio de los pobladores españoles y de los indígenas.

Para que los pobladores vivieran alrededor de las misiones, el gobierno español les dio tierra y provisiones. Esas parcelas de tierra, que se usaban principalmente para criar vacas y ovejas, se llamaban **ranchos.** Un rancho es una superficie grande de tierra para criar ganado.

En busca de una oportunidad

Jedediah Smith fue un neoyorquino que se unió a un grupo de comerciantes de pieles que querían explorar el Oeste. En 1826, cruzó el desierto de Mojave y llegó a lo que hoy es California. Probablemente fue el primer hombre blanco en llegar a la región desde el este. Luego, otros exploradores estadounidenses y algunos pobladores comenzaron a ir hacia el oeste.

En 1848, un hombre llamado James Marshall estaba construyendo un aserradero que le había encargado un hombre de negocios llamado John Sutter. El aserradero se hallaba sobre el río Americano, al pie de la Sierra Nevada. Marshall vio unas piedritas brillantes de color amarillo y se dio cuenta de que era oro. La noticia se esparció rápidamente y miles de personas llegaron a California en medio de lo que se conoció como la **fiebre del oro.**

Debido al aumento rápido de la población y la actividad comercial, se crearon pueblos llamados ***boomtowns.*** A los cateadores, es decir, las personas que buscan oro u otros minerales, los apodaron *Forty-Niners* (los del 49) porque la primera ola de buscadores de oro llegó a la región en 1849.

La vida en los campos mineros llenos de gente no era fácil. Los túneles que los mineros cavaban para buscar oro solían derrumbarse. Llevaba mucho tiempo reunir una pequeña cantidad de oro rompiendo las rocas bajo tierra o buscándolo en los arroyos.

Entre otros grupos que llegaron al Oeste se encontraban los pobladores rusos quienes se ubicaron en el norte de California y en Alaska atraídos por el comercio de pieles. Muchas personas del este también llegaron a la región atraídas por la agricultura y la tala de árboles. Algunos de ellos viajaban cientos de millas en caravanas de carretas por el Camino de Oregón y el Camino de California.

Algunos pobladores llegaron al Oeste en busca de libertad de religión. Los mormones, un grupo religioso, se instalaron en el área que hoy es Salt Lake City, Utah.

Los cateadores tamizaban la arena y las rocas con una batea, con la esperanza de que en la batea quedaran pepitas de oro.

Cuando los buscadores de oro se fueron, muchos boomtowns quedaron abandonados. A esos pueblos abandonados se los llamó "pueblos fantasma".

Los trabajadores ayudan a desenterrar un tren de la compañía del ferrocarril Union Pacific que quedó atrapado en la nieve cerca de Ogden, Utah, en la década de 1870.

3. **Subraya** cómo los Estados Unidos adquirieron Alaska.

El crecimiento continúa

A medida que se difundía la noticia de la fiebre del oro de 1849, personas de todo el mundo empezaron a venir al Oeste. En China, se veían folletos de las compañías mineras que buscaban trabajadores. Algunos chinos vinieron en busca de empleo y otros, en busca de oro. Las compañías constructoras de ferrocarriles también contrataban trabajadores extranjeros. El ferrocarril transcontinental, es decir, un ferrocarril que atravesaba el continente entero, era uno de esos proyectos de construcción. Una vez terminado, el ferrocarril permitió a los nuevos comercios del Oeste enviar sus productos al este. También aceleró las comunicaciones.

Unos cien años después de la fiebre del oro, en 1959, Hawái se transformó en estado. ¿Cómo fue que este grupo de islas del océano Pacífico se convirtió en estado? A medida que aumentaba el comercio entre los Estados Unidos y Asia, las islas hawaianas se transformaron en un punto importante de la ruta comercial. Los pasajeros podían bajar de los barcos cuando paraban en el puerto a cargar combustible y provisiones. Hawái también había sido una base importante de la Marina de los Estados Unidos en el Pacífico. En 1900, Hawái se convirtió en territorio de los Estados Unidos.

Alaska es otro territorio que también se convirtió en estado en la década de 1950. Los Estados Unidos se lo habían comprado a Rusia en 1867. Muchos pensaron que esa tierra de hielo y nieve era un desperdicio de dinero. Cuando se descubrió que allí había oro y petróleo, la gente cambió de opinión. Alaska se convirtió en estado en 1959.

Esta es una de las primeras imágenes de Sitka, Alaska, en 1869.

Ciudades del Oeste

A medida que granjeros, taladores, rancheros y trabajadores ferroviarios se mudaban al Oeste, la cantidad de gente que vivía en la región aumentó rápidamente. En la década de 1900, la población del Oeste era unos cuatro millones de personas. Pero la cantidad todavía era menor que la de cualquier otra región del país. La mayoría de los habitantes de la región vivían en las ciudades más al oeste.

Hacia 1920, las ciudades del Oeste habían crecido tanto que cuatro de ellas estaban entre las 25 ciudades más grandes de los Estados Unidos. Esas ciudades eran Los Ángeles y San Francisco en California, Seattle en Washington y Denver en Colorado.

En la actualidad, las ciudades del Oeste son tan variadas como la tierra y el clima de la región. Aunque la ciudad de Anchorage en Alaska no tiene muchos habitantes, la superficie que ocupa, 1,697 millas cuadradas, es mayor que la de cualquier otra ciudad de la nación.

La torre Space Needle en Seattle, Washington

¿Entiendes?

4. ◎ **Comparar y contrastar Escribe** en qué se diferencia un *boomtown* de un pueblo fantasma.

....

....

....

5. ❓ Vives en el territorio hawaiano durante la década de 1950. La gente comenta que Hawái puede convertirse en un estado. **Escribe** una anotación de diario diciendo cómo eso puede afectar la vida en Hawái.

mi Historia: Ideas

....

....

....

⬛ **¡Para!** Necesito ayuda ....

⏸ **¡Espera!** Tengo una pregunta ....

▶ **¡Sigue!** Ahora sé ....

El Oeste en la actualidad

Greetings from OREGON

Los estados usan anuncios coloridos para mostrar a los turistas qué tienen de especial.

En la placa de una computadora están los chips que la hacen funcionar.

1. Escribe el nombre de dos industrias del Oeste.

....

....

....

Con el paso del tiempo, el Oeste ha cambiado. Las comunidades se transformaron en ciudades, y muchas ciudades formaron grandes áreas urbanas. Todavía quedan espacios abiertos en el Oeste, pero no tantos como antes. La gente sigue mudándose al Oeste en busca de trabajo. Muchos visitantes también vienen a ver los parques nacionales de la región y las fascinantes ciudades.

Trabajar en el Oeste

A comienzos del siglo xx, el clima soleado del sur de California atrajo a las compañías de cine, primero, y las de televisión, después. La industria del espectáculo ha sido una parte importante de la economía desde ese entonces. Hay otra región en California llamada "Valle del Silicio" (Silicon Valley). El **silicio** se obtiene de las rocas. Se usa para hacer partes importantes de las computadoras. A principios de la década de 1970, las compañías de computación empezaron a establecerse en esa región y dieron lugar a una industria de alta tecnología. La expresión "alta tecnología" se refiere a las computadoras y otros bienes que se fabrican usando procesos de avanzada.

La economía de Seattle, Washington, creció muy rápido durante la Segunda Guerra Mundial cuando se necesitó una gran cantidad de aviones. En aquel entonces, la compañía Boeing de Seattle, que fabricaba aviones militares, se convirtió en el mayor empleador de la ciudad.

Hubo otro momento de auge en el norte de Alaska durante la década de 1970. Después de que se descubrió una gran cantidad de petróleo, se construyó un oleoducto de 800 millas para transportarlo. Ese sistema de oleoductos todavía se usa para trasladar el petróleo desde la costa del mar Ártico hasta los puertos de la costa sur de Alaska. Desde ahí se envía hacia todo el mundo.

Crea una postal para alentar a los turistas a visitar una parte del Oeste que a ti te gustaría conocer.

DESCIFRA LA PREGUNTA PRINCIPAL

Aprenderé sobre los empleos y las opciones de recreación del Oeste en la actualidad, y sobre los retos en el futuro.

Vocabulario

silicio

Cuenca del Pacífico

comercio internacional

Nevada se ha convertido desde hace poco tiempo en un productor líder de energía limpia y renovable. Un ejemplo es la energía geotérmica, que usa el calor del interior de la Tierra para producir electricidad. En Nevada y en otros estados soleados del Oeste también se produce energía solar.

El turismo en el Oeste

El turismo es una parte importante de la economía del Oeste. Desde emocionantes actividades al aire libre hasta entretenimiento bajo techo, cada estado tiene algo que ofrecer.

En el Parque Nacional de Yellowstone, en Wyoming, y en el Parque Nacional del Glaciar, en Montana, los visitantes pueden disfrutar de las hermosas vistas de los bosques y las montañas. En los parques hay muchos caminos para los senderistas. En estos estados también hay muchas áreas naturales donde se puede cazar y pescar.

En las montañas del Oeste hay muchos buenos lugares para esquiar durante el invierno. En primavera y verano, el agua de algunos ríos corre tan rápido que se ve de color blanco. Los turistas se pueden poner a prueba y disfrutar de la emoción de navegar los veloces rápidos de los ríos.

En California y Hawái hay playas cálidas y de grandes olas que son muy populares entre los surfistas. Algunos turistas tal vez prefieran extender su toalla sobre la arena y relajarse.

Para divertirse bajo techo, los turistas que visitan Las Vegas, Nevada, pueden ver espectáculos de artistas de todo el mundo. Muchas de las grandes ciudades del Oeste, como Los Ángeles y San Francisco, tienen museos y teatros.

El cañón de Bryce en Utah

Comercio en la Cuenca del Pacífico, exportaciones

Alaska (EE. UU.)

CANADÁ

JAPÓN

WA

ESTADOS UNIDOS

CHINA

COREA DEL SUR

CA

Hawái (EE. UU.)

TAIWÁN

OCÉANO PACÍFICO

FILIPINAS

LEYENDA

Productos agrícolas | Productos electrónicos

Aviones | Maquinaria

Automóviles | Petróleo y gas

Ropa | Equipamiento para el transporte

Computadoras | Comunicaciones inalámbricas

AUSTRALIA

Fuente: *CIA World Factbook*

La Cuenca del Pacífico y el comercio internacional

La **Cuenca del Pacífico** es un área geográfica formada por los países que limitan con el océano Pacífico. Como las naciones de la cuenca dan al océano, comercian muchos recursos, bienes y servicios entre ellas. El mapa de arriba muestra los bienes que las naciones de la Cuenca del Pacífico exportan a otras naciones.

En el pasado, los Estados Unidos hacían gran parte de su **comercio internacional,** es decir, el comercio con otros países, con naciones europeas. Sin embargo, a comienzos de la década de 1960, el Japón y otras naciones del este asiático comenzaron a exportar en gran cantidad sus bienes a los Estados Unidos. Una exportación es un producto que se envía desde un país para que se venda en otro. Cuando un artículo entra a un país se lo llama importación, es decir, un artículo extranjero que se vende.

Con el comercio internacional no solo aumenta el intercambio de bienes y servicios. Los idiomas, las ideas y las tradiciones culturales también se comparten.

2. **Encierra** en un círculo las naciones de la Cuenca del Pacífico que exportan automóviles.

Importaciones y exportaciones

Muchas de las importaciones y exportaciones que se hacen entre los países de la Cuenca del Pacífico se envían por barco de un puerto a otro. Los tres puertos con más movimiento del Oeste están en Los Ángeles y San Francisco, California, y en Seattle, Washington.

Entre las importaciones que llegan a los puertos del Oeste se encuentran los equipos electrónicos y los automóviles del Japón. Desde Australia, los Estados Unidos reciben carne y minerales. Los barcos de carga de China traen ropa, alimentos, productos electrónicos y juguetes.

Los Estados Unidos exportan productos a otras naciones de la Cuenca del Pacífico desde los mismos puertos donde reciben las importaciones. La activa industria del espectáculo de Los Ángeles, California, exporta películas de cine. El *software* del Valle del Silicio y de Seattle también es una de las principales exportaciones de los Estados Unidos. Desde los activos puertos de Alaska se exportan productos de mar y minerales. Hawái exporta productos agrícolas, como piñas, café y caña de azúcar.

Un barco de carga que va al puerto pasa por debajo del puente Golden Gate en San Francisco.

Madera aserrada de Oregón aguardando a ser exportada

3. Comparar y contrastar
Escribe en qué se diferencian las importaciones de las exportaciones.

....

....

....

....

El futuro del Oeste

Durante más de 200 años, el Oeste ha crecido y cambiado. Algunos cambios crearon desafíos. A medida que el Oeste siga creciendo, habrá que enfrentar los desafíos para que la región tenga un futuro próspero.

En muchas áreas del Oeste, muchos granjeros y rancheros dependen de la lluvia y de la nieve para regar sus tierras. Pero ¿qué ocurre cuando no llueve lo suficiente y falta agua o hay poca? Además, a medida que aumenta la población de las grandes áreas urbanas, como Los Ángeles, California, y Las Vegas, Nevada, también aumenta la demanda de agua. La falta de agua es el mayor desafío que enfrenta el Oeste.

El problema de que haya suficiente agua para todos es difícil de resolver. Aprender a conservar el agua ayuda, pero también hay que cooperar y respetar la ley. Algunos estados, como California, tienen reglas que obligan a los hogares a tener una plomería que use el agua con eficiencia. Otros estados tratan de educar al público. El Departamento de Recursos Hídricos de Utah recuerda a los habitantes del estado que "Vivimos en un desierto".

4. **Escribe** cómo el gobierno de California ayuda a sus habitantes a conservar el agua.

....

....

....

Los techos verdes, como este en San Francisco, California, ayudan a mantener los edificios frescos y a recoger el agua de la lluvia que, de otro modo, se desperdiciaría.

324

Portland, la ciudad más grande de Oregón, es famosa por ser una ciudad "verde" exitosa. Es decir, en la ciudad hay reglas que ayudan a mantener la ciudad y sus recursos limpios y ecológicos. Hay carriles para bicicletas para que la gente pueda ir a trabajar, a la escuela o al mercado en bicicleta en forma segura. También hay un sistema de transporte público gratuito en el centro de la ciudad para que las personas dejen los carros en casa. Si circulan menos carros por las calles, el aire se contaminará menos.

En el mercado de Portland se pueden comprar frutas, verduras, carnes y otros alimentos de producción local. Es decir que no hace falta transportar los bienes desde largas distancias. En esta ciudad también funciona un importante programa de reciclaje. Los habitantes de Portland encontraron distintas formas de equilibrar las necesidades de una ciudad en crecimiento con las necesidades de nuestro planeta.

Un ciclista monta en bicicleta por un carril para bicicletas en la ciudad de Portland, Oregón. Los carros y los autobuses no tienen permitido circular por estos carriles.

¿Entiendes?

5. ⦿ **Resumir** **Escribe** cómo puede cambiar el Oeste en el futuro.

....

....

....

....

6. ❓ Estás filmando una película de Hollywood sobre los deportes en el Oeste y debes elegir dos locaciones para filmar. **Escribe** dos locaciones y las escenas que te gustaría filmar.

mi Historia: Ideas

....

....

⬛ **¡Para!** Necesito ayuda ....

⏸ **¡Espera!** Tengo una pregunta ....

▶ **¡Sigue!** Ahora sé ....

Guía de estudio

Lección 1

Una tierra variada

- El Oeste es una región con muchos y variados accidentes geográficos.
- La región tiene muchas cadenas montañosas y una costa larga.
- Los volcanes y los terremotos crean o modifican los accidentes geográficos.
- Los lagos, los ríos y otras masas de agua son importantes para el Oeste.

Lección 2

El clima del Oeste

- En el Oeste hay una gran variedad de climas.
- Las precipitaciones varían mucho dentro de la región.
- El clima afecta la vida silvestre y sus hábitats.

Lección 3

Los recursos del Oeste

- En el Oeste hay muchos tipos distintos de recursos.
- La extracción de minerales ha contribuido al crecimiento del Oeste.
- En el Oeste se producen muchos productos agrícolas.
- El mar es un recurso importante del Oeste.

Lección 4

El crecimiento del Oeste

- Los indígenas americanos construyeron sus hogares en el Oeste antes de que llegaran los europeos.
- Los pobladores, incluidos los españoles, llegaron al Oeste en busca de nuevas oportunidades.
- A principios del siglo XX, aumentó la población de las ciudades del Oeste.

Lección 5

El Oeste en la actualidad

- En el Oeste hay una gran variedad de industrias y puestos de trabajo.
- El turismo es una industria importante del Oeste.
- Las naciones de la Cuenca del Pacífico comercian entre ellas.
- Conservar los recursos es importante para el futuro del Oeste.

Repaso y Evaluación

Lección 1

Una tierra variada

1. Escribe cinco accidentes geográficos que hay en el Oeste.

....

....

2. Escribe una oración en la que uses las palabras *meteorización* y *accidente geográfico.*

....

....

....

....

....

....

3. Explica por qué muchos pobladores construyeron sus casas cerca de masas de agua.

....

....

....

....

....

Lección 2

El clima del Oeste

4. Une cada palabra con su significado.

____ tundra   a. área muy fría donde no crecen árboles

____ pradera   b. activo durante la noche

____ nocturno   c. área donde el pasto crece bien, pero los árboles son escasos

5. Escribe una descripción de cómo el zorro ártico se ha adaptado al clima.

....

....

....

....

....

....

6. Encierra en un círculo la letra que describe uno de los efectos de la sombra orográfica de la cordillera de las Cascadas.

A. En la cordillera de las Cascadas no llueve.

B. En el lado oeste de las montañas llueve más que en el este.

C. Las montañas tienen un clima desértico.

D. En el lado norte de la cordillera llueve más que en el sur.

Lección 3

Los recursos del Oeste

7. **Comparar y contrastar** ¿En qué se parecen los recursos de Alaska y Hawái? ¿En qué se diferencian?

....

....

....

....

....

8. **Completa** la oración. .... es el principal productor agrícola de la nación.

Lección 4

El crecimiento del Oeste

9. **Escribe** una de las formas en que los indígenas americanos usaban los recursos naturales.

....

....

....

10. **Encierra** en un círculo el sobrenombre de los mineros que llegaron durante la fiebre del oro.

    A. los cateadores
    B. los pioneros
    C. los montañeses
    D. los *Forty-Niners* (los del 49)

Lección 5

El Oeste en la actualidad

11. **Escribe** una razón por la que el Oeste sigue creciendo.

....

....

....

12. **Escribe** cómo las ciudades y los estados del oeste tratan de mejorar el medio ambiente.

....

....

....

....

13. **¿Cómo influye el lugar donde vivimos en quiénes somos?**

Según lo que aprendiste en el Capítulo 9, **escribe** cómo los recursos afectan a las personas que viven en el oeste.

....

....

....

....

....

Conéctate en línea para escribir
e ilustrar tu **myStory Book** usando
miHistoria: Ideas de este capítulo.

¿Cómo influye el lugar donde vivimos en quiénes somos?

A veces las personas viven en un área determinada porque nacieron allí. La gente también se puede mudar a un área nueva por trabajo. ¿Qué pasaría si crecieras en un lugar con clima cálido y moderado, como el de Hawái, y tuvieras que mudarte a un clima más frío, como el de Alaska?

Escribe cómo cambiarían tu casa, tu ropa y hasta tus actividades. Luego **haz un dibujo** de ti mismo ya adaptado al cambio de clima.

....

....

....

....

....

Mientras estás en línea, dale un vistazo a **myStory Current Events,** donde puedes crear tu propio libro sobre un tema de actualidad.

Atlas

Estados Unidos de América: Mapa político

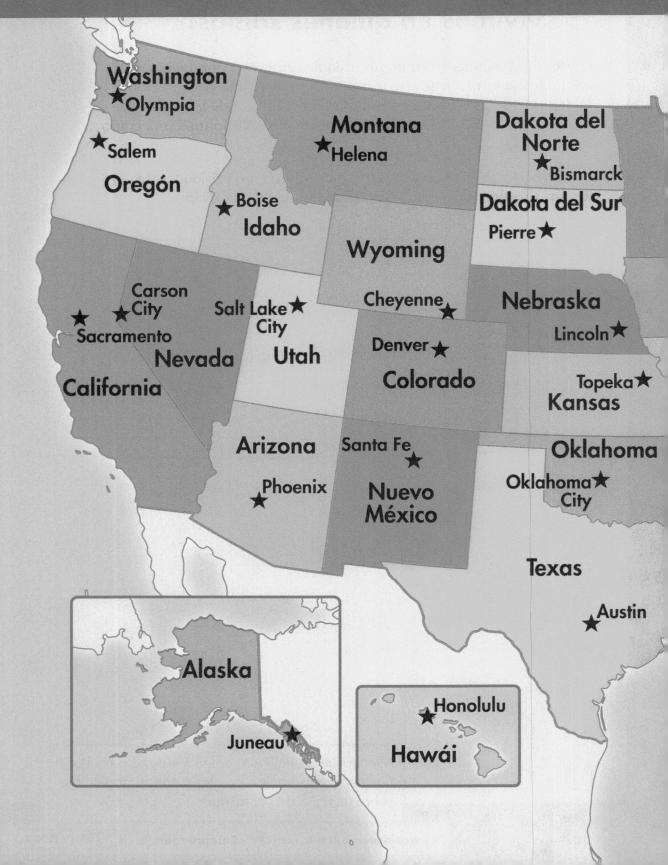

Washington
★ Olympia

★ Salem
Oregón

★ Boise
Idaho

Montana
★ Helena

Dakota del Norte
★ Bismarck

Dakota del Sur
Pierre ★

Wyoming

Cheyenne ★

Nebraska
Lincoln ★

Carson City ★
Sacramento ★
Nevada
California

Salt Lake City ★
Utah

Denver ★
Colorado

Topeka ★
Kansas

Arizona
Phoenix ★

Santa Fe ★
Nuevo México

Oklahoma
Oklahoma City ★

Texas

Austin ★

Alaska
Juneau

Honolulu ★
Hawái

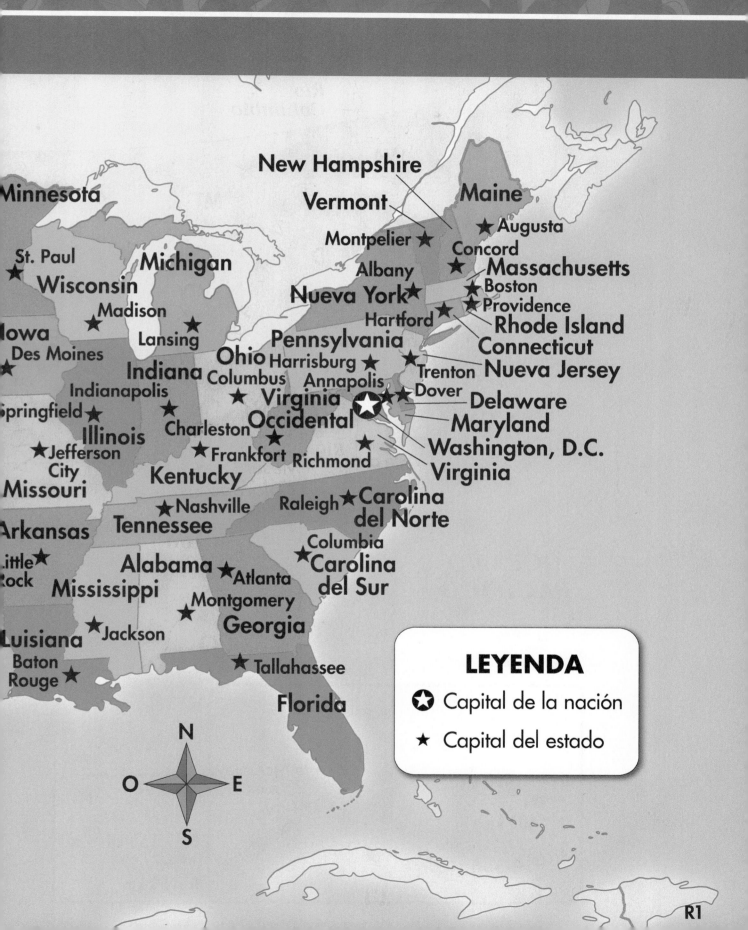

Minnesota

St. Paul
Wisconsin
Madison
Michigan
Lansing

Iowa
Des Moines

Indiana
Indianapolis
Columbus
Ohio

Illinois
Springfield
Charleston

Jefferson
City
Missouri

Kentucky
Frankfort

Arkansas

Little
Rock

Alabama
Mississippi

Jackson

Luisiana
Baton
Rouge

New Hampshire
Vermont
Maine
Augusta
Montpelier
Concord
Massachusetts
Albany
Boston
Nueva York
Providence
Hartford
Rhode Island
Connecticut
Pennsylvania
Harrisburg
Trenton
Nueva Jersey
Annapolis
Dover
Delaware
Virginia
Maryland
Occidental
Washington, D.C.
Richmond
Virginia

Nashville
Raleigh
Carolina
del Norte
Tennessee

Columbia
Carolina
del Sur

Atlanta
Montgomery
Georgia

Tallahassee

Florida

LEYENDA

⭐ Capital de la nación

★ Capital del estado

N
O   E
S

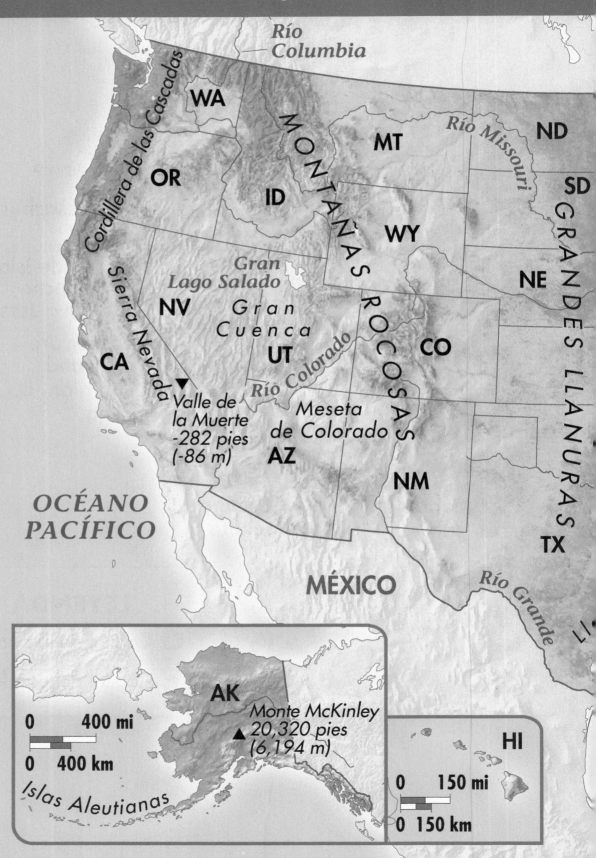

Río Columbia

WA

Cordillera de las Cascadas

MT

Río Missouri

ND

OR

ID

MONTAÑAS ROCOSAS

SD

WY

GRANDES LLANURAS

Sierra Nevada

Gran Lago Salado

NV

Gran Cuenca

NE

CA

UT

Río Colorado

CO

▼ Valle de la Muerte -282 pies (-86 m)

Meseta de Colorado

AZ

NM

OCÉANO PACÍFICO

TX

MÉXICO

Río Grande

AK

0   400 mi

0   400 km

▲ Monte McKinley 20,320 pies (6,194 m)

HI

0   150 mi

0   150 km

Islas Aleutianas

CANADÁ

0   400 mi

0   400 km

Lago Superior

Río San Lorenzo

VT   ME

MN

WI

Lago Hurón

Lago Ontario

MI

Lago Michigan

NH
MA

Lago Erie

NY

CT

IA

IL

IN

OH

MONTES APALACHES

PA

RI

NJ

DE
MD

N

E

O

S

KS

Llanuras Centrales

Río Ohio

WV

VA

Llanura Costera del Atlántico

MO

KY

OK

TN

NC

AR

SC

MS

AL

GA

LA

Río Mississippi

Llanura Costera del Golfo

OCÉANO ATLÁNTICO

FL

Lago Okeechobee

BAHAMAS

Golfo de México

CUBA

LEYENDA

— Frontera internacional

— Límite estatal

▲ Punto más alto

▼ Punto más bajo

El mundo

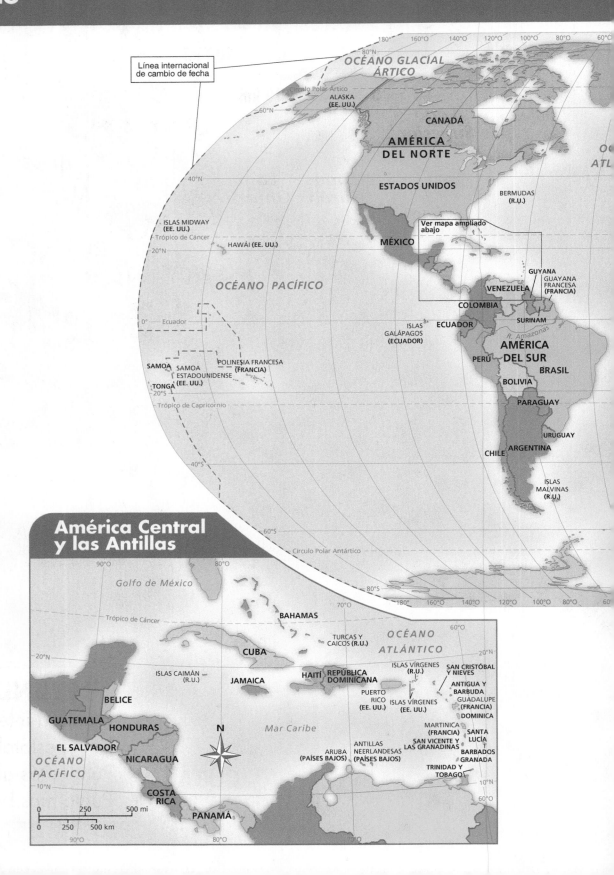

Línea internacional de cambio de fecha

OCÉANO GLACIAL ÁRTICO

180° 160°O 140°O 120°O 100°O 80°O 60°O

80°N

Círculo Polar Ártico

ALASKA (EE. UU.)

CANADÁ

AMÉRICA DEL NORTE

60°N

ESTADOS UNIDOS

40°N

BERMUDAS (R.U.)

OC ATL

ISLAS MIDWAY (EE. UU.)

Trópico de Cáncer

HAWÁI (EE. UU.)

MÉXICO

20°N

Ver mapa ampliado abajo

OCÉANO PACÍFICO

GUYANA
GUAYANA FRANCESA (FRANCIA)
VENEZUELA
COLOMBIA
SURINAM

ISLAS GALÁPAGOS (ECUADOR)

ECUADOR

R. Amazonas

AMÉRICA DEL SUR

PERÚ

BRASIL

BOLIVIA

0° Ecuador

SAMOA
SAMOA ESTADOUNIDENSE (EE. UU.)
POLINESIA FRANCESA (FRANCIA)

PARAGUAY

TONGA

20°S

Trópico de Capricornio

URUGUAY

CHILE

ARGENTINA

40°S

ISLAS MALVINAS (R.U.)

60°S

Círculo Polar Antártico

80°S

180° 160°O 140°O 120°O 100°O 80°O 60

América Central y las Antillas

90°O 80°O

Golfo de México

BAHAMAS

Trópico de Cáncer

70°O

TURCAS Y CAICOS (R.U.)

OCÉANO ATLÁNTICO

60°O

CUBA

20°N

20°N

ISLAS CAIMÁN (R.U.)

JAMAICA

HAITÍ

REPÚBLICA DOMINICANA

ISLAS VÍRGENES (R.U.)

SAN CRISTÓBAL Y NIEVES

BELICE

PUERTO RICO (EE. UU.)

ISLAS VÍRGENES (EE. UU.)

ANTIGUA Y BARBUDA

GUADALUPE (FRANCIA)

GUATEMALA

HONDURAS

N

Mar Caribe

DOMINICA

MARTINICA (FRANCIA)

SANTA LUCÍA

EL SALVADOR

SAN VICENTE Y LAS GRANADINAS

NICARAGUA

OCÉANO PACÍFICO

ANTILLAS NEERLANDESAS (PAÍSES BAJOS)

ARUBA (PAÍSES BAJOS)

BARBADOS

GRANADA

10°N

TRINIDAD Y TOBAGO

10°N

COSTA RICA

0 250 500 mi
0 250 500 km

PANAMÁ

90°O

80°O

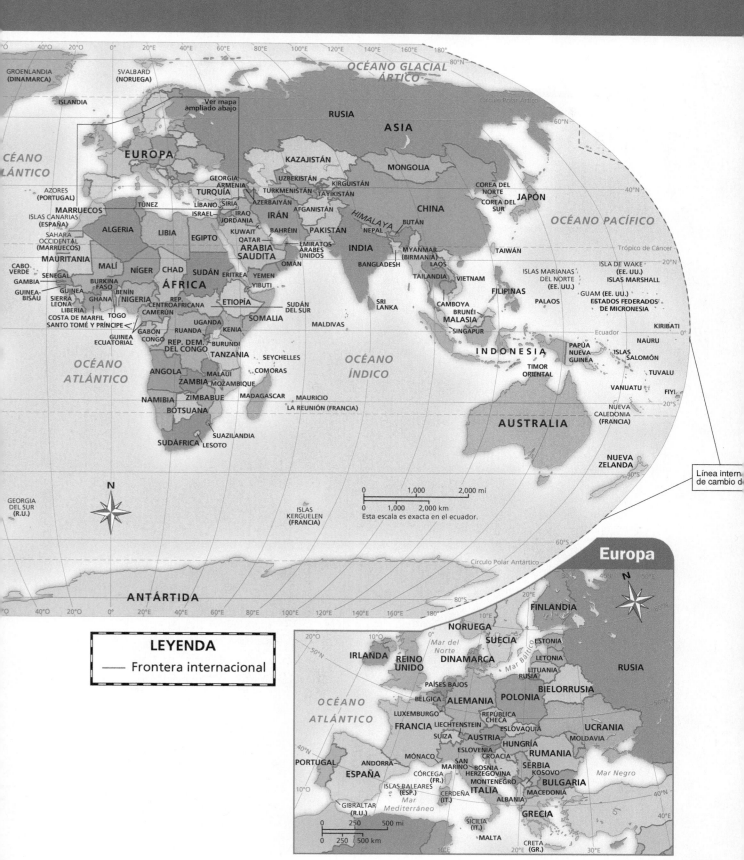

OCÉANO GLACIAL ÁRTICO
80°N
Círculo Polar Ártico
GROENLANDIA
(DINAMARCA)
SVALBARD
(NORUEGA)
ISLANDIA
Ver mapa
ampliado abajo
RUSIA
ASIA
60°N
CÉANO
LÁNTICO
EUROPA
KAZAJISTÁN
MONGOLIA
COREA DEL
NORTE
COREA DEL
SUR
JAPÓN
40°N
AZORES
(PORTUGAL)
TÚNEZ
GEORGIA
ARMENIA
TURQUÍA
LÍBANO
UZBEKISTÁN
TURKMENISTÁN
KIRGUISTÁN
TAYIKISTÁN
OCÉANO PACÍFICO
ISLAS CANARIAS
(ESPAÑA)
MARRUECOS
SIRIA
ISRAEL
IRAQ
JORDANIA
AZERBAIYÁN
AFGANISTÁN
IRÁN
CHINA
SAHARA
OCCIDENTAL
(MARRUECOS)
ALGERIA
LIBIA
EGIPTO
KUWAIT
BAHRÉIN
QATAR
PAKISTÁN
HIMALAYA
NEPAL
BUTÁN
TAIWÁN
Trópico de Cáncer
20°N
ISLA DE WAKE
(EE. UU.)
MAURITANIA
CABO
VERDE
SENEGAL
GAMBIA
GUINEA-
BISÁU
MALÍ
NÍGER
CHAD
SUDÁN
ERITREA
ÁFRICA
ARABIA
SAUDITA
EMIRATOS
ÁRABES
UNIDOS
OMÁN
YEMEN
INDIA
BANGLADESH
MYANMAR
(BIRMANIA)
LAOS
TAILANDIA
VIETNAM
ISLAS MARIANAS
DEL NORTE
(EE. UU.)
ISLAS MARSHALL
GUAM (EE. UU.)
BURKINA
FASO
GUINEA
SIERRA
LEONA
LIBERIA
COSTA DE MARFIL
SANTO TOMÉ Y PRÍNCIPE
GHANA
BENÍN
NIGERIA
TOGO
REP.
CENTROAFRICANA
CAMERÚN
YIBUTI
ETIOPÍA
SUDÁN
DEL SUR
SRI
LANKA
CAMBOYA
BRUNÉI
MALASIA
FILIPINAS
PALAOS
ESTADOS FEDERADOS
DE MICRONESIA
KIRIBATI
GUINEA
ECUATORIAL
GABÓN
CONGO
UGANDA
RUANDA
KENIA
SOMALIA
MALDIVAS
SINGAPUR
Ecuador
0°
NAURU
REP. DEM.
DEL CONGO
BURUNDI
TANZANIA
SEYCHELLES
OCÉANO
ÍNDICO
INDONESIA
TIMOR
ORIENTAL
PAPÚA
NUEVA
GUINEA
ISLAS
SALOMÓN
TUVALU
OCÉANO
ATLÁNTICO
ANGOLA
ZAMBIA
MALAUI
MOZAMBIQUE
COMORAS
VANUATU
FIYI
NAMIBIA
BOTSUANA
ZIMBABUE
MADAGASCAR
MAURICIO
LA REUNIÓN (FRANCIA)
NUEVA
CALEDONIA
(FRANCIA)
20°S
SUDÁFRICA
SUAZILANDIA
LESOTO
AUSTRALIA
NUEVA
ZELANDA
N
GEORGIA
DEL SUR
(R.U.)
1,000
2,000 mi
1,000
2,000 km
Esta escala es exacta en el ecuador.
ISLAS
KERGUELEN
(FRANCIA)
60°S
Círculo Polar Antártico
Línea intern
de cambio d
ANTÁRTIDA
80°S

LEYENDA
— Frontera internacional

Europa
N
FINLANDIA
NORUEGA
SUECIA
ESTONIA
Mar del
Norte
IRLANDA
REINO
UNIDO
DINAMARCA
LETONIA
LITUANIA
RUSIA
Mar Báltico
RUSIA
PAÍSES BAJOS
BÉLGICA
ALEMANIA
POLONIA
BIELORRUSIA
OCÉANO
ATLÁNTICO
LUXEMBURGO
FRANCIA
LIECHTENSTEIN
REPÚBLICA
CHECA
ESLOVAQUIA
UCRANIA
SUIZA
AUSTRIA
HUNGRÍA
MOLDAVIA
PORTUGAL
ANDORRA
MÓNACO
ESLOVENIA
CROACIA
SAN
MARINO
BOSNIA -
HERZEGOVINA
RUMANIA
SERBIA
KOSOVO
Mar Negro
ESPAÑA
CÓRCEGA
(FR.)
MONTENEGRO
BULGARIA
ISLAS BALEARES
(ESP.)
CERDEÑA
(IT.)
ITALIA
MACEDONIA
ALBANIA
GIBRALTAR
(R.U.)
Mar
Mediterráneo
GRECIA
SÍCILIA
(IT.)
250
500 mi
250
500 km
MALTA
CRETA
(GR.)

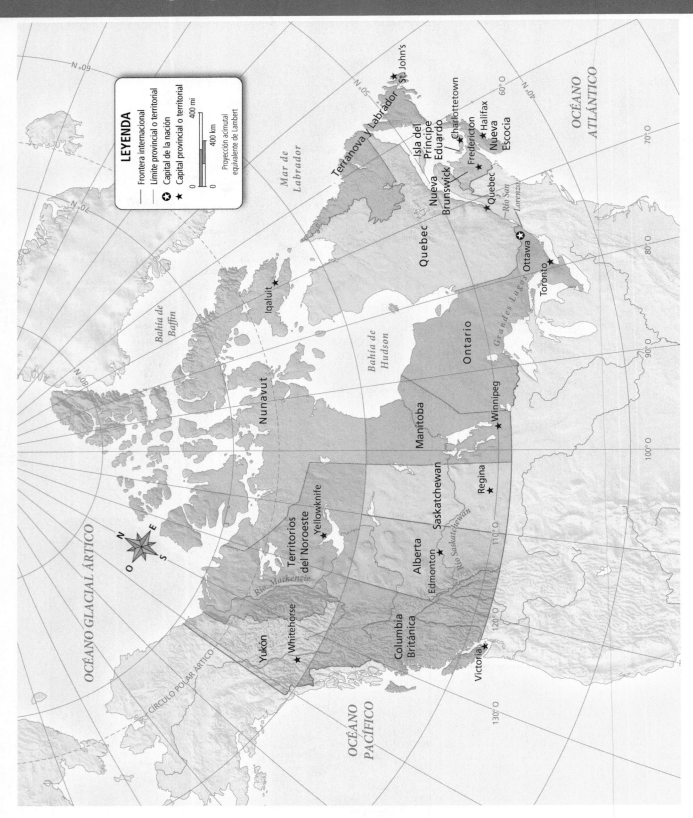

LEYENDA
Frontera internacional
Límite provincial o territorial
Capital de la nación
Capital provincial o territorial

400 mi
400 km
Proyección acimutal
equivalente de Lambert

OCÉANO
ATLÁNTICO

St. John's
Charlottetown
Isla del
Príncipe
Eduardo
Halifax
Fredericton
Nueva
Escocia
Nueva
Brunswick
Quebec
Río San
Lorenzo
Ottawa
Toronto

Terranova y Labrador

Mar de
Labrador

Quebec

Grandes Lagos

Bahía de
Baffin

Iqaluit

Bahía de
Hudson

Ontario

Nunavut

Manitoba
Winnipeg

Saskatchewan
Regina

Yellowknife
Territorios
del Noroeste

Alberta
Edmonton
Río Saskatchewan

Río Mackenzie

OCÉANO GLACIAL ÁRTICO

Whitehorse

Yukón

Columbia
Británica

Victoria

CÍRCULO POLAR ÁRTICO

OCÉANO
PACÍFICO

Canadá: Mapa físico

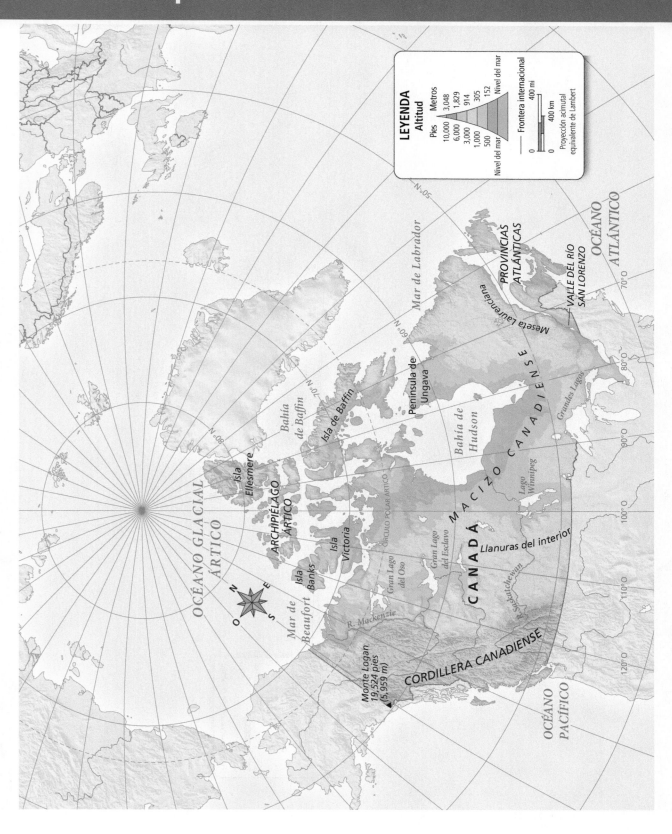

LEYENDA

Altitud

Pies	Metros
10,000	3,048
6,000	1,829
3,000	914
1,000	305
500	152
Nivel del mar	Nivel del mar

Frontera internacional

400 mi

400 km

Proyección acimutal
equivalente de Lambert

OCÉANO
ATLÁNTICO

PROVINCIAS
ATLÁNTICAS

VALLE DEL RÍO
SAN LORENZO

Meseta Laurenciana

Mar de Labrador

Península de
Ungava

Bahía de
Baffin

Isla de Baffin

Bahía de
Hudson

Grandes Lagos

M A C I Z O   C A N A D I E N S E

Lago
Winnipeg

Isla
Ellesmere

ARCHIPIÉLAGO
ÁRTICO

Isla
Banks

Isla
Victoria

OCÉANO GLACIAL
ÁRTICO

CÍRCULO POLAR ÁRTICO

Gran Lago
del Oso

Gran Lago
del Esclavo

C A N A D Á

Llanuras del interior

R. Saskatchewan

Mar de
Beaufort

R. Mackenzie

Monte Logan
19,524 pies
(5,959 m)

CORDILLERA CANADIENSE

OCÉANO
PACÍFICO

N   E   S   O

50°N

60°N

70°N

80°N

70°O

80°O

90°O

100°O

110°O

120°O

R7

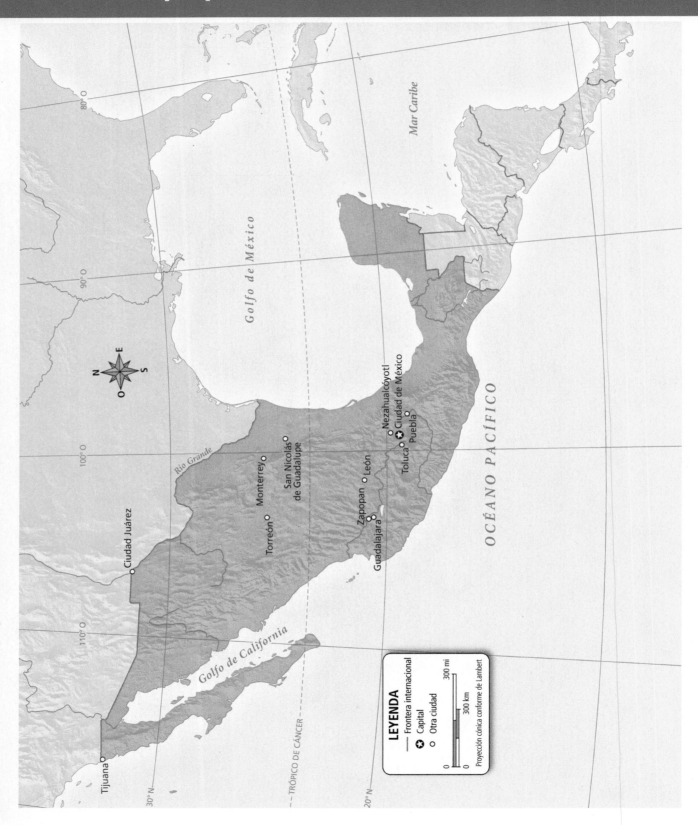

LEYENDA

Frontera internacional

⊛ Capital

○ Otra ciudad

300 mi

300 km

Proyección cónica conforme de Lambert

Golfo de México

Mar Caribe

OCÉANO PACÍFICO

Golfo de California

Río Grande

TRÓPICO DE CÁNCER

Tijuana

Ciudad Juárez

Torreón

Monterrey

San Nicolás de Guadalupe

Zapopan

Guadalajara

León

Toluca

Nezahualcóyotl

Ciudad de México

Puebla

80° O

90° O

100° O

110° O

30° N

20° N

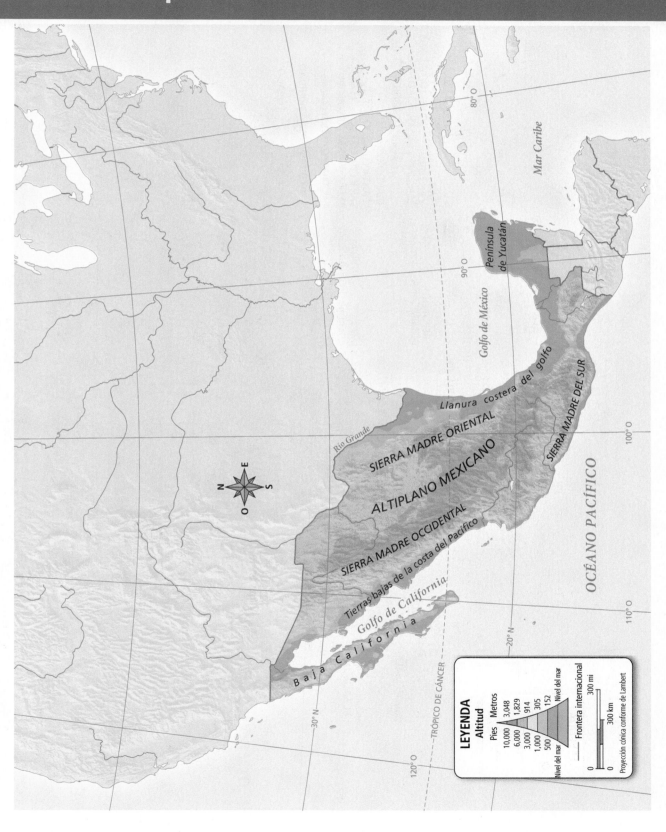

Mar Caribe

Península de Yucatán

Golfo de México

80° O

90° O

Llanura costera del golfo

SIERRA MADRE ORIENTAL

Río Grande

ALTIPLANO MEXICANO

SIERRA MADRE DEL SUR

SIERRA MADRE OCCIDENTAL

100° O

OCÉANO PACÍFICO

Tierras bajas de la costa del Pacífico

Golfo de California

110° O

20° N

Baja California

TRÓPICO DE CÁNCER

30° N

120° O

LEYENDA
Altitud

Pies	Metros
10,000	3,048
6,000	1,829
3,000	914
1,000	305
500	152
Nivel del mar	Nivel del mar

Frontera internacional

300 mi

300 km

Proyección cónica conforme de Lambert

Caribe: Mapa político

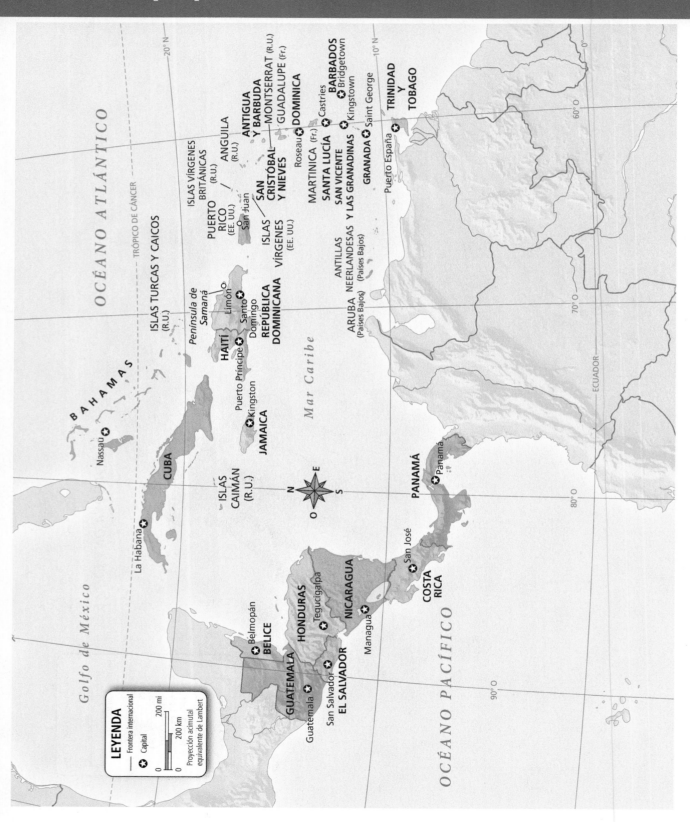

OCÉANO ATLÁNTICO

TRÓPICO DE CÁNCER

20° N

BAHAMAS

Nassau

Golfo de México

ISLAS TURCAS Y CAICOS (R.U.)

Península de Samaná

ISLAS VÍRGENES BRITÁNICAS (R.U.)

PUERTO RICO (EE. UU.)

San Juan

ISLAS VÍRGENES (EE. UU.)

ANGUILA (R.U.)

ANTIGUA Y BARBUDA

MONTSERRAT (R.U.)

GUADALUPE (Fr.)

DOMINICA

Roseau

MARTINICA (Fr.)

SANTA LUCÍA
Castries

SAN VICENTE Y LAS GRANADINAS
Kingstown

GRANADA
Saint George

BARBADOS
Bridgetown

TRINIDAD Y TOBAGO

Puerto España

10° N

60° O

70° O

SAN CRISTÓBAL Y NIEVES

ANTILLAS NEERLANDESAS (Países Bajos)

ARUBA (Países Bajos)

Limón

Santo Domingo

REPÚBLICA DOMINICANA

HAITÍ

Puerto Príncipe

Kingston

JAMAICA

CUBA

ISLAS CAIMÁN (R.U.)

La Habana

Mar Caribe

ECUADOR

0°

N
E
S
O

PANAMÁ

Panamá

80° O

San José

COSTA RICA

Managua

NICARAGUA

Tegucigalpa

HONDURAS

BELICE

Belmopán

GUATEMALA

Guatemala

San Salvador

EL SALVADOR

90° O

OCÉANO PACÍFICO

LEYENDA
Frontera internacional
Capital
0   200 mi
0   200 km
Proyección acimutal equivalente de Lambert

Glosario

A

abolicionista Persona que trabaja para poner fin a algo o terminar por completo con ello, en especial la esclavitud.

accidente geográfico Formación natural de la superficie de la Tierra.

acueducto Canal que se usa para transportar agua a grandes distancias.

acuífero Capa subterránea de roca porosa que contiene agua.

adaptarse Cambiar para ajustarse a una nueva serie de condiciones.

agricultura Siembra y cultivo de plantas para alimentarse.

agroindustria Industria de la agricultura.

aguas grises Agua reciclada.

alta tecnología La tecnología más moderna.

altitud Distancia sobre el nivel del mar.

anexar Tomar territorio y agregarlo a un estado o un país.

arado Herramienta agrícola tirada por un tractor o un animal que se usa para remover el suelo.

área metropolitana Ciudad grande y área que la rodea.

árido Clima muy seco.

arqueólogo Científico que estudia la cultura de personas que vivieron hace mucho tiempo.

artefacto Objeto hecho por los seres humanos, como un artículo de cerámica.

atlas Colección o libro de mapas.

B

Badlands Región con colinas secas y acantilados altos.

barco de vapor Barco con un motor que funciona a vapor.

boicot El hecho de negarse a comprar o usar algo.

boomtown Pueblo que crece rápidamente, generalmente ubicado cerca de un lugar donde se descubre oro o plata.

C

canal Vía de navegación que se cava para transportar agua para los cultivos o para que lo transiten barcos.

candidato Persona que se postula para un empleo o un cargo.

cantera Lugar donde la roca o el mármol se extrae de la tierra, ya sea desenterrándola, cortándola o por medio de explosiones.

cañón Valle con laderas empinadas y rocosas.

carretera interestatal Carretera que conecta estados.

cayo Isla baja.

cazador-recolector Alguien que caza animales y recolecta plantas para alimentarse.

ciénaga Área con suelo blando y húmedo donde crece musgo.

ciudadano Miembro de una ciudad, un estado o un país que tiene derechos y responsabilidades por ley.

clima Patrón de tiempo de un área durante un período largo.

colonia Asentamiento gobernado por otro país.

combustible fósil Combustible formado en la tierra a partir de los restos de plantas y animales.

comercio Compra y venta de bienes.

comercio internacional Comercio entre países.

comunismo Sistema político y económico en el que el gobierno posee toda la tierra y la mayor parte de las industrias en nombre del pueblo.

confederación Unión de estados que acuerdan cooperar.

confluencia Punto donde varias cosas, como los ríos, se unen.

congreso Grupo de personas que tiene a su cargo la redacción de las leyes de un país.

conservar Limitar el uso de algo.

constitución Plan de gobierno.

consumidor Alguien que compra y usa bienes y servicios.

costo de oportunidad Valor de algo que debes resignar para obtener lo que quieres.

cuadrícula Sistema de líneas que se cruzan unas con otras y forman un patrón de cuadrados. En un mapa, las cuadrículas se usan para localizar lugares.

Cuenca del Pacífico Área geográfica formada por los países que limitan con el océano Pacífico.

cuenca hidrológica Zona drenada por un río o un grupo de ríos.

cultivable Referido a la tierra en la que se puede sembrar y obtener cosechas.

cultura Forma de vida de un grupo de personas.

Decreto del Noroeste Ley que determinaba cómo el Territorio del Noroeste se dividiría en estados.

delegado Alguien que representa a un grupo de personas.

demanda Cantidad de un producto o servicio que los consumidores desean.

democracia Gobierno en el que los ciudadanos tienen el poder de tomar decisiones políticas.

densidad demográfica Medida de cuántas personas, en promedio, viven en cada milla cuadrada de tierra en un área determinada.

depresión Época en la que la actividad comercial decae y mucha gente no tiene empleo.

derechos civiles Derechos que deben tener todas las personas.

derechos de los estados Idea de que el poder de los estados debe protegerse del poder del gobierno federal y de que cada estado debe resolver sus propios problemas.

desierto Área que recibe menos de diez pulgadas de lluvia por año.

dique Barrera de tierra que se construye para evitar las inundaciones.

diverso Que muestra mucha variedad.

división del trabajo Dividir un trabajo entre varios trabajadores especializados.

E

economía Manera en que se usan los recursos de un lugar para producir bienes y servicios.

economía de mercado Sistema de libre empresa en el que la oferta y la demanda determinan los bienes y los servicios.

economía dirigida Economía en la que el gobierno decide qué bienes y servicios se pueden vender.

ecuador Línea imaginaria que rodea la Tierra en un punto medio entre el Polo Norte y el Polo Sur.

eje Centro de actividad.

emancipación Acción de liberar a alguien o liberar algo.

embalse Lago donde se almacena agua para usar.

empacadora de carne Industria que procesa la carne de los animales para poder comerla.

empresario Persona que arriesga dinero y tiempo para crear una empresa nueva.

energía hidroeléctrica Energía producida por la fuerza del agua que fluye.

enmienda Modificación de la Constitución de los Estados Unidos.

erosión Proceso por el que el suelo y la roca se desgastan.

escala Línea que muestra la relación entre una unidad de medida que se usa en un mapa y la distancia real en la Tierra.

escasez Falta de algo.

esclavizado Que trabaja sin paga ni libertad.

especialización Proceso en el que cada trabajador realiza una sola tarea en el proceso de producción.

especie en peligro de extinción Tipo de planta o animal que corre riesgo de desaparecer.

evacuación Acción de llevar a una persona a un lugar seguro.

evidente Algo que no hace falta explicar ni demostrar, como los derechos básicos.

exportar Vender algo a otro país.

extinguirse Dejar de existir.

F

faro Torre alta con una luz muy brillante que se usa para guiar a los barcos durante la noche.

fascismo Forma de gobierno que entrega todo el poder al estado, elimina las libertades individuales y usa el ejército para hacer cumplir la ley.

fiebre del oro Movimiento rápido de gente hacia un lugar en el que se ha descubierto oro.

finca Tierra que el gobierno de los Estados Unidos otorgaba a los colonos con la condición de que vivieran y cultivaran allí.

G

ganado Animales criados en granjas y ranchos para el uso humano.

ganancia Dinero que le queda a un negocio después de pagar todos los costos.

gas natural Combustible fósil.

géiser Fuente de agua caliente subterránea que lanza vapor y agua hirviendo al aire.

glaciar Enorme manto de hielo que cubre la tierra.

globo terráqueo Modelo de la Tierra.

grado Unidad de medida. Hay 360 grados de latitud y longitud que se usan para localizar lugares en la Tierra.

Grandes Llanuras Extensa área de llanuras al oeste de las Montañas Rocosas.

Guerra Fría Conflicto entre los Estados Unidos y la Unión Soviética por sus ideas económicas y políticas.

gullah Grupo de personas del Sureste que han conservado gran parte de su herencia africana.

H

hacer un trueque Cambiar un tipo de bien o servicio por otro sin usar dinero.

hemisferio Mitad de una esfera. Los hemisferios de la Tierra están formados por el ecuador y el primer meridiano.

herencia Costumbres y tradiciones de un grupo cultural que se han pasado de padres a hijos.

humedad Cantidad de agua en el aire.

humedal Zona donde el agua está sobre la superficie del suelo o cerca de ella; por ejemplo, un pantano o una marisma.

huracán Tormenta arremolinada muy fuerte con lluvias y vientos que soplan a más de 74 millas por hora.

I

importar Traer algo de otro país para venderlo.

inalienable Que nadie puede negarlo, como los derechos inalienables.

incentivo Algo que nos anima a entrar en acción o hacer algo.

independencia Fin del sometimiento al gobierno de otros.

industria Parte de la economía que se relaciona con el uso de máquinas para hacer las tareas.

inflación Aumento en el precio usual de muchos bienes y servicios.

ingreso Dinero que una persona o una empresa gana por hacer un trabajo o proveer un bien o servicio.

inmigrante Alguien que llega de un país a otro país.

innovación Nuevos inventos o nuevas ideas.

interdependientes Cuando las naciones dependen unas de otras para obtener bienes, servicios o recursos

interés Pequeña cantidad que se paga a los clientes de los bancos por permitirle al banco que use su dinero; una cantidad que cobran los bancos por pedir dinero prestado.

irrigación Práctica de llevar agua a las tierras, generalmente mediante acequias y canales.

isla barrera Isla que está frente a la costa y que ayuda a proteger la tierra firme de las olas.

J

jazz Tipo de música de origen afroamericano.

jurado Panel de ciudadanos comunes que toman decisiones en una corte.

L

latitud Líneas que miden la distancia al norte y al sur del ecuador.

leyenda Lista que está en un recuadro para indicar qué representan los símbolos del mapa.

libertad Posibilidad de autogobernarse.

límite Línea que divide un área o un estado de otro.

línea de cascadas Línea de cataratas, como donde el piedemonte se encuentra con la Llanura Costera.

Llanuras Centrales Llanuras que ocupan el este de la región del Medio Oeste.

longitud Líneas que miden la distancia al este y al oeste del primer meridiano.

M

maderero Referido a los árboles y bosques que se plantan y cortan para obtener madera.

magma Roca derretida que está debajo de la superficie de la Tierra.

manualidad Objeto hecho a mano.

manufacturación Proceso de elaborar bienes usando máquinas, por lo general en las fábricas.

mapa físico Mapa que muestra las características físicas de un lugar, como montañas, valles y masas de agua.

mapa político Mapa que muestra información como las fronteras, las capitales y las ciudades importantes.

marejada ciclónica Aumento del nivel del mar a causa de una tormenta.

maremoto Ola gigante que puede alcanzar unos 100 pies de altura y puede causar grandes daños cuando llega a la tierra.

masa de aire Porción de aire con la misma temperatura y humedad.

mesa Accidente geográfico con cima plana que tiene pendientes en todos sus lados.

meseta Área de tierra grande, llana y elevada.

mineral Material sin vida que se encuentra en la tierra.

misión Iglesia con un asentamiento donde se enseña religión.

misionero Persona enviada a un nuevo territorio para enseñar su religión.

moneda corriente Dinero que se usa en un país.

no renovable Que no puede reemplazarse o que tardaría mucho tiempo en volver a formarse.

nocturno Activo durante la noche.

nómada Persona que se traslada de un lugar a otro para sobrevivir.

nutrientes Sustancias que ayudan a las plantas a crecer.

oferta Cantidad de bienes o servicios disponibles para que el consumidor compre o contrate.

patente Documento del gobierno que protege la propiedad de una nueva idea o un nuevo invento.

patriotismo Sentimiento de orgullo y apoyo que un pueblo siente por su país.

península Tierra rodeada de agua en tres de sus lados.

petición Solicitud formal.

piedemonte Terreno alto que está cerca de las montañas.

pionero Persona de un grupo que es la primera en establecerse en un área.

plantación Gran granja con muchos trabajadores.

poder ejecutivo Parte del gobierno encargada de ejecutar las leyes; el o la presidente de los Estados Unidos y sus funcionarios.

poder judicial Parte del gobierno que decide lo que significan las leyes y se asegura de que las leyes se apliquen con justicia.

poder legislativo Parte del gobierno que crea las leyes.

poste totémico Poste alto tallado con imágenes de personas o animales para representar la historia familiar.

pozo surtidor Pozo de petróleo que produce una gran cantidad de petróleo sin necesidad de bombearlo.

pradera Área en la que el pasto crece bien, pero hay pocos árboles.

precipitación Cantidad de humedad que cae en forma de lluvia o nieve.

primer meridiano Punto de partida para medir la longitud.

productividad Cantidad de bienes o servicios que los trabajadores de una compañía pueden producir u ofrecer.

producto Artículo que las personas hacen o siembran.

productor Persona que fabrica un bien u ofrece un servicio.

propiedad privada Tierra o bienes que poseen las personas y las compañías.

publicidad Uso de avisos al público para atraer la atención hacia un producto o servicio.

pueblo Aldea grande; grupo indígena americano del Suroeste.

puerto Lugar por donde pueden entrar o salir personas y bienes de un país.

puesto de comercio Tienda que se instala en un lugar lejano para que se pueda comerciar.

pulpa Mezcla de astillas molidas, agua y productos químicos que se usa para producir papel.

punto cardinal Una de las cuatro direcciones principales de la rosa de los vientos: norte, sur, este y oeste.

punto cardinal intermedio Dirección, como el noroeste, que está entre dos puntos cardinales.

R

---

rancho Granja de gran tamaño donde se cría ganado u otros animales.

ratificar Aprobar oficialmente.

Reconstrucción Período de reorganización después de la Guerra Civil durante el que los estados del Sur volvieron a la Unión.

recurso de capital Cosas hechas por el ser humano, como un tractor, que las personas usan para cultivar o hacer otras cosas.

recurso humano Personas que trabajan en una empresa.

recurso natural Algo que existe en el medio ambiente y que las personas usan.

refinería Fábrica que separa el petróleo crudo en distintos grupos de sustancias químicas.

reforestar Plantar árboles nuevos para reemplazar los que se talaron.

región Área definida por sus características comunes.

renovable Que se puede reemplazar.

república Tipo de gobierno en el que el pueblo elige a los líderes que lo representan.

reserva Área de tierra establecida exclusivamente para que indígenas americanos vivan en ella.

rosa de los vientos Símbolo en un mapa que muestra las direcciones.

rotación de cultivos Plantación de diferentes cultivos en diferentes años.

rural Área en el campo.

S

---

sabana Pastizal con pocos árboles muy separados.

sachem Jefe o líder entre algunos grupos indígenas americanos.

segregación Sistema en el cual las personas de diferentes razas deben mantenerse separadas.

semiárido Clima seco con un poco de lluvias.

separarse Dejar o abandonar algo oficialmente.

sequía Largo período en el que hay poca lluvia o nada.

siervo por contrato Persona que acepta trabajar sin paga durante un período determinado a cambio de la satisfacción de sus necesidades.

silicio Material que se obtiene de las rocas y la arena y que se usa para fabricar computadoras.

símbolo Algo que significa o representa otra cosa.

sindicato Grupo de trabajadores, que generalmente hacen el mismo tipo de trabajo, unidos para obtener mejores sueldos y condiciones de trabajo.

sistema de controles y equilibrios División de poderes en una democracia que da a cada poder del gobierno (ejecutivo, legislativo y judicial) alguna forma de autoridad sobre los otros.

sistema de libre empresa Economía en la que las personas son libres de crear sus propias empresas o producir el bien o el servicio que desean.

soberanía Derecho a gobernar.

sobrepesca Cuando se capturan peces sin dar tiempo a que los procesos naturales puedan reemplazarlos.

sombra orográfica Área, como el lado de una cordillera, que recibe menos precipitaciones que el otro lado.

sonda Extenso canal de agua que separa una isla de tierra firme.

subcontratación Cuando las compañías contratan gente para que trabaje fuera de la compañía.

sufragio Derecho a votar.

taller donde se explota al obrero Fábrica con malas condiciones de trabajo.

tecnología Uso de herramientas y el conocimiento científico para hacer un trabajo.

temperatura Medida que indica qué tan caliente o frío está algo.

temporada de cultivo Período en el que la temperatura es lo suficientemente alta para que crezcan las plantas.

terreno inundable Llanura que se forma debido a las inundaciones a lo largo de un río.

territorio Área extensa de tierra que no tiene su propio gobierno, sino que tiene un gobierno externo. En los Estados Unidos, un territorio no tiene los mismos derechos que un estado.

terrorista Persona que usa la violencia con fines políticos.

tiempo Condición del aire en un cierto momento y lugar.

tornado Tormenta con vientos muy rápidos que pueden formar una nube con forma de embudo.

tradición Creencia o costumbre que pasa de generación en generación.

transcontinental A través de un continente.

tundra Área fría donde los árboles no crecen.

turista Persona que viaja por placer.

urbano Lugar en el que hay una ciudad.

valle Central Largo valle ubicado en el centro de California.

ventisca Fuerte tormenta de nieve con vientos potentes.

viñedo Granja donde se cultivan uvas.

vivienda en los acantilados Casas construidas en acantilados, como las de los antiguos indígenas pueblo del Suroeste.

volcán Apertura en la corteza de la Tierra causada cuando la roca derretida empuja hacia la superficie.

---

wetu Estructura hecha de postes de madera y cubierta con cortezas de árboles que construían algunos grupos de indígenas americanos.

Índice

En este índice, la letra *t* indica una tabla, *d* indica un diagrama, *g* indica una gráfica, *m* indica un mapa e *i* indica una imagen. Los números de página en negrita indican dónde se encuentran las definiciones. Los términos *Ver* y *Ver también* dirigen al lector a entradas alternativas.

T

Reconocimientos

Text Acknowledgments

Grateful acknowledgment is made to the following for copyrighted material:

Page 1 *The Everglades: River of Grass* by Marjory Stoneman Douglas. Copyright © Pineapple Press, Inc.

Note: Every effort has been made to locate the copyright owners of the material produced in this component. Omissions brought to our attention will be corrected in subsequent editions.

Illustrations

CVR2, 87, 88, 93, 98 Mattia Cerato; **viii, 114, 115, 122** Victor Rivas; **xiv, MES1, MES2, MES3, MES4, MES5, MES6, MES7** Bill McGuire; **1, 2, 3** Kim Herbst; **4, 184, 302** Lyn Boyer; **12, 14, 31, 180, 296** Joe LeMonnier; **15** Frank Ippolito; **35, 36, 37** Raul Allen; **39, 42, 240, 271** James Palmer; **46** Tin Salamunic; **55** Scott Dawson; **75, 76, 77** John Royle; **103, 104, 105** Shingo Shimizu; **120, 125, 220, 240, 254, 294, 314** Dave Cockburn; **146** Ian Phillips; **152, 156, 192** Rick Whipple; **260** Robin Storesund.

Maps

XNR Productions, Inc.

Photographs

Every effort has been made to secure permission and provide appropriate credit for photographic material. The publisher deeply regrets any omission and pledges to correct errors called to its attention in subsequent editions.

Unless otherwise acknowledged, all photographs are the property of Pearson Education, Inc.

Photo locators denoted as follows: Top (T), Center (C), Bottom (B), Left (L), Right (R), Background (Bkgd)

Cover

CVR1 (T) ©Rick Dalton - Ag/Alamy Images, (BL) ©Ron Crabtree/Getty Images, (TL) Gleb Tarro/Shutterstock, (CL) Photos to Go/Photolibrary; **CVR2** (TCR) Cardaf/Shutterstock, (CR) Janeanne Gilchrist/©DK Images, (CL) Jon Spaull/©DK Images, (BC) Morgan Lane Photography/Shutterstock, (T) upthebanner/Shutterstock, (BL) National Archives

Front Matter

iv (BR) Stockbyte/Thinkstock; **v** (B) Design Pics/SuperStock; **vi** (L) Oleksiy Maksymenko/Alamy; **vii** (BR) Susan Law Cain/Shutterstock; **ix** (BR) Feng YuC/Shutterstock; **x** (BL) NewsCom; **xi** (BR) Transport Lesley/Alamy Images; **xii** (BL) Chuck Place/Alamy Images; **xiii** (BR) Mark Herreid/Shutterstock

Text

MES10 (BL) Peter Arnold/PhotoLibrary Group, Inc.; **MES11** (BR) Henryk Sadura/Shutterstock, (TL) RWP/Alamy Images, (CL) Walter Bibikow/mauritius images GmbH/Alamy Images; **MES12** (B) Morgan Lane Photograph/Shutterstock, (T) Stockbyte/Thinkstock; **4** (TC) Kent Frost/Shutterstock; **9** (TR) Thinkstock; **12** (B) Design Pics/SuperStock, (CL) Janeanne Gilchrist/©DK Images; **17** (TR) SuperStock; **18** (TC) basel101658/Shutterstock, (B) Cultura Limited/SuperStock, (TR) Edgaras Kurauskas/Shutterstock; **19** (BR) ©Olly/Shutterstock, (TL) oncharuk/Shutterstock; **20** (BR) Christian Lagerek/Shutterstock, (BL) Lasse Kristensen/Shutterstock; **21** (BR) Big Cheese Photo/SuperStock, (BL) Henryk Sadura/Shutterstock; **22** (Bkgrd) StudioNewmarket/Shutterstock, (BR) SuperStock; **24** (CL) SuperStock, (TR) weberfoto/Alamy; **25** (B) Linda Whitwam/©DK Images; **26** (T) SuperStock; **27** (B) REDAV/Shutterstock; **28** (B) Terrance Emerson/Shutterstock; **30** (CL) Cultura Limited/SuperStock, (TL) Janeanne Gilchrist/©DK Images, (TL) Kent Frost/Shutterstock, (BL) weberfoto/Alamy; **32** (CR) Linda Whitwam/©DK Images; **34** (C) H. Mark Weidman Photography/Alamy Images; **38** (TR) Jeff Greenberg/PhotoEdit, Inc., (L) Oleksiy Maksymenko/Alamy; **41** (TR) North Wind Picture Archives/Alamy Images; **43** (TR) Ivy Close Images/Alamy; **44** (C) The Granger Collection; **47** (BR) Victorian Traditions/Shutterstock; **48** (TL) North Wind Picture Archives/Alamy Images; **49** (TR) GL Archive/Alamy Images; **51** (TR) ©The Granger Collection, NY; **52** (TR) North Wind Picture Archives/Alamy Images; **53** (BR) North Wind Picture Archives; **54** (TL, BL) North Wind Picture Archives/Alamy Images; **55** (TR) Prints & Photographs Division, LC-USZ62-11896/Library of Congress; **56** (TR) Prints & Photographs Division, LC-USZC4-2781/Library of Congress; **57** (TR) Curtis (Edward S.) Collection, Prints & Photographs Division, LC-USZ61-2088/Library of Congress; **58** (TR) AlexGul/Shutterstock, (L) Detroit Publishing Company, Prints & Photographs Division, LC-D4-11590/Library of Congress; **59** (BR) Pictorial Press Ltd/Alamy Images; **60** (TR) Pictorial Press Ltd/Alamy Images; **61** (BR) FSA/OWI Black-and-White Negatives, Prints & Photographs Division, LC-USE6-D-006594/Library of Congress; **62** (BL) FSA/OWI Black-and-White Negatives, Prints & Photographs Division, LC-USF34-072483-D/Library of Congress, (BR) H. ARMSTRONG ROBERTS/Alamy Images, (TR, CR) National Archives, (CL) Toni Frissell Collection, Prints & Photographs Division, LC-DIG-ppmsca-11759/Library of Congress; **63** (TR) Bettmann/Corbis; **64** (BR) JIM PRINGLE/©Associated Press, (TR) Marc Dietrich/Shutterstock; **65** (BR) NASA; **66** (T) Flip Schulke/Corbis; **67** (BR) ©Associated Press, (BL) CSU Archives/Alamy Images, (BC) Michael Germana/Landov LLC; **68** (B) Mark Pearson/Alamy Images; **70** (BL) NASA, (TL, CL) North Wind Picture Archives/Alamy Images, (CL) Pictorial Press Ltd/Alamy Images, (CL) Victorian Traditions/Shutterstock; **72** (CR) Visions of America, LLC/Alamy Images; **74** (C) fstockfoto/Shutterstock; **78** (B) Digital Vision/Thinkstock, (TR) Roy Morsch/PhotoLibrary

Group, Inc.; **79** (BR) Darren Green Photography/Alamy; **80** (B) Archive Images/Alamy Images; **81** (BR) Susan Law Cain/ Shutterstock; **82** (B) Alamy Images; **83** (TR) dbimages/Alamy Images; **84** (CL) Susan Law Cain/Shutterstock; **86** (BL) KEVIN DIETSCH/NewsCom; **89** (T) Olivier Douliery/NewsCom; **90** (L) Alamy Images; **91** (TR) Henryk Sadura/Shutterstock; **92** (TR) Atlaspix/Shutterstock, (CL) Prints & Photographs Division, LC-USZC4-2542/Library of Congress; **95** (BL) Blend Images/ SuperStock, (TR) Catchlight Visual Services/Alamy Images; **96** (BR) pandapaw/Shutterstock; **97** (TR) Russ Bishop/Alamy Images; **98** (TL) Alamy Images, (CL) Catchlight Visual Services/ Alamy Images; **100** (CR) Susan Law Cain/Shutterstock; **102** (C) Spencer Grant/PhotoEdit, Inc.; **106** (TR) Alex Kosev/ Shutterstock; **107** (BC) Lawrence Manning/Corbis RF/Alamy, (BL) Steve Hix/Somos Images/Corbis; **108** (T) Jack Kurtz/The Image Works, Inc.; **110** (BL) James Nesterwitz/Alamy Images, (BR) Tom Brakefield/SuperStock; **111** (TR) Purestock/Alamy; **114** (TR) Alistair Michael Thomas/Shutterstock; **116** (BR) David Johnson/©DK Images; **117** (BL) n08/NewsCom; **118** (BR) David Goldman/©Associated Press, (BL) dbimages/Alamy; **119** (TR) gr4/ZUMA Press/NewsCom; **120** (L) Creatas/ Thinkstock; **121** (BR) Thinkstock; **123** (BR) Garth Blore/©DK Images, (BL) Magicinfoto/Shutterstock; **124** (TL) Robert Kneschke/Shutterstock, (BL) Tom Prettyman/PhotoEdit, Inc.; **126** (CL) North Wind Picture Archives, (B) Sascha Burkard/ Shutterstock, (TR) Susan Van Etten/PhotoEdit, Inc.; **129** (B) Robert Landau/Alamy Images; **132** (TL) Steve Hix/Somos Images/Corbis, (CL) n08/NewsCom, (BL) Sascha Burkard/ Shutterstock, (CL) Tom Prettyman/PhotoEdit, Inc.; **134** (BR) Susan Van Etten/PhotoEdit, Inc.; **136** (C) Ball Miwako/Alamy Images; **137** (B) Russell Kord/Alamy; **138** (TR) Iain Masterton/Alamy Images; **139** (B) Aeypix/Shutterstock, (TR) emin kuliyev/ Shutterstock; **140** (TR) Galyna Andrushko/Shutterstock, (B) Michael G. Mill/Shutterstock; **142** (BL) Jaimie Duplass/ Shutterstock; **144** (B) KennStilger47/Shutterstock, (TL) nialat/Shutterstock; **145** (TR) upthebanner/Shutterstock; **146** (BL) 7505811966/Shutterstock; **147** (B) Photos to Go/ Photolibrary; **148** (R) Feng YuC/Shutterstock; **149** (TR) Lijuan Guo/Shutterstock; **150** (B) Michael Dwyer/Alamy Images; **151** (TR) RubberBall/SuperStock; **152** (L) Suchan/Shutterstock; **154** (BC) New York Public Library/Photo Researchers, Inc., (BR) North Wind Picture Archives/Alamy Images, (BL) Prints & Photographs Division, LC-USZ62-67573/Library of Congress; **155** (BR) Alamy Images, (BC) Prints & Photographs Division, LC-USZC4-7214/Library of Congress, (BL) SuperStock; **157** (TR) Thinkstock; **158** (TR) Alamy Images; **159** (BR) Philip Lange/ Shutterstock; **160** (TL) Alamy Images, (BL) Brady-Handy Collection, Prints & Photographs Division, LC-DIG-cwpbh-04044/ Library of Congress; **161** (TR) Mary Evans Picture Library/The Image Works, Inc.; **162** (BR) Bain Collection, Prints & Photographs Division, LC-USZ62-53176/Library of Congress, (TL) NewsCom; **163** (TR) Alamy Images; **164** (BL) StockbrokerC/SuperStock; **166** (TR) 1xpert/Shutterstock, (BL) Bill Cobb/SuperStock; **167** (B) Getty Images/Thinkstock; **168** (B) Visions of America, LLC/Alamy Images; **169** (BR) Jeffrey M. Frank/Shutterstock, (BL) Photos to Go/Photolibrary; **170** (L) Alamy Images, (B) Jeff Greenberg/Alamy Images; **172** (CL) Alamy Images, (TL) Galyna Andrushko/Shutterstock, (BL) Jeff Greenberg/Alamy Images, (CL) Lijuan Guo/Shutterstock, (CL) Thinkstock; **176** (C) F1online digitale Bildagentur GmbH/Alamy Images; **180** (L) NASA Media Services Still Photo Lab/NASA; **183** (B) Daniel Dempster Photography/Alamy Images, (TR) Ed Metz/Shutterstock; **184** (TL) William Leaman/Alamy; **185** (TR) T. Kimmeskamp/Shutterstock; **188** (L) Morgan Lane Photography/Shutterstock; **189** (BR) Flirt/SuperStock; **190** (TL) Lionel Alvergnas/Shutterstock; **191** (BL) Jim West/Alamy Images; **193** (TR) Stacie Stauff Smith Photography/Shutterstock; **194** (L) Alamy Images, (TR) Sunsetman/Shutterstock; **195** (BR) Wayne Hughes/Alamy Images; **196** (BR) David Dobbs/Alamy Images; **197** (CR) Christina Handley/Masterfile Corporation; **198** (TL) Alamy; **199** (TR) Dean Pennala/Shutterstock; **200** (TR) Alamy Images, (L) David Lyons/Alamy Images; **202** (BL) Alamy Images; **203** (TR) INTERFOTO/Alamy Images, (B) NewsCom; **204** (CR) Andre Jenny/Alamy Images, (B) North Wind Picture Archives/Alamy; **205** (TR) ALEXIS C. GLENN/UPI/NewsCom; **206** (TR) Shutterstock, (BL) Stockbroker/Alamy; **207** (CR) CTK/ Alamy Images; **208** (B) NewsCom; **209** (CR) AVAVA/ Shutterstock, (TL) Patrick Lynch/Alamy Images; **210** (BL) Ariel Bravy/Shutterstock; **212** (BL) Ariel Bravy/Shutterstock, (CL) David Dobbs/Alamy Images, (CL) INTERFOTO/Alamy Images, (CL) Lionel Alvergnas/Shutterstock, (TL) NASA Media Services Still Photo Lab/NASA; **214** (CR) Daniel Korzeniewski/ Shutterstock; **216** (C) Henryk Sadura/Shutterstock; **218** (TL) Esme/Shutterstock; **219** (BR) Andre Jenny/Alamy Images, (TL) Katherine Welles/Shutterstock, (TR) Photos to Go/Photolibrary; **220** (CL) Phil Schermeister/Corbis; **223** (CR) Flashon Studio/ Shutterstock; **224** (TL) Sammy S. Lee/Shutterstock, (B) Tom Reichner/Shutterstock; **225** (TR) Tony Campbell/Shutterstock; **226** (BR) AVAVA/Shutterstock; **228** (CL) David R. Frazier Photolibrary, Inc/Alamy, (TR) Jim Wark/PhotoLibrary Group, Inc.; **230** (B) ©Rick Dalton - Ag/Alamy Images; **231** (BR) Medioimages/Thinkstock; **232** (B) Darron Cumming/ ©Associated Press; **233** (TR) Stephen Mcsweeny/Shutterstock; **234** (TR, BL) Alamy Images; **236** (TL) Nancy G Photography/ Alamy Images, (TR) Prints & Photographs Division, LC-DIG-ppmsca-08379/Library of Congress; **237** (BR) Transport Lesley/ Alamy Images; **238** (B) Niday Picture Library/Alamy Images; **239** (TR) dpa/Landov LLC; **241** (BR) Prints & Photographs Division, Library of Congress; **242** (CL) Dennis MacDonald/ Alamy Images; **243** (B) pakul54/Shutterstock; **244** (B) imac/ Alamy, (TL) planet5D LLC/Shutterstock; **245** (TR) Jon Spaull/ ©DK Images; **246** (CL) David R. Frazier Photolibrary, Inc/ Alamy, (CL) Dennis MacDonald/Alamy Images, (CL) Nancy G Photography/Alamy Images, (TL) Tom Reichner/Shutterstock; **248** (CR) David R. Frazier Photolibrary, Inc/Alamy; **250** (C) gary yim/Shutterstock; **252** (TL) Richard Levine/Alamy Images; **254** (B) Tom Baker/Shutterstock; **256** (BL) Charles T. Bennett/ Shutterstock; **257** (B) Peter Horree/Alamy Images; **259** (TR) William Sutton/Alamy Images; **262** (L) Peter Wilson/©DK Images, (TR) Tim Roberts Photography/Shutterstock; **264** (L) Thinkstock, (B) William Manning/Alamy Images; **265** (R) Tony Campbell/Shutterstock; **266** (B) Jeff Banke/Shutterstock; **267** (TR) ©Masterfile Royalty-Free; **268** (BL) Cardaf/ Shutterstock, (TR) Prisma Bildagentur AG/Alamy Images;